Margit Gätjens-Reuter

Ablage

Margit Gätjens-Reuter

Ablage

Information optimal organisieren

3., überarbeitete Auflage

GABLER

Bibliografische Information Der Deutschen Bibliothek
Die Deutsche Bibliothek verzeichnet diese Publikation in der Deutschen Nationalbibliografie;
detaillierte bibliografische Daten sind im Internet über <http://dnb.ddb.de> abrufbar.

1. Auflage 1988

.

.

3. Auflage 1999

.

.

Nachdruck Mai 2006

Alle Rechte vorbehalten
© Betriebswirtschaftlicher Verlag Dr. Th. Gabler | GWV Fachverlage GmbH, Wiesbaden 2006

Lektorat: Ulrike M. Vetter

Der Gabler Verlag ist ein Unternehmen von Springer Science+Business Media.
www.gabler.de

Umschlaggestaltung: Nina Faber de.sign, Wiesbaden
Satz: ITS Text und Satz Anne Fuchs, Pfofeld-Langlau
Druck und buchbinderische Verarbeitung: Wilhelm & Adam, Heusenstamm
Gedruckt auf säurefreiem und chlorfrei gebleichtem Papier
Printed in Germany

ISBN 3-409-39106-1

Vorwort zur dritten Auflage

Vor zehn Jahren erschien dieses Buch zum ersten Mal. Zehn Jahre sind eine ziemlich lange Zeit, wenn es um die Entwicklung moderner Bürotechnologie geht, bei der die Produktlebenszyklen teilweise auf wenige Monate zusammengeschrumpft sind. Macht es noch Sinn, eine weitere, wenn auch überarbeitete, Auflage zum Thema „Ablage", das sich ja in erster Linie mit der Bewältigung von Papier beschäftigt, herauszugeben? Nun, auch neuere Untersuchungen weisen darauf hin, dass bisher nur etwa zwanzig Prozent aller in Unternehmen vorhandenen schriftlichen Informationen in digitaler Form vorliegen. Was ich bis heute in meinen Seminaren zu hören und bei Firmenberatungen vor Ort zu sehen bekomme, bestätigt dies. Papier verliert im Vergleich mit den neuen Medien zwar relativ an Bedeutung, der Anteil schrumpft sicher – aber langsamer, als viele geglaubt haben. Konkret heißt das: In den meisten Abteilungen und Sekretariaten sind die Aktenschränke immer noch voll und auf den Schreibtischen stapelt sich das Papier. Insofern ist der Inhalt des Buches auch heute nicht überholt. Ganz im Gegenteil – wenn man für die unüberschaubare Fülle unstrukturierter Informationen moderne Informationstechnologie sinnvoll nutzen möchte, kommt zuerst die Organisation von Strukturen und Prozessen. In einer optimal funktionierenden Papierablage stecken bereits viele organisatorische Lösungen, die auch für die Einführung neuer Medien nutzbar und nützlich sind. Besonders im neu geschriebenen Kapitel 6 zeige ich diese Zusammenhänge. Hier finden Sie auch ein konkretes Beispiel für das elektronisch unterstützte Management einer Papierablage.

Was den „menschlichen Faktor" bei der Ablageorganisation betrifft, auf den ich in diesem Buch immer wieder eingehe, so hat sich dessen Bedeutung noch wesentlich verstärkt. Wie in allen anderen Bereichen macht es auch bei der Ablage immer weniger Sinn, Insellösungen zu schaffen. Hier ist Teamwork angesagt, und das Bewusstsein, dass sich auch die Informations- und Kommunikationskultur verändern muss. Nur wenn Mitarbeiter bereit sind, Organisations-, Verfahrens- und Qualitätskriterien miteinander zu vereinbaren und einzuhalten – zu denen zum Beispiel die Übernahme von Verantwortung für bestimmte Informationen gehört –, werden Unternehmen in der Lage sein, gezielt das Wissen und das Know-how aus der Informationsflut zu nutzen, das sie im Wettbewerb um die Kundenzufriedenheit erfolgreich macht. Das zurzeit hoch im Kurs stehende Schlagwort „Wissensmanagement" schließt auch die Aufgabe ein, den schriftlichen Informationsspeicher so zu organisieren, dass jeder Mitarbeiter die für schnelle und richtige Entscheidungen notwendigen Informationen vollständig, rechtzeitig und aktuell zur Verfügung hat. Ich hoffe, dieses Buch kann auf dem Weg dorthin immer noch ein Stück weiterhelfen.

Margit Gätjens-Reuter

Vorwort zur ersten Auflage

Dieses Buch handelt von der Schriftgutorganisation im Büro. Dabei mag sich mancher fragen, ob die Beschäftigung mit dem Speichermedium Papier sich heutzutage überhaupt noch lohnt, wo doch alle Welt schon seit Jahren vom *papierlosen Büro* spricht, auf das wir angeblich zusteuern.

Im Büroalltag von heute ist nach meiner Erfahrung davon immer noch nicht allzu viel zu spüren, wenn man von speziellen Branchen einmal absieht, in denen der Automationsgrad schon sehr weit fortgeschritten ist. Doch selbst dort findet man noch genug Papier. Schließlich produziert ein Computer auch Papier. Die Papierhersteller verzeichnen noch immer Zuwachsraten, und die Menge der Schriftstücke, die täglich neu bei dem Büromenschen von heute auf dem Schreibtisch landen, nimmt ebenfalls nicht ab, sondern zu. Das Papier wird also vorläufig ein wichtiges Medium für die schriftliche Kommunikation, für den Transport und die Speicherung von Informationen bleiben. Denn es bietet unbestreitbare Vorteile, die ein Computer nicht hat: es ist überall verfügbar, man hat mehrere Seiten gleichzeitig im Blickfeld, jeder kann damit umgehen, und schließlich: „Was man Schwarz auf Weiß hat, kann man getrost nach Hause tragen." Der psychologische Aspekt darf nämlich bei aller Computer-Euphorie nicht vergessen werden.

Doch selbst dort, wo andere Speicher zunehmend die Aufgaben des Papiers übernehmen, muss die zu speichernde Information zuvor organisiert und geordnet werden. Ordnung ist Voraussetzung für den sinnvollen Einsatz jedes Speichermediums, denn ohne eine funktionierende Ordnung findet man weder etwas in der Schublade noch im Mikrofilm-Archiv noch im Computer-Speicher. Das Thema Schriftgut- oder Informationsorganisation ist also heute so aktuell wie nie zuvor und die Beschäftigung damit nötiger als je zuvor. An der notwendigen Sensibilität für diese Problemstellung scheint es mir in der Praxis allerdings häufig zu mangeln – viele suchen lieber geduldig und jahrelang, als einmal gründlich aufzuräumen. Ihnen geht es wie dem Holzfäller mit der stumpfen Säge, der sich vergeblich bemüht, einen Baum zu fällen. Auf die Frage, warum er nicht zuvor seine Säge schärfe, sagt er: „Keine Zeit, ich muss sägen."

Das entsprechende Problembewusstsein zu wecken und Wege aufzuzeigen, wie man mit der Informationsflut von heute besser fertig wird, war meine Absicht. Ich wollte kein trockenes Lehrbuch schreiben, sondern eher einen Erfahrungsbericht aus meiner bisher mehr als zwanzigjährigen praktischen Beschäftigung mit diesem Thema, und den Lesern einige direkt verwertbare Tipps geben.

Margit Gätjens-Reuter

Inhalt

1 Die Informationsflut und wie man sie in den Griff bekommt

Sitzen Sie gerade an Ihrem Schreibtisch? Wie sieht es darauf aus? Ist er leer bis auf die Schreibutensilien und was man so an Zubehör braucht? Wenn ja, dann gibt es dafür zwei nahe liegende Erklärungen: Sie haben gerade einen neuen Job angetreten – oder Sie haben sich und Ihre *Kommandozentrale* Schreibtisch gut organisiert. Ist das zweite der Fall, dann meinen herzlichen Glückwunsch! Sie brauchen dieses Buch eigentlich gar nicht zu lesen, es sei denn, dass es nur oben auf Ihrem Schreibtisch so ordentlich aussieht und innen drin, wie vielleicht auch in den Registraturschränken, das große Chaos herrscht. In diesem Fall lesen Sie ruhig weiter, denn genau um dieses Chaos geht es in diesem Buch.

Bei den meisten Büromenschen machen sich die Informationsflut und das damit oft verbundene Durcheinander nicht erst innerhalb diskret verschließbarer Schränke bemerkbar. Wenn sich auf Ihrem Schreibtisch daher die Papierstöße stapeln, dazwischen Aktenordner liegen und die geringe verbleibende Fläche mit vielen kleinen *Merkzetteln* übersät ist, dann befinden Sie sich in bester Gesellschaft. Nach einigen Tausend Ist-Aufnahmen, an denen ich im Laufe meiner bisherigen Beratertätigkeit direkt beteiligt war, schätze ich, dass ungefähr 90 Prozent aller Schreibtische in Wirtschaft und Verwaltung auch heute noch so aussehen.

Da die wenigsten Menschen mehr als zwei verschiedene Dinge gleichzeitig tun können – ich denke zum Beispiel an die gleichzeitige Bearbeitung verschiedener Vorgänge oder an das gleichzeitige Führen mehrerer Telefonate –, haben die vielen unerledigten Vorgänge auf dem Schreibtisch eigentlich gar nichts zu suchen. Denn dieser sollte als Arbeitsfläche für die jeweils gerade bearbeitete Aufgabe zur Verfügung stehen und nicht Ablagefläche, Wiedervorlage oder Moratorium sein. Das Argument eifriger Papierstapel-Verfechter, man müsse Vorgänge nur lange genug im Stapel liegen lassen, dann würden sie sich von selbst erledigen, mag zwar für einen bestimmten, geringen Anteil des Stapels zutreffen. Dieser Vorteil ist aber auch nutzbar, ohne dass die Schreibtischfläche wie eine Müllhalde aussieht. Wie, das möchte ich Ihnen im Folgenden, zusammen mit einer Reihe anderer Überlegungen zur Bewältigung der Informationsflut, verraten.

Wir wollen dazu den Büro-Schreibtisch – gleich, ob er der Sekretärin, dem Chef, Sachbearbeiter oder technischen Angestellten gehört – zum Mittelpunkt des Geschehens machen und von dort aus unsere Überlegungen starten. Sämtliches Papier, das in irgendeiner Form bearbeitet wird und das irgendwann in der Ablage landet oder sich in Stapeln auf dem Schreibtisch türmt, kommt zuerst hier an oder wird an diesem Ort generiert.

Beschäftigen wir uns daher zunächst mit dem, was ankommt, nämlich dem Posteingang. Externe oder interne Post aus anderen Abteilungen Ihres Unternehmens flattert Ihnen morgens (wenn die Postverteilung gut funktioniert) oder im Laufe des Tages auf den Schreibtisch oder direkt in den Computer. Sollten Sie das Gefühl haben, dass dieser Input von Jahr zu Jahr größer wird, dann haben Sie zumindest statistisch Recht: die Informationsmenge wächst, auch die auf Papier gespeicherte. Experten sprechen von einer Verdoppelung der gesamten Informationsmenge alle drei bis fünf Jahre! In der 1998 erschienenen Marktstudie Dokumenten- und Workflow-Management des Fraunhofer Instituts für Arbeitswirtschaft und Organisation heißt es: „Heutzutage liegen nur 10 Prozent der Information eines Unternehmens in elektronischer Form in der Ablage vor, und nur circa 20 Prozent sind kurzfristig verfügbar."

Da braucht es nicht zu wundern, wenn auch der eigene Schreibtisch schier zusammenbricht. Dennoch ist dies kein Grund zur Panik. Wichtig ist, dass Sie als Kommandeurin oder Kommandeur in dieser Informationsflut das Ruder selbst in der Hand behalten und bewusst und aktiv Ihre Kommandobrücke, nämlich Ihren Schreibtisch, organisieren. Nur so erledigen Sie die richtigen Aufgaben zum richtigen Zeitpunkt, unter Zuhilfenahme der richtigen Hilfsmittel, und können dazu beitragen, die dabei anfallende Schriftgutmenge auf das notwendige Maß zu begrenzen.

Denn das Ablageproblem, mit dem wir uns in diesem Buch beschäftigen wollen, fängt bei der Schreibtischarbeit an.

Was Sie dazu benötigen? Das Mindeste ist, auf den Schreibtisch bezogen, ein Unterbau mit Hängeregistratur-Vorrichtung sowie darin enthalten eine durchdachte, sinnvolle Arbeitsplatzablage. (Mit den im Folgenden vorgestellten Prinzipien können Sie sich selbstverständlich auch in Ihrem Computer organisieren.)

Sie benötigen:

- Eine Terminablage. Hierzu benötigen Sie in einem Sammler einunddreißig Einstellmappen – für jeden Tag des Monats eine, sowie noch einmal zwölf Einstellmappen – für jeden Monat eine.
- Die Unterlagen, die Sie zur Lösung Ihrer Aufgaben ständig benötigen, zum Beispiel Telefonverzeichnis, Preislisten, Organigramme, Übersichten – sozusagen Ihr für Ihr Aufgabengebiet typisches Werkzeug, soweit Sie dieses nicht in Ihrem Computer bereithalten.
- Einige Hängemappen, in denen Sie Unterlagen sammeln können, die gleichartige Tätigkeiten betreffen, zum Beispiel Telefonieren, regelmäßige Besprechungen mit bestimmten Mitarbeitern oder Ausschüssen, Informationen, die Sie weitergeben wollen, oder auch Unterlagen, die Sie bald lesen wollen.

- Schließlich gestehe ich Ihnen noch eine „Sumpfmappe" zu. Sie darf aber nur die Grundbreite haben. Nehmen Sie auf gar keinen Fall einen Hängesammler mit vier oder sechs Zentimeter Bodenbreite. Diese Sumpfmappe ist ein Zugeständnis an unseren inneren Chaoten, den die meisten von uns nie ganz ablegen können. In der Sumpfmappe können Sie Unterlagen sammeln, die Sie nirgendwo anders zuordnen wollen. Ich sage bewusst nicht *können,* denn zuordnen lässt sich alles, wenn man nur das richtige Ordnungssystem hat. Aber nicht immer *wollen* wir alles zuordnen, unter anderem, weil sich manchmal Dinge wirklich von selbst erledigen.
Gleichgültig, ob Sie Ihre Sumpfunterlagen in einer Hängemappe im Schreibtisch sammeln oder ob Sie sich in Ihrem Registraturschrank eine solche Sumpfecke einrichten – sorgen Sie dafür, dass nur ein geringer Platz dafür vorgesehen ist und dieser auch niemals erweitert wird. Der Sumpf des *Diversen, Besonderen, Verschiedenen* und wie er sonst noch genannt wird, ist nämlich ansteckend wie eine Seuche und vermehrt sich wie die Kaninchen. Daher: in die eng begrenzte Quarantäne mit dem Sumpf, wenn er denn aus menschlichen Gründen schon sein muss.
- Den restlichen Platz in der Schreibtisch-Hängeregistratur können Sie vorsehen für Unterlagen, die nur von Ihnen erledigte Aufgaben oder Vorgänge betreffen. Oder für Vorgänge, die Sie gerade in Bearbeitung haben. Diese Vorgänge sollten aber nur kurzfristig dort untergebracht werden und später wieder in die Ablage kommen, aus der Sie sie entnommen haben.

Wenn Sie sich eine solche Schreibtisch-Registratur nicht selbstständig einrichten wollen oder wenn Sie zusätzlich Anregungen suchen, schauen Sie sich auf dem Markt um. Ein professionelles Set für die Arbeitsplatz-Organisation haben einige Hersteller für Organisationsmittel – samt detaillierter Gebrauchsanweisung – im Programm.

So ausgestattet, können Sie nun daran gehen, die Papierlawine (und ein bisschen auch sich selbst) zu organisieren. Fangen wir also an mit dem, was an Post bei Ihnen ankommt. In dem Moment, in dem Sie ein Dokument das erste Mal „in die Hand" genommen und gelesen haben, sollten Sie entscheiden, was weiter damit passiert, und gemäß dieser Entscheidung direkt und konsequent handeln. In diesem Augenblick stellen Sie die Weichen für den weiteren Lebensweg dieses Dokumentes. Sie bestimmen damit, ob es zügig seiner richtigen Bestimmung zugeführt wird oder ob es auf Grund Ihrer eigenen Unschlüssigkeit noch längere Zeit ein von Ihnen ständig hin- und hergeschobener Begleiter und Bewohner Ihrer Papierstapel sein wird. Gerade die wollen wir aber abschaffen. Entscheiden und handeln Sie nach dem Lesen (manchmal tut es auch ein kurzer Blick, zum Beispiel bei bestimmten Arten von Werbung) am besten anhand einer *inneren Checkliste.* Diese könnte zum Beispiel so aussehen:

Das Schriftstück hat für mich und mein Unternehmen überhaupt keinen Wert und keine Bedeutung.

Ziehen Sie die Konsequenz und vernichten Sie das Schriftstück sofort und ohne Zögern.

Das Schriftstück hat zwar für mich keine Bedeutung, könnte aber für andere im Unternehmen wichtig sein.

Jetzt heißt Ihre Konsequenz, dass Sie sofort den Adressaten eintragen und das Schriftstück entsprechend dem Postverteilungs-Modus weitergeben. Scheint Ihnen das Schriftstück besonders wichtig, dann machen Sie sich einen Vermerk darüber in Ihren Terminkalender.

Das Schriftstück hat lediglich einen Informationswert für mich oder andere Mitarbeiter.

Je nachdem, wie hoch dieser Informationswert ist, haben Sie verschiedene Alternativen:

- Schriftstück zur Kenntnis nehmen und dann vernichten, eventuell die Wiederbeschaffungsmöglichkeit notieren (zum Beispiel bei Presseveröffentlichungen)
- Schriftstück in die Mappe „Lesen" in Ihrer Arbeitsplatzablage einordnen, wenn Sie sich nicht gleich damit beschäftigen wollen oder können
- Schriftstück weiterleiten beziehungsweise verteilen und eventuell den oder die Empfänger notieren
- Schriftstück ablegen, wenn es sich um wichtiges und künftig benötigtes Knowhow handelt

Das Schriftstück enthält eine Bearbeitungsnotwendigkeit für mich oder andere.

Nun kommt es darauf an, wie dringlich beziehungsweise wie wichtig die Bearbeitung ist. Davon abhängig, heißen Ihre Alternativen:

- Die Bearbeitung ist nicht dringlich, daher legen Sie das Schriftstück in den dazugehörigen Vorgang und werfen einen Merkzettel in Ihre Termindatei, und zwar in die Mappe, die den Tag kennzeichnet, an dem Sie die Bearbeitung vornehmen wollen. Oder tragen diese Information in Ihr Terminsystem ein.
  Können Sie den Tag noch nicht bestimmen, wissen aber, in welchem Monat Sie die Sache bearbeiten wollen, dann kommt der Merkzettel in die betreffende Monatsmappe. Zu Beginn eines jeden Monats teilen Sie dann die darin enthaltenen Merkzettel mit den zu erledigenden Aufgaben nach Prioritäten auf die Tagesmappen dieses Monats auf. So haben Sie für jeden Tag Ihr Arbeitspensum bereits zusammengefasst vorliegen und müssen nur noch innerhalb des Tages Ihre Prioritäten setzen.
  Sie führen hier also gleichzeitig mit der Ablage eine Arbeitsplanung durch. Der Clou dabei ist jedoch, dass das Schriftstück bereits dem Vorgang zugeordnet ist, zu dem es gehört. Der Vorgang ist topaktuell und blockiert dennoch

weder Ihren Schreibtisch noch Ihre Arbeitsplatzablage. Vergessen werden kann er auch nicht, denn Sie haben die Erinnerung in Ihrer Terminablage.
– Ist die Bearbeitung durch Sie selbst jedoch dringlich, führen Sie sie – je nach Prioritätsverhältnis zu Ihren anderen, für diesen Tag geplanten Aufgaben – sofort oder später durch.
– Soll die Bearbeitung durch andere erfolgen, leiten Sie das Schriftstück mit Adressaten- und eventuell sonstigem Vermerk entsprechend weiter. Wollen Sie darüber hinaus Kontrollfunktion für die Ausführung ausüben, so notieren Sie dies wieder auf einem Merkzettel für Ihre Terminablage.

Je konsequenter Sie sich anhand dieser inneren Checkliste durch Ihre tägliche Eingangspost arbeiten, desto schneller und dauerhafter werden Sie Ihren Schreibtisch – und auch Ihren Kopf freihalten für die wirklich wichtigen Aufgaben; Sie werden weniger Ballast durch Ihr Büroleben schleppen.

Bei der Behandlung Ihrer Eingangspost sollten Sie immer daran denken, dass ein Aufschieben dieser Entscheidungen zwar kurzfristig Zeitgewinn bedeutet, insgesamt aber zu einem viel höheren Zeitaufwand führt. Wenn Sie eingehende Dokumente lesen und zunächst stapeln oder das E-Mail-Dokument ohne Entscheidung wieder verlassen, dann müssen Sie es mindestens noch einmal querlesen, um eine Entscheidung treffen zu können. Wenn Sie ein bestimmtes Schriftstück aus dem Stapel benötigen, dann suchen Sie und sehen sich dabei alle nicht benötigten Schriftstücke noch einmal an.

So viel zum eingehenden Schriftgut. Aber dabei können wir es nicht bewenden lassen, denn Sie und ich und fast alle Büromenschen *produzieren* Schriftgut. Auch hier bedeutet der Zeitpunkt der Erstellung eine Weichenstellung. Je nachdem, ob Sie viel oder wenig schreiben, lang oder kurz, formlos oder auf Formularen, und je nachdem, an wen Sie Kopien verteilen, tragen Sie viel oder wenig zur Explosion des Schriftgutvolumens bei.

In vielen Unternehmen gibt es zwar Anweisungen über die formale Gestaltung und Benennung von Schriftstücken oder zum Beispiel über Diktatregeln. Wie viel oder wenig der Einzelne jedoch produziert, hängt gerade in Bereichen, die wenig standardisierte, dafür aber kreative oder Management-Aufgaben beinhalten, auch von den individuellen Voraussetzungen des Einzelnen ab. Da gibt es Vielschreiber, die alles in Form eines Memos oder Aktenvermerkes schriftlich festhalten müssen, Wenigschreiber, die sich auf das Wesentliche beschränken. Und dann gibt es auch Nicht-Schreiber, deren hauptsächliches Kommunikationsmittel das Telefon ist.

Auch der Stil ist individuell: was der eine in zwei Sätzen ausdrückt, ist beim anderen eine DIN-A4-Seite lang. Machen Sie einmal die Probe aufs Exempel und schauen Sie nach – zum Beispiel in den Tageskopien –, wie viel Ihr Vorgänger in einem bestimmten Zeitraum produziert hat, und vergleichen Sie es mit Ihrem

Output. Ich habe bei Ist-Aufnahmen festgestellt, dass es hier große Unterschiede gibt, obwohl Aufgabenumfang und Arbeitsanfall durchaus vergleichbar sind.

Für die Erstellung von Papier sollte man daher sich selbst und eventuell auch seinen Mitarbeitern wenige Regeln vorgeben, die dazu beitragen können, der Informationslawine ein wenig den Schwung zu nehmen. So könnten Sie sich zum Beispiel fragen:

Formuliere ich kurz, prägnant und deutlich, oder haben meine Sätze eher Kleistsches Schachtelformat?

Im Geschäftsleben müssen wir keine Schulaufsätze schreiben, sondern mit anderen kommunizieren und deutlich machen, was wir wollen. Stiltraining im Sinne des *modernen Geschäftsbriefes* kann daher durchaus sinnvoll sein und auch zur wirksamen Verkürzung beitragen.

Warum wird zum Beispiel nicht einfach vorgegeben, dass Aktenvermerke zu einem Thema maximal eine Seite füllen dürfen? Das Motto heißt: K.I.S.S. (Keep it simple, stupid). Dieses Verfahren ist auch für die Ablage sehr wohl tuend. Bei einem Thema pro Seite muss nicht doppelt abgelegt oder mit Querverweisen gearbeitet werden.

Muss ich überhaupt schreiben oder habe ich andere Alternativen?

Ein Telefonat, eine kurze Notiz oder einige Stichworte im Terminkalender brauchen weniger Zeit und Papier als das Schreiben oder Diktieren von Aktenvermerken und internen Mitteilungen. Dies gilt natürlich nur, wenn nicht die Aufgabe, firmeninterne oder gesetzliche Belange erfordern, dass Informationen schriftlich festgehalten werden. Aber gerade wenn es darum geht, für seine eigene Arbeit Informationen zu sammeln und festzuhalten, ist es oft besser, nach dem Datenbankprinzip zu arbeiten: die Datenbank kann ein Adress-/Telefonverzeichnis oder ein alphabetisches Stichwortregister in Ihrem Terminkalender sein oder auch eine richtige Know-how-Datenbank beziehungsweise eine Adressdatei in Ihrem Personalcomputer.

Oft reicht es völlig aus, Bearbeitungsvermerke auf bereits vorhandenen Schriftstücken vorzunehmen: Stichworte, Datum und Unterschrift genügen. Prüfen Sie also vor jedem Schreiben oder Diktieren, ob dies wirklich notwendig ist. Ein praktisches Hilfsmittel für die schriftliche Kommunikation ist zum Beispiel der Pendelbrief: auf dem gleichen Schriftstück befinden sich Anfrage, Antwort und eventuell Kommentar.

Wenn Sie Ihre schriftliche Kommunikation mittlerweile auf E-Mail umgestellt haben, dann kommt jetzt die Gewissensfrage: Wie viel Prozent drucken Sie aus? Mehr als fünf Prozent? Muss das wirklich sein? Hoffentlich landen die ausgedruckten Mails nicht auf irgendwelchen Stapeln. (Wenn doch, siehe oben ...)

Erstelle ich häufig schriftliche Informationen der gleichen Art?

Dann überlegen Sie, ob diese Informationen standardisierbar sind und Formulare dafür eingesetzt werden können. Ich will dem Formularunwesen – von der Wiege bis zur Bahre – hier nicht das Wort reden, aber praktisch sind Formulare schon, wenn sie richtig aufgebaut sind und richtig eingesetzt werden. Man spart Zeit beim Ausfüllen, das Wichtigste ist komprimiert und übersichtlich zusammengefasst, und man kann nichts vergessen.

Sie sehen, auch bei der Erstellung von Schriftgut kann viel getan werden, um die Menge zu begrenzen und überschaubar zu halten. Noch ein Wort zur Verteilung. Spätestens seit Auftauchen der Arbeitsplatzkopierer hat die „Xeroxitis", ich meine die blinde Kopierwut, scheinbar auch den letzten Büromenschen erfasst. Kopiert wird häufig nach dem Motto: lieber eine zu viel als zu wenig, und entsprechend wird auch verteilt. Abgesehen von den dadurch entstehenden Papier-, Kopier- und Verteilkosten wäre das vielleicht noch zu verkraften, wenn nicht anschließend nach dem gleichen Motto auch abgelegt würde. Sicher, Kopierer sind eine tolle Erfindung (früher schrieben sich die Leute die Finger wund beim Kopieren), sie sind schnell und bequem und erleichtern vieles. Aber gerade darin liegt die Gefahr – zu viel des Guten führt zum Anwachsen des Ablageberges und irgendwann zum Erdrutsch. Es reicht daher nicht, einfach Kopierer aufzustellen. Kopieren und Verteilen müssen sinnvoll organisiert werden:

– Schon eine ständige Erfassung, wer wann für wen kopiert und wie viele Kopien er jeweils anfertigt, kann Wunder wirken und das Kopiervolumen spürbar senken. Einfach, weil jeder auf Grund der Kontrolle mal kurz nachdenkt, bevor er auf den Knopf drückt. Bei modernen Geräten kann diese Erfassung automatisch geregelt werden.
– Organisatorische Regelungen und ein Unternehmensklima, das Persilscheine („Ich habe Sie doch informiert..." – Kopien) überflüssig macht, tragen dazu bei, dass nur an diejenigen verteilt wird, die mit der Information etwas anfangen können oder sollen. Helfen können vor allem Standardverteiler für bestimmte, regelmäßig anfallende Informationen.
– Die Kennzeichnung der Kopien mit dem Verantwortlichen für die Aufbewahrung des Originals erleichtert anderen die Entscheidung, die Kopien nach Kenntnisnahme zu vernichten.
– Ein unternehmenseinheitliches Ordnungssystem für die Schriftgutablage trägt ebenfalls dazu bei, dass reine Informationskopien eher vernichtet werden, weil man weiß, wer die Originale ablegt und wo man also im Bedarfsfall zugreifen kann.

All dies gilt erst recht fürs E-Mailen. Ich kenne genügend Leute, die morgens siebzig, achtzig Mails im Briefkasten haben, und einige drucken sich diese tatsächlich vor lauter Verzweiflung aus, weil der Kasten ja leergeräumt werden muss, sie aber „später in Ruhe die Post durchgehen wollen". Ruckzuck ist der Schreibtisch wieder voller Papierstapel. Also bitte, liebe Absender – erst überlegen, ob dieser Empfänger diese Information wirklich braucht, und dann erst auf den Knopf drücken!

Bereits diese wenigen organisatorischen Voraussetzungen können entscheidend dazu beitragen, dass schon bei der Generierung von Informationen die Weichen für eine vom Umfang her sinnvolle Speicherung und Aufbewahrung gestellt werden. Mit dieser wollen wir uns in den folgenden Kapiteln genauer beschäftigen.

2 Aktenfluss statt Aktenstau!

2.1 Das Büro platzt aus allen Nähten

Wer kennt sie nicht: die vollen Schränke, die überquellenden Schreibtische, die vielen kleinen Beistellmöbel, die im Laufe der Zeit angeschafft wurden, um das ständig anwachsende Heer der Ordner, Stapel und Mappen mit Schriftgut aufzunehmen? Wer hat nicht schon – je nach Mentalität – geseufzt oder geflucht wegen der ständig anwachsenden Papierlawine, die die Büros überrollt und der selbst große Archive oft nicht mehr gewachsen scheinen. Sieht man sich die Zuwachszahlen an, die die Bürobranche jährlich aufs Neue herausgibt, so fühlt man sich an das Märchen vom süßen Brei erinnert. Was ursprünglich sinnvoll, nämlich um den Hunger zu stillen, im Topf angerührt wurde, kocht auf einmal über, wird immer mehr und scheint nicht zu bremsen zu sein.

Doch ist es wirklich so, dass der Büromensch dieser Lawine hilflos ausgesetzt ist, dass er nur die Wahl hat, neue Platzreserven zu schaffen oder zu Gunsten der Ablage auf eigenen Bewegungsraum mehr und mehr zu verzichten?

Oft scheint es so, wenn man sich manche Büros ansieht. Da fällt mir zum Beispiel eine Behörde ein, die ich nicht sonderlich gerne aufsuche. Trotzdem lässt es sich manchmal nicht vermeiden, dass ich dort etwas zu besprechen habe. Schon der Weg zu dem Büro, in dem die für meine Angelegenheiten zuständigen Sachbearbeiter sitzen, gleicht eher einem Papier-Dschungelpfad, da die Flure rechts und links mit berstendvollen Aktenschränken bestückt sind. (Was ist eigentlich, wenn hier mal ein Bürger sehr neugierig ist?) Der gangbare Weg ist stellenweise nur sechzig Zentimeter breit.

Habe ich mich endlich bis zum Büro durchgekämpft, dann kann ich die Anwesenheit der Sachbearbeiter hinter den meterhohen Aktenbergen auf den Schreibtischen zunächst meist nur vermuten. Wenn ich Glück habe, taucht auf mein lautes „Guten Tag" eventuell ein Kopf hinter dem Papiergebirge auf. Platz wird mir keiner angeboten – nicht aus Unhöflichkeit, nein, weil keiner da ist. So *überstehe* ich dann eben die meist erhebliche Zeit, die zum Auffinden meiner Unterlagen in diesem Wust von Papier benötigt wird. Dass die beiden Sachbearbeiter dabei nicht gerade übermäßig motiviert wirken, nehme ich ihnen nicht übel – ich wäre es in einer solchen Arbeitsumgebung, in der immerhin ein gutes Drittel des Tages verbracht werden muss, wahrscheinlich auch nicht!

Derartige Zustände findet man nicht nur in Behörden. Nein, auch Büros in Industrie-, Handels- oder Dienstleistungsunternehmen leiden oft an ähnlichen Erstickungssymptomen – übrigens auch oder gerade häufig dort, wo die EDV und moderne Bürokommunikation längst eine wesentliche Rolle spielen.

2.2 Wo der Platz knapp wird, fehlt die Organisation

Auch wenn es eine gute Ausrede ist: die Papierflut in den Büros ist nicht Schicksal des Büromenschen von heute und auch nicht unvermeidbarer Tribut an die Informationsgesellschaft, sondern ganz einfach ein Zeichen für Ebbe in der Organisation.

Wie kommt es zu dem Aktenstau im Büro? Wie bei einem Stausee haben wir auf der einen Seite den Zufluss: Posteingang, selbsterstelltes Schriftgut, Kopien – immer mehr Papier sammelt sich an. Bei einem Stausee werden hin und wieder die Schleusen geöffnet, sonst läuft er über oder der Damm bricht. Genau das passiert aber in einem Büro, in dem ein Aktenstau, aber kein Aktenfluss vorhanden ist, weil entweder die Schleusen nicht geöffnet werden oder, schlimmer noch, weil diese ganz einfach fehlen. Aus der Sicht des Organisators gesehen, heißt dies Folgendes:

Die gesetzlichen Aufbewahrungsfristen sind entweder nicht bekannt oder werden nicht eingehalten.

Aktenstau-Situationen sind häufig dadurch gekennzeichnet, dass Unterlagen über weit längere Zeiträume aufbewahrt werden, als vom Gesetz her vorgeschrieben ist.

Für Kaufleute schreibt das Handelsgesetzbuch (§§ 238, 257, 261 HGB) die Aufbewahrung von Unterlagen vor. Für alle, die nach Steuergesetzen Bücher führen müssen, gelten darüber hinaus die Aufbewahrungsvorschriften des § 147 Abgabeordnung (AO). Die wichtigsten Aufbewahrungsfristen in diesen beiden Gesetzen sind:

– zehn Jahre für Bücher, Journale, Konten, Aufzeichnungen, Inventare, Eröffnungsbilanzen, Jahresabschlüsse, Lageberichte sowie die zu ihrem Verständnis erforderlichen Arbeitsanweisungen. Diese Form gilt bei EDV-gestützten Buchführungssystemen auch für Verfahrensdokumentationen, Handbücher usw. Neu: auch für Buchungsbelege gilt die zehnjährige Aufbewahrungsfrist;
– sechs Jahre für Geschäftsbriefe und sonstige Unterlagen, soweit sie für die Besteuerung von Bedeutung sind.

Für spezielle Schriftgutarten schreiben diverse andere Gesetze kürzere Aufbewahrungsfristen vor, wie zum Beispiel

- fünf Jahre für Nachweise über das Zustandekommen von Preisen bei öffentlichen Aufträgen, für Fahrtennachweisbücher, Beförderungs- und Begleitpapiere sowie Ladelisten, für Niederschriften über die Prämiengewährung für Verbesserungsvorschläge, für Wechsel, soweit sie dem Wechselsteuergesetz unterliegen,
- drei Jahre für Durchschriften von Wettunterlagen (Durchschriften von Wettscheinen etwa), Entgeltsbücher für Heimarbeit, Gasöl-Lieferbescheinigungen und Quittungen über bezogenes Gasöl in der Landwirtschaft.

Dabei beginnt die Aufbewahrungsfrist mit dem Schluss des Kalenderjahres, in dem die letzte Eintragung in das Handelsbuch gemacht, das Inventar aufgestellt, die Bilanz festgestellt, der Handelsbrief empfangen oder abgesandt oder der Buchungsbeleg entstanden ist. Bei Verträgen beginnt die Aufbewahrungsfrist erst nach Vertragsende.

Ist die gesetzliche Aufbewahrungsfrist abgelaufen, gibt es leider noch eine weitere Klippe, die vor der endgültigen Vernichtung des Schriftgutes umschifft werden muss. Solange die Unterlagen nämlich für die Besteuerung noch von Bedeutung sind, müssen sie aufgehoben werden. Wenn also die Frist für die Steuerfestsetzung noch nicht abgelaufen ist (§§ 169, 170 AO), dürfen die Unterlagen nicht vernichtet werden, auch wenn die gesetzliche Frist abgelaufen sein sollte.

Natürlich gibt es auch Fälle, in denen eine längere als die gesetzliche Aufbewahrungsfrist aus unternehmensinternen Gründen sinnvoll und notwendig ist. Aktenstaus entstehen jedoch oft dort, wo diese Einzelfälle zu Normalfällen werden.

Die gesetzlichen Aufbewahrungsfristen müssten jedem bekannt sein, doch stellen wir in der Praxis immer wieder fest, dass der Informationsgrad hierzu tatsächlich nicht besonders hoch ist. In vielen Verwaltungen geistert zum Beispiel die siebenjährige Aufbewahrungsfrist für Handelsbriefe und Buchungsbelege nach wie vor in den Köpfen herum, obwohl diese bereits 1977 auf eine sechsjährige Frist reduziert wurde. Ein Jahr kann immerhin je nach Größe eines Unternehmens und Umfang seiner Aktivitäten eine beachtliche Schriftgutmenge ausmachen.

Was die Aufbewahrungsform betrifft, so erlauben das Handelsgesetzbuch und die Abgabenordnung unter bestimmten Voraussetzungen die Speicherung von Dokumenten auf Mikrofilm oder elektronischen Medien. Zu gewährleisten ist eine ordnungsgemäße

- *Transformation* (zulässiges Speicherverfahren, vollständige, richtige und nachvollziehbare Transformation, schriftlich dokumentiertes und nachprüfbares Transformationsverfahren)

- *Aufbewahrung* (Vollständigkeit und Unveränderbarkeit der Daten während der Aufbewahrungsfrist, geordnete Speicherung)
- *Wiedergabe* (jederzeit mögliche Verfügbarkeit und Lesbarkeit sowie bildlich/ inhaltliche Richtigkeit der Dokumente)

Beim Mikrofilm ist dies alles gewährleistet, die meisten Dokumentenmanagement-Systeme sind heute in der Regel auch auf diese Anforderungen ausgelegt.

Auf Papier aufbewahrt müssen aber in jedem Fall Eröffnungsbilanzen, Jahres- und Konzernabschlüsse sowie bestimmte Belege, zum Beispiel Zollbelege.

Ein Problem besteht allerdings immer noch darin, dass in Zivilprozessen elektronische Dokumente im Beweiswert nicht so hoch rangieren, wie Papierdokumente. Als „Urkunde" anerkannt wird nämlich nur ein vom Aussteller eigenhändig unterschriebenes Dokument. Elektronische Dokumente sind „Dokumente des Augenscheins" und ihre Anerkennung hängt im Einzelfall von der richterlichen Beweiswürdigung ab. Das heißt im Klartext: Alle Dokumente, auf deren Echtheitsbeweis Sie nicht verzichten können oder wollen, müssen weiter (auch) in Papierform aufbewahrt werden.

Allerdings arbeitet schon seit einigen Jahren die Initiative des Verbandes Optischer Informationssysteme e.V. daran, diese Rechtsunsicherheit auszuräumen. 1997 wurde mit dem vom Bundestag verabschiedeten Signaturgesetz (SigG) die rechtliche Basis für die elektronische Signatur verabschiedet.

Für unternehmensinterne Aufbewahrungsfristen gibt es keine offizielle Regelung.

Die gesetzlichen Aufbewahrungsfristen decken – je nach Branche und Art des Unternehmens – meist nur einen mehr oder weniger großen Teil des gesamten Schriftgutvolumens ab. Für das übrige Schriftgut fehlen Aufbewahrungsrichtlinien, die den jeweiligen unternehmensinternen Erfordernissen gerecht werden. Auf Grund der daraus resultierenden allgemeinen Unsicherheit wird lieber grundsätzlich alles aufgehoben. Das Risiko, falsch zu entscheiden und womöglich Unterlagen unwiederbringlich zu vernichten, die noch einmal gebraucht werden könnten, geht kaum ein Mitarbeiter ein.

Altablagen und Archive sind gar nicht oder nur unzureichend organisiert oder gar nicht vorhanden.

Wenn aber Altablage/Archiv nichts anderes ist als ein Abstellraum, zu dem womöglich jeder Mitarbeiter Zutritt hat und in dem keiner mehr das findet, was er dort einmal abgestellt hat, dann darf man sich nicht wundem, wenn Mitarbeiter „ihre" Unterlagen, für die sie schließlich Verantwortung tragen, dort nicht mehr abstellen. Der Aktenstau im Büroraum ist die logische Folge. Das heißt, das Schriftgut wird aus Angst vor Verlust oder vor aufwändigen Suchaktionen so lange im Büro gehortet, bis dieses aus allen Nähten platzt.

Die Ordnung funktioniert nicht.

Das heißt, niemand weiß genau, wer welche Schriftstücke ablegt, die Ablage selbst ist mehrdeutig strukturiert, sodass eine eindeutige Zuordnung von Schriftstücken nicht möglich ist. Hieraus resultiert wieder Unsicherheit beim einzelnen Mitarbeiter, der „zur Sicherheit" – Kopierer machen es möglich – Mehrfachablagen anlegt. Auch hierdurch wird das Schriftgutvolumen über Gebühr aufgebläht.

Keiner ist verantwortlich – das heißt, nirgendwo ist festgelegt, wer welche Unterlagen aufbewahren, eventuell ins Archiv verlagern und schließlich irgendwann vernichten muss.

Geht diese Ursache einher mit einem anfänglich ausreichenden Platzangebot oder wird das Platzangebot ständig durch Möbelzukauf erweitert, dann kommt es auch hier als Folge zum Aktenstau.

Schließlich – und last, but not least – ist ein vorhandener Aktenstau neben den organisatorischen Ursachen immer- auch auf menschliche Ursachen zurückzuführen.

Der Umfang des Aktenstaus hängt dabei oft entscheidend von der Mentalität des Akteninhabers ab. Weit verbreitet ist – gerade im deutschsprachigen Raum – die Einstellung, dass viel Papier gleich bedeutend ist mit viel Arbeit und großem Fleiß des Papiersammlers. In solchen Fällen erhält der Aktenberg durchaus den Charakter eines Statussymbols und scheint so manchen Porsche zu ersetzen.

Viel Papier gleich viel Image? Offensichtlich wird hier Papierquantität mit Information und Wissen gleichgesetzt, und Wissen ist bekanntlich Macht. Der Aktenstau mit all seinen negativen Folgen verhindert jedoch gerade, dass das auf dem Papier gespeicherte Wissen sinnvoll als Information genutzt werden kann, weil die organisatorischen Voraussetzungen für den gezielten Zugriff auf die richtige Information zur rechten Zeit nicht gegeben sind. Besonders die Führungskräfte, deren Chefbüro-Wandschränke meterweise Schriftgut beherbergen, sollten sich fragen, wen oder was sie *führen* – ihre Mitarbeiter und ihr Unternehmen oder hauptsächlich die eigene Registratur!

In anderen Fällen mag ein hohes Aktenvolumen lediglich auf einen stark ausgeprägten Sammlertrieb hindeuten oder auch auf einen Nostalgiker, für den jedes einzelne Schriftstück mit einer persönlichen Erinnerung verbunden ist. Für beide würde es fast an Selbstverleugnung grenzen, sich auch nur von einem der Schriftstücke freiwillig zu trennen. Auch eher unsichere Naturen, Persilschein-Fanatiker und besonders Misstrauische neigen dazu, möglichst alles aufzuheben, da man ja nie wissen kann ... Ringen sie sich doch einmal dazu durch, den Papierkorb zu benutzen, läuft dies oft nach dem Motto: „Werfen Sie das weg, aber machen Sie vorher eine Kopie davon für unsere Akten!".

Fassen wir die Folgen des Aktenstaus im Büro noch einmal zusammen:

- Der Platz wird knapp, teure Bürostellflächen werden mit teurem Registratur-Mobiliar voll gestopft, der Bewegungsraum für den Menschen wird knapp. Unter Umständen so knapp, dass die Arbeitsstätten-Richtlinien nicht mehr eingehalten werden können und die Sicherheit der Mitarbeiter – man denke zum Beispiel an Fluchtwege – nicht mehr gewährleistet ist.
- Die Übersicht geht verloren, denn je höher der Aktenberg, desto länger braucht man, um sich darin zurechtzufinden, zeit- und nervenraubende Suchaktionen sind die Folge.
- Ist die Übersicht erst weg, kann auch das unternehmensinterne Know-how, soweit es im Schriftgut enthalten ist, nicht mehr voll genutzt und auch nicht mehr hundertprozentig geschützt werden. Wenn niemand die Übersicht hat, weiß auch niemand, ob zum Beispiel etwas fehlt.
- Alle Jahre wieder, meist in der jeweils ruhigeren Saison, werden die von allen Mitarbeitern so gefürchteten Ausmistaktionen erforderlich, bei denen mit einem immensen Zeitaufwand Akten „gesichtet" und, wenn der Mut entsprechend groß ist, auch vernichtet werden. Da dies in unregelmäßigen Abständen immer wieder mit denselben Unterlagen geschieht, das heißt, im Verlaufe einiger Sichtungsaktionen wird dasselbe Schriftstück immer wieder begutachtet, bedeutet dieses Vorgehen, zumindest aus organisatorischer Sicht, reine Beschäftigungstherapie. Welcher Betrieb kann sich das leisten?

All diese negativen Auswirkungen auf einen Nenner gebracht, kann man sagen: der Aktenstau im Büro ist eine teure Angelegenheit, er kostet

- zu viel Stellplatz
- zu viele Registraturmöbel – zu viele Organisationsmittel
- zu viel Zeit und vor allem zu viele Mitarbeiter-Nerven!

Übrigens sollten Sie nicht dem Irrtum verfallen, dass das Problem „Aktenstau" sich im „papierlosen Büro" komplett von selbst löst. Sicher, die Kosten für die räumliche Unterbringung von Papier entfallen. Dafür wächst aber die Müllhalde auf Ihren elektronischen Speichermedien. Sie werden wahrscheinlich schon selbst gemerkt haben, wie schnell Dateiverzeichnisse unübersichtlich werden können. Je mehr unnütze Dokumente dort aufbewahrt werden und je unzureichender die Struktur und die verwendeten Schlagworte oder Abkürzungen sind, desto mehr Zeit brauchen Sie, um etwas zu finden. Von selbst vernichten sich elektronische Dokumente nicht. Sie müssen also auch hier von Zeit zu Zeit die Platte putzen. Das heißt bei den meisten PC-Benutzern: Datei aufrufen, Dokument durchsehen und entscheiden, ob es vernichtet oder weiter aufgehoben werden soll. Das mag schneller gehen, als ein ganzes Papier-Archiv durchzublättern, aber Zeit kostet es auch.

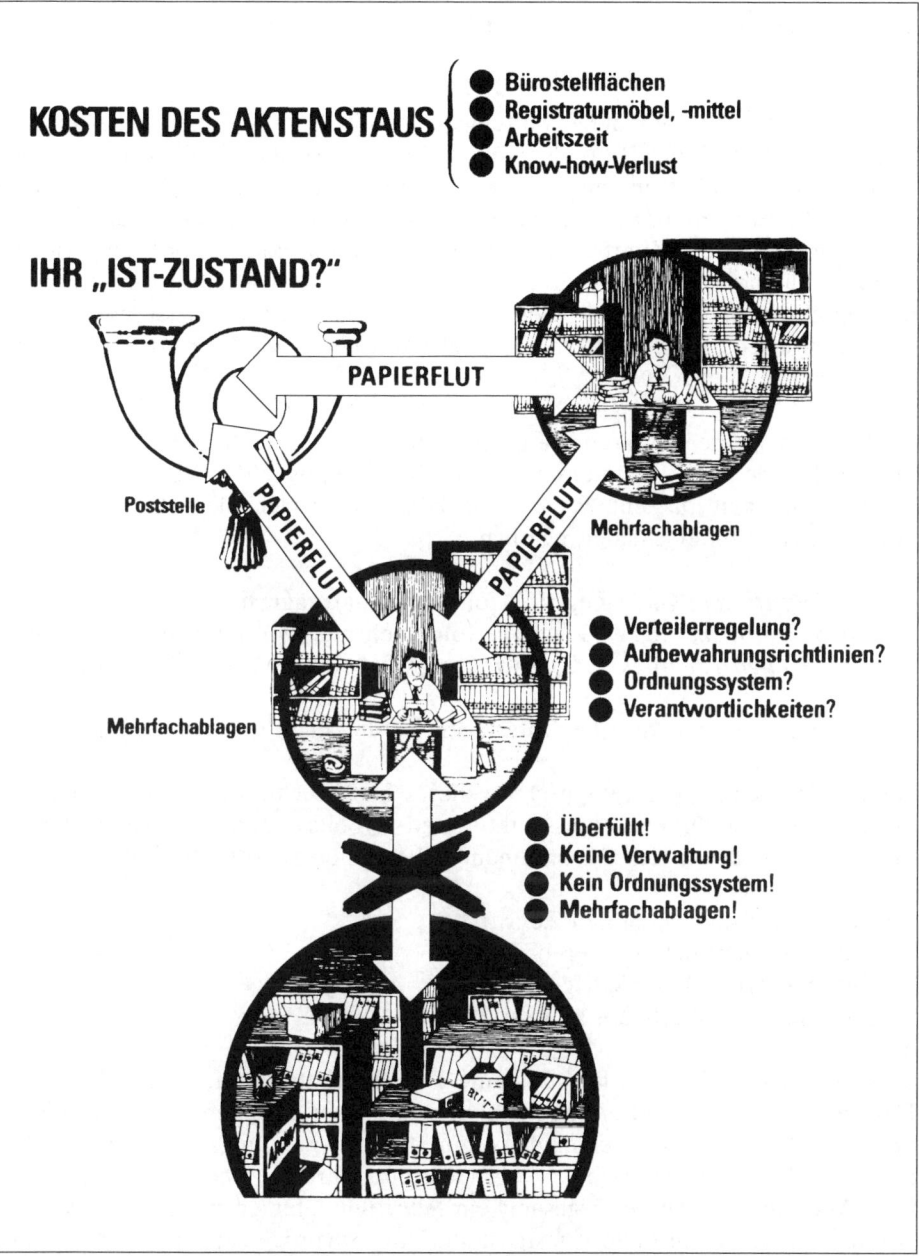

Abbildung 1: Kosten des Aktenstaus

2.3   Zugreifen – aber wie oft?

Der „wertvollste" Raum im Verwaltungsbereich ist der Platz unmittelbar um den Schreibtisch herum, das Büro also. Dieser Platz ist wertvoll, weil er in der Regel knapp und teuer ist. Dementsprechend sollte hier nur das Schriftgut aufbewahrt werden, das im Verlauf der täglichen Arbeiten wirklich benötigt wird. Die erste Reaktion fast jeden Mitarbeiters auf diese organisatorische Forderung ist: die Akten in meinem Büro brauche ich alle! Das mag zwar grundsätzlich stimmen, die Einschränkung ergibt sich jedoch sogleich aus der differenzierenden Frage: wie oft wird jede einzelne Akte gebraucht, das heißt, wie hoch ist die Zugriffs-häufigkeit?

Im Rahmen meiner Beratungstätigkeit habe ich viele Unternehmen daraufhin untersucht, wie die Zusammensetzung des Schriftgutes in den Büroräumen nach Zugriffshäufigkeit aussieht. Wenn man dabei vier verschiedene Grade der Zu-griffshäufigkeit unterscheidet, nämlich

– *hohe Zugriffshäufigkeit:* Zugriff erfolgt mehrmals täglich,
– *mittlere Zugriffshäufigkeit:* Zugriff erfolgt mehrmals wöchentlich bis monatlich,
– *niedrige Zugriffshäufigkeit:* Zugriff erfolgt nur einige Male im Jahr oder weniger,
– *keine Zugriffshäufigkeit:* die Unterlagen werden nicht mehr benötigt,

dann ergibt sich für den Durchschnitt dieser Untersuchungen bei Unternehmen mit gewachsener Organisationsstruktur und Arbeitsabläufen, dass von der ge-samten Menge des in den Büroräumen vorhandenen Schriftgutes nur

– rund 57 Prozent dem hohen Zugriff,
– rund 12 Prozent dem mittleren Zugriff,
– rund 25 Prozent dem niedrigen Zugriff,
– rund 6 Prozent überhaupt keinem Zugriff

unterliegen. Dies ist natürlich nur eine Durchschnittsverteilung. Im konkreten Einzelfall kann diese Verteilung noch viel markanter ausfallen, wie zum Beispiel im Geschäftsführungsbereich eines kommunalen Versorgungsunternehmens. Bei insgesamt fünf Arbeitsplätzen – zwei Geschäftsführern, zwei Sekretärinnen, ei-nem Assistenten – wurde insgesamt ein Schriftgutvolumen in den Büroräumen von fast 70 laufenden Metern festgestellt. Davon wurden sage und schreibe nur 31,4 Prozent ständig, also im hohen Zugriff benötigt, 31,3 Prozent im mittleren und 32 Prozent im niedrigen Zugriff. 5,3 Prozent der vorgefundenen Unterlagen wurden sogar überhaupt nicht benötigt und konnten sofort vernichtet werden.

Bei all diesen Untersuchungen bestätigt sich immer wieder der „Daumenwert" des Organisators, wonach das Schriftgutvolumen, das ein Mitarbeiter im täglichen Zugriff sinnvoll bewältigen kann, nicht mehr als drei bis vier laufende Meter beträgt. Alles, was darüber hinausgeht, mag zwar notwendig sein, unterliegt aber dann nur mittlerer oder niedriger Zugriffshäufigkeit.

In einem Büro mit den typischen Anzeichen des Aktenstaus kann man also davon ausgehen, dass hier weit mehr Schriftgut aufbewahrt wird, als zur täglichen Aufgabenerfüllung notwendig ist. Um nun einen Aktenfluss in Gang zu bringen, reicht es jedoch nicht aus, nur festzustellen, welches Schriftgut in welchen Zugriffsbereich fällt.

Man könnte zwar danach das nicht mehr benötigte Schriftgut vernichten und die selten benutzten Unterlagen aus dem Büro entfernen. In den meisten Fällen würde man auf diese Weise ganz sicher auch eine erhebliche Entlastung erzielen. Es bliebe jedoch bei dem *Einmal-Effekt,* und nach einiger Zeit wäre der Aktenberg wieder angewachsen und eine neue Aktion wäre fällig. Dieses Vorgehen ist äußerst unrationell, da der erhebliche Zeitaufwand der Schriftgutselektion immer wieder aufs Neue anfällt.

Aber, werden Sie fragen, gibt es denn die Möglichkeit, dies zu vermeiden? Ja, heißt die Antwort, und zwar mit einem regelmäßigen, gesteuerten und kontrollierten Aktenfluss. Um diesen in Gang zu bringen, ist zwar auch ein gewisser Zeitaufwand erforderlich, aber eben nur einmal am Anfang. Werden dann alle Regeln eingehalten, ohne die bekanntlich in der Organisation nichts funktioniert, wird es nie wieder zu einem Aktenstau im Büro kommen.

2.4   Welche Rolle spielt die Schriftgutart?

Um die Akten in Fluss zu bringen, sind einige Voraussetzungen zu schaffen. Zunächst ist festzustellen, welche Arten von Schriftgut überhaupt vorhanden sind, wie diese üblicherweise bearbeitet werden und wie sich die Zugriffshäufigkeit im Verlauf der Bearbeitung verändert. Diese Bestandsaufnahme muss für jeden eigenständigen Aufgabenbereich eines Unternehmens individuell durchgeführt werden. Es empfiehlt sich, hierzu die Mitarbeiter zu befragen, die für den jeweiligen Aufgabenbereich zuständig sind. Eine Bestandsaufnahme am grünen Tisch oder auf Grund von Stellenbeschreibungen oder sonstigen sekundären Quellen ist wenig praktikabel – sowohl aus inhaltlichen wie auch aus Akzeptanzgründen. Am besten werden diese Inhalte in Gesprächen erarbeitet, an denen der (interne oder externe) Organisator sowie die Mitarbeiter der jeweiligen Organisationseinheit teilnehmen.

Grundsätzlich kann man die Unterlagen für jedes Unternehmen in folgende Gruppen grob vorgliedern:

Auftragsunterlagen

Jedes Unternehmen hat eine oder mehrere Haupt-Zielsetzungen (sollte es zumindest haben!), zu deren Erreichung es gegründet wurde. Zum Beispiel: Waren produzieren und verkaufen oder Waren ein- und verkaufen oder Dienstleistungen erbringen.

Alle Unterlagen, die dieses Unternehmensziel direkt betreffen, kann man als Auftragsunterlagen bezeichnen. Dazu gehören beispielsweise Marketingunterlagen, Angebote, Aufträge, Lieferscheine, Rechnungen, Mahnungen, Schriftverkehr mit Kunden. Auftragsunterlagen haben in der Regel *Vorgangscharakter*. Vorgänge kann man daran erkennen, dass sie

– auf Grund eines Problems oder einer bestimmten Zielsetzung entstehen,
– eine geschlossene Einheit darstellen, das heißt, einen Anfang und ein Ende haben (Vorgang abgeschlossen), wobei die Zeitspanne zwischen Anfang und Ende je nach Vorgangsart verschieden groß sein kann,
– innerhalb des gleichen Sachgebietes denselben oder zumindest einen ähnlichen Bearbeitungsverlauf haben,
– sich innerhalb des gleichen Aufgabenfeldes aus gleichen oder ähnlichen Unterlagenarten zusammensetzen.

Ein Vorgang kann zum Beispiel ein Kaufvorgang sein. Er beginnt mit der Anfrage eines möglichen Kunden und endet mit dem Zahlungseingang nach der Lieferung, eventuell erst nach Ablauf der Garantiezeit. Ein Vorgang kann, zum Beispiel in der Unternehmensberatung, ein Projekt sein, eine Aufgabenstellung also, die für einen Klienten gelöst wird. Dabei anfallende Unterlagenarten sind zum Beispiel

– Unterlagen der kaufmännischen Abwicklung (Anfrage, Angebot, Auftrag, Tätigkeitsnachweise, Rechnungen, Zahlungsbelege) und
– Unterlagen der Projektabwicklung (Erhebungsbögen aus der Ist-Aufnahme, Auswertungen, Berichte, Soll-Vorschläge, Abschlussbericht und so weiter).

Wichtig ist, dass man Auftragsunterlagen immer am direkten Zusammenhang mit der Unternehmenszielsetzung erkennt. Das heißt, bei der Identifizierung von Unterlagen muss man immer das Gesamtunternehmen im Auge haben. Man darf also nicht fragen, worin der *Auftrag* der Personalabteilung zum Beispiel besteht und deren Schriftgut dann als Auftragsunterlagen charakterisieren. In diesem Falle haben wir es nämlich mit Verwaltungsunterlagen zu tun.

Verwaltungsunterlagen

Verwaltungsunterlagen werden demnach nicht für die direkte Unternehmensziel-Erreichung benötigt, sondern für indirekte oder der Gesamtzielsetzung untergeordnete Teilziele.

So hat zum Beispiel die Personalabteilung die Aufgabe, alle personellen Voraussetzungen im Unternehmen zu schaffen, damit unter anderem dadurch das Hauptziel erreicht werden kann. Das heißt: die (richtigen) Mitarbeiter einstellen, für deren Bezahlung und soziale Angelegenheiten zu sorgen, sie zu betreuen und zu motivieren, sodass sie ihre Aufgaben optimal erledigen können und wollen. Die in der Personalabteilung anfallenden Unterlagen sind also Verwaltungsunterlagen.

Ähnliches gilt für die Organisationsabteilung. Wenn intern ein Projekt *Schriftgutreorganisation* in allen Abteilungen durch die Organisation durchgeführt wird, hat dies den Sinn, die Aufgabenbewältigung in Bezug auf das direkte Unternehmensziel zu unterstützen. Durch Verbesserung der Ablage wird zwar direkt kein Produkt des Unternehmens verkauft, aber die Auftragsabwicklung wird zum Beispiel beschleunigt, weil Suchzeiten entfallen, sodass in derselben Zeit mehr verkauft werden kann.

Auch Verwaltungsunterlagen können Vorgangscharakter haben.

Know-how-Unterlagen

Während Auftrags- und Verwaltungsunterlagen hauptsächlich aus Vorgängen bestehen, die „abgewickelt" werden, kann Know-how, also Wissen, nicht abgewickelt werden, sondern es wird benutzt.

Wenn man das Büro einmal mit einer Produktionsstätte vergleicht, könnte man auch sagen, dass Auftrags- und Verwaltungsunterlagen *Werkstücke* sind, während Know-how-Unterlagen *Werkzeuge* sind, die der Büromensch unter anderem benötigt, um seine Werkstücke zu erstellen. Know-how kann sowohl

– für Auftrags- als auch für Verwaltungsarbeiten benötigt werden,
– selbst erstellt als auch fremderstellt,
– technisch, wissenschaftlich, kaufmännisch und so weiter

sein. Know-how sind zum Beispiel Gesetze für die Rechtsabteilung, Preislisten für die Einkäufer, Normen und Regelwerke für die Techniker. Sogar „ehemalige" Auftragsunterlagen oder Auszüge daraus können Know-how werden, wenn man sie als Information und Basis für aktuelle Auftragsabwicklungen benutzt. Zum Know-how zugeordnet werden sollten solche Unterlagen jedoch nur, wenn sie als Kopien in eindeutige Know-how-Akten eingeflossen sind.

Prospekte, Kataloge

sind als spezifische Unterlagenart auf Grund ihrer äußeren Aufmachung gleich zu erkennen und brauchen daher nicht näher erläutert zu werden. Sie können sowohl eigene Produkte des Unternehmens wie auch Produkte oder Dienstleistungen anderer Unternehmen oder Einrichtungen betreffen.

Bücher, Zeitschriften

machen ebenfalls von der Identifizierung her keine Schwierigkeiten.

Warum wird nun eine solche Grobstrukturierung vorgegeben? Dafür gibt es hauptsächlich zwei Gründe:

– Der Bearbeitungsverlauf und die Zugriffshäufigkeit ist für jede Gruppe grundsätzlich anders. Während zum Beispiel eine Auftragsunterlage, die einen Verkaufsvorgang beinhaltet, so lange häufig in die Hand genommen wird, bis der Vorgang abgeschlossen ist, verläuft die Zugriffshäufigkeit bei einer Personalakte ganz anders, nämlich abhängig von der Dauer des Beschäftigungsverhältnisses (Einstellung, Kündigung) und besonderen Vorkommnissen (Beförderung, Gehaltserhöhung, Abmahnung, Krankheiten).
– Die Grobstrukturierung erleichtert die Bestandsaufnahme und die anschließende Aufbereitung und Darstellung der Ergebnisse.

2.5   Aktenfluss-Schema und quantitative, selektive Ist-Aufnahme

Wenn die Grobstrukturierung vorgegeben ist, kann gesammelt werden. Das heißt, pro Organisationseinheit werden nun die *Unterlagenpakete* zusammengetragen, die in dieser Organisationseinheit im Rahmen der spezifischen Aufgabenbewältigung anfallen. Nehmen wir an, wir befinden uns in einer Organisationseinheit eines Energieversorgungs-Unternehmens, die für den elektrotechnischen Anlagenbau zuständig ist. Durch Befragung der Mitarbeiter dieser Gruppe erfahren wir, dass als Auftragsunterlagen hier Vorstudien sowie Projektakten mit kaufmännischen und technischen Inhalten anfallen. Die Frage nach der Zugriffshäufigkeit beantworten die Mitarbeiter wie folgt:

– „Vorstudien brauchen wir ständig, bis die Entscheidung über die Realisierung getroffen ist. Dann fließt ein Teil der Unterlagen in die neu entstehende Projektakte ein, und den Rest brauchen wir dann nicht mehr so oft. Etwa zwei Jahre im mittleren Zugriffsbereich und dann sehr selten. Aufgehoben werden sollten diese Unterlagen so lange, wie die betreffende Anlage existiert."
– „Projektakten brauchen wir ständig bis ungefähr drei Monate nach Rücklauf des abgerechneten Finanzantrages, dann noch ungefähr drei Monate im mittleren Zugriffsbereich. Danach müssen auch die Projektakten aufgehoben werden, so lange die Anlage existiert, wir müssen allerdings kaum noch darauf zurückgreifen."

Diese Angaben werden nun kurz gefasst unter dem Oberbegriff *Auftragsunterlagen* in eine Tabelle eingetragen, die wir *Aktenfluss-Schema* nennen. Genauso wird für die anderen Hauptgruppen, nämlich die Verwaltungs-, Know-how-Unterlagen, Prospekte/Kataloge und Bücher/Zeitschriften verfahren. Das Aktenfluss-Schema enthält schließlich für jede Organisationseinheit die dort vorhandenen Unterlagen mit genauen Angaben über den Verlauf der Zugriffshäufigkeit.

Besonders für Angaben darüber, wie lange Unterlagen noch im niedrigen Zugriffsbereich aufbewahrt werden müssen, sollten auch die gesetzlichen Aufbewahrungsfristen entsprechend beachtet und in das Aktenfluss-Schema integriert werden. Darüber hinaus ist es sinnvoll, in einer gesonderten Spalte Angaben über die Verantwortlichkeit für Aufbewahrung und Verlagerung zu machen. Auf diese Weise kann ein Zusammenführungseffekt ausgenutzt werden.

Wenn zum Beispiel die Gruppe Elektrotechnischer Anlagenbau aus unserem Beispiel dem Aktenfluss-Schema entnehmen kann, dass eine kaufmännische Abteilung für die Aufbewahrung der kaufmännischen Projektunterlagen (Kalkulation, Abrechnung) verantwortlich ist, dann ist eine möglicherweise doppelte Aufbewahrung in der technischen Gruppe gar nicht nötig. Die Techniker können diese Unterlagen, wenn sie nicht mehr benötigt werden, der kaufmännischen Abteilung zuleiten, die sie in ihre Ablage unter Reduzierung der Mehrfachkopien integrieren und entsprechend weiter betreuen muss. Ein solches Vorgehen setzt allerdings voraus, dass nach Erarbeitung aller Aktenfluss-Schemen im Unternehmen diese in einer Gesamtliste (am besten alphabetisch nach Unterlagenbezeichnungen) zusammengeführt werden und dass anhand dieses Gesamtüberblickes dann einerseits die genannten Aufbewahrungszeiträume verglichen und, wo möglich, vereinheitlicht werden. Andererseits können auf Grund dieses Gesamtüberblickes dann auch die Verantwortlichkeiten gerecht und den Aufgaben entsprechend sinnvoll festgelegt werden.

Wozu braucht man ein Aktenfluss-Schema? Es soll Instrument sein für die „Grundreinigung". Das heißt, auf der Basis des Aktenfluss-Schemas kann nun mit jedem Mitarbeiter eine Bestandsaufnahme seiner Unterlagen durchgeführt werden.

Der Mitarbeiter ordnet jeden Schriftgutbehälter dem entsprechenden Feld des Aktenfluss-Schemas zu. Idealerweise wird der Schriftgutbehälter entsprechend markiert, zum Beispiel mit einer dem Feld entsprechenden Farbe. Das anschließende, selektive Aufmaß gibt ein genaues Bild über die an diesem Arbeitsplatz tatsächlich erforderlichen Unterlagen und ihre Zusammensetzung sowie über den Anteil des Schriftgutes, der auf Grund niedrigerer Zugriffshäufigkeit an einem anderen Ort untergebracht werden könnte.

Oft wird gefragt, ob ein Vorgehen mit bloßer Erfassung der Schriftgutbehälter nicht zu grob ist. Schließlich kann ein Ordner, um bei unserem Beispiel zu blei-

VORHER: AKTENSTAU

100 %

Mehrfachablagen

Planolog-SYSTEM: QUANTITATIVE SELEKTIVE IST-AUFNAHME

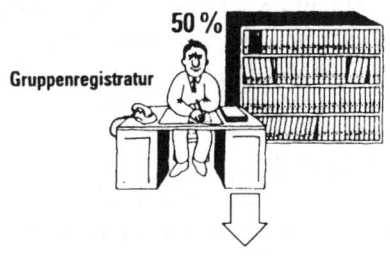

50 %

Gruppenregistratur

Bis zu 50% weniger Kosten für:
▶ **Stellfläche**
▶ **Registraturmöbel**
▶ **Registraturmittel**
▶ **Suchzeit**
in den Büroräumen!

NACHHER:
AKTENFLUSS

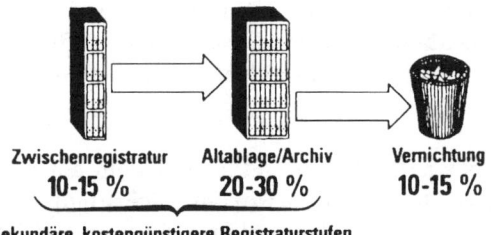

Zwischenregistratur	Altablage/Archiv	Vernichtung
10-15 %	**20-30 %**	**10-15 %**

Sekundäre, kostengünstigere Registraturstufen

Abbildung 2: Quantitative, selektive Ist-Aufnahme

ben, mehrere Vorstudien enthalten, von denen nur die Letzte noch im ständigen Zugriff benötigt wird.

Auf diese Frage gibt es zwei Antworten. Die eine betrifft das Verhältnis von Aufwand und Nutzen, die andere die Ablagetechnik. Sicher wäre es optimal, wenn man kleinere Einheiten erfassen würde. Dort, wo sich die Mitarbeiter die Zeit nehmen können und in die Schriftgutbehälter hineinschauen, um zum Beispiel Überflüssiges sofort zu vernichten, sollte man sie nicht bremsen. Je umfangreicher das Schriftgut und je größer das Unternehmen, desto weniger ist das detaillierte Vorgehen noch wirtschaftlich vertretbar – es kostet einfach zu viel Zeit. Der dadurch erreichbare Nutzen wird jedoch nicht dementsprechend größer; denn der größte Effekt kann bereits allein schon mit der Behältererfassung erreicht werden (siehe oben genannte Durchschnittswerte, die lediglich auf der Erfassung der Schriftgutbehälter beruhen).

Gleichzeitig ergibt sich jedoch aus der Frage nach dem Sinn detaillierterer Erfassung ein Tipp für die Ablagetechnik. Wenn von vorne herein kleinere Ablageeinheiten angelegt werden – zum Beispiel dünnere Ordner oder, besser noch, Hängemappen, dann wirkt sich dies positiv aus auf

- die Erfassung bei einer selektiven Ist-Aufnahme,
- den Aktenfluss – man braucht nicht zu warten, bis ein Ordner voll ist, sondern kann Vorgänge eher in den nächstniedrigen Zugriffsbereich verlagern,
- auf die Handhabung schlechthin – man braucht nicht immer den gesamten Ordner aus dem Schrank zu nehmen und man braucht nicht zu warten, wenn ein Kollege gerade einen anderen Teil des Ordner-Inhaltes bearbeitet.

Die beschriebene Methode der Erfassung von Schriftgut nach Aktenfluss-Schema nennen wir auch quantitative, selektive Ist-Aufnahme. Sie ist eine Voraussetzung, um aus einem Aktenstau einen Aktenfluss zu machen, und sie ist dort, wo extremer Platzmangel herrscht, ein sehr sinnvolles Instrument, um Abhilfe zu schaffen (Abbildung 2, Quantitative, selektive Ist-Aufnahme). Sinnvoll vor allem auch deshalb, weil durch die Beteiligung der Mitarbeiter an der Erstellung der Aktenfluss-Schemen ein hoher Grad an Akzeptanz für die daraus abgeleiteten Regelungen erreicht wird. Viel höher, als wenn lediglich eine lapidare Anweisung zur Benutzung von Kellerräumen als Archiv herausgegeben wird.

Einen beträchtlichen Einsparungseffekt kann man mit der quantitativen, selektiven Ist-Aufnahme vor allem dort erzielen, wo ein neues Verwaltungsgebäude mit Neumöblierung geplant ist. Rechtzeitig durchgeführt, lassen sich die notwendigen Möbelinvestitionen erheblich verringern, ohne organisatorische Einbußen in Kauf zu nehmen – im Gegenteil, die Ablauforganisation profitiert vom Aktenfluss.

Sicher hören das manche Büromöbel-Lieferanten nicht allzu gern, ist man doch häufig ein anderes Vorgehen gewöhnt. Um den Bedarf festzustellen, wird der

Mitarbeiter nach seiner Aktenmenge gefragt. Sicherheitshalber wird ein Zuschlag von oft 20 und mehr Prozent kalkuliert, denn „das Schriftgut wird ja ständig mehr". Hat der Mitarbeiter also bereits zehn laufende Meter Akten um sich herum, bekommt er im Neubau Schränke für zwölf und mehr Meter, obwohl sich auf Grund einer quantitativen, selektiven Ist-Aufnahme herausstellen würde, dass er nur maximal sechs Meter benötigt!

So wird bei der üblichen Vorgehensweise oft doppelt so viel investiert wie notwendig wäre. Und damit ist der Fall dann keineswegs erledigt. Gerade weil die notwendige organisatorische Basis fehlt, weil der Aktenstau nur kurzfristig durch größeres Platzangebot getarnt wird, weil also gegen die Symptome vorgegangen wird, statt an den Ursachen anzusetzen, dauert es oft nicht lange, bis auch die neuen Möbel wieder voll sind und die ersten Anforderungen nach zusätzlichen Schränken kommen.

Genau dies kann durch Einsatz der Aktenfluss-Schemen als Instrument für den gesteuerten Aktenfluss vermieden werden. Wenn nämlich jeder Mitarbeiter nur genau den Platz für seine Unterlagen zur Verfügung erhält, der gemäß den Ergebnissen der quantitativen, selektiven Ist-Aufnahme auf die Unterlagen im hohen Zugriffsbereich entfallen (ein geringer Zuschlag ist dabei natürlich gestattet), dann ist er „gezwungen", den Aktenfluss einzuhalten.

Das heißt, ist sein Schrank voll, dann muss er – eventuell unter Zuhilfenahme seines Aktenfluss-Schemas – die Unterlagen verlagern, die nicht mehr seinem ständigen Zugriff unterliegen. Der Witz an der quantitativen, selektiven Ist-Aufnahme ist, dass sich die zum Stichtag festgestellte Schriftgutmenge im hohen Zugriffsbereich absolut kaum verändert – solange nicht zusätzliche Mitarbeiter oder zusätzliche Aufgaben eine Zunahme des Schriftgutvolumens verursachen.

Manch einem mag diese Methode ein wenig zu rabiat erscheinen. Der sanfte Zwang, der durch die Kombination von sinnvoll begrenztem Platzangebot und Beachtung der Aktenfluss-Schemen ausgeübt wird, ist jedoch die einzige Möglichkeit, um nicht langfristig im Meer der Akten zu ertrinken.

Was die Akzeptanz dieses Vorgehens durch die Mitarbeiter betrifft, spielen verschiedene Faktoren eine Rolle. Ganz wichtig ist, dass die Mitarbeiter von Anfang an an der Entwicklung mit beteiligt sind und selbst die Inhalte der Aktenfluss-Schemen bestimmen. Wichtig ist auch, dass eventuelle zusätzliche Möbelanforderungen nicht kategorisch abgeschmettert werden, sondern dass anhand der Aktenfluss-Schemen die Berechtigung dieser Forderung gemeinsam mit dem Mitarbeiter geprüft und das Problem gelöst wird. Zum Beispiel, indem durch Verlagerung von Akten aus dem Büro heraus wieder Platzreserven geschaffen werden. Ein dritter, wesentlicher Faktor kommt noch hinzu. Parallel zur Erarbeitung der Aktenfluss-Schemen müssen die organisatorischen Voraussetzungen für die Verlagerung von Unterlagen aus dem hohen in niedrigere Zugriffsbereiche möglichst so optimal geregelt werden, dass die Mitarbeiter auch über ihre verlagerten Unterlagen den Überblick behalten und auf diese jederzeit gezielt und schnell zugreifen können.

Wird dies nicht gewährleistet, dann sollte man sich lieber an den Aktenstau gewöhnen und von den bisher beschriebenen Möglichkeiten besser keinen Gebrauch machen. Mitarbeiter haben sehr viel Verständnis für organisatorische Regelungen, sogar, wenn sie ihnen einiges an Disziplin abfordern (Hand aufs Herz, um den inneren Chaoten zu bekämpfen, sind wir für ein bisschen Zwang doch oft recht dankbar und schaffen uns diesen zuweilen selber oder?).

Dies alles gilt jedoch nur, solange die organisatorische Regelung letztlich hilft, Aufgaben besser, schneller, bequemer und mit mehr Spaß zu erfüllen. Ist das Gegenteil der Fall, das heißt, findet man ausgelagerte Akten überhaupt nicht mehr oder nur mit extremem Such- und Zeitaufwand wieder, dann ist der Aktenstau mit all seinen Folgen immer noch das kleinere Übel – auch wenn der Zugriff auf Ausgelagertes nur hin und wieder erforderlich ist. Einmal nichts gefunden reicht aus, um sämtliche Motivation und Akzeptanz hinsichtlich eines Aktenflusses im Keim zu ersticken!

Auch in den papierlosen Bereich können sie die Idee des Aktenfluss-Schemas übertragen. Versehen Sie ab sofort jedes selbsterstellte oder empfangene Dokument mit einem Zusatz, aus dem die Aufbewahrungsfrist hervorgeht. Hängen Sie an die Dokumentenbezeichnung zum Beispiel ein „V" für „Vernichten" mit der entsprechenden Jahreszahl an, also zum Beispiel „V99". Lässt sich eine Vernichtungsfrist partout nicht festlegen, können Sie auch ein „W" für Wiedervorlage nehmen. Per Suchfunktion selektieren Sie dann jeweils am Jahresende die zu vernichtenden Dokumente aus Ihrem Verzeichnis und schicken Sie in die ewigen Jagdgründe.

2.6   So wird aus dem Aktenstau ein Aktenfluss

Wir haben bisher viel von der Verlagerung des Schriftgutes aus dem Büro hinaus gesprochen, und Sie werden sich schon die Frage gestellt haben, wohin denn dieses Schriftgut verlagert werden soll. Dies ist eine der Kardinalfragen in Zusammenhang mit dem Aktenfluss. Wohin sollen also die Akten fließen, beziehungsweise wo ist der jeweils günstigste Standort für die Unterbringung von Schriftgut?

Zur Beantwortung dieser Frage können wir wieder die Zugriffshäufigkeit zur Hilfe heranziehen. Parallel zu der Einteilung in hohe, mittlere, niedrige und keine Zugriffshäufigkeit bietet es sich an, verschiedene Registraturstufen einzurichten. Die Anzahl und Gestaltung dieser Registraturstufen im konkreten Fall hängt

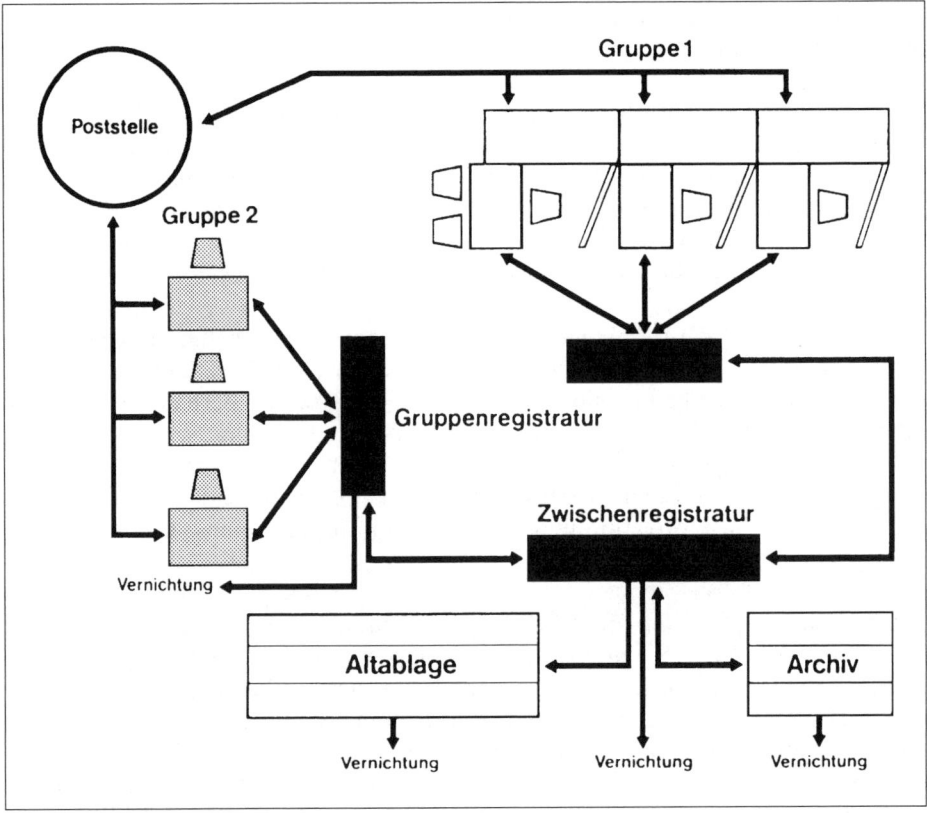

Abbildung 3: Registraturstufen werden durch die Zugriffshäufigkeit bestimmt

jeweils von den Randbedingungen ab, die durch Räumlichkeiten, personelle Kapazität und organisatorische Formation des jeweiligen Unternehmens vorgegeben sind.

Prinzipiell ist eine Einteilung in – gemäß der Zugriffshäufigkeit drei Stufen sinnvoll, nämlich

- Zugriffshäufigkeit hoch: *Arbeitsplatz-/Gruppenregistratur*
- Zugriffshäufigkeit mittel: *Zwischenregistratur*
- Zugriffshäufigkeit niedrig: *Altablage/Archiv*

Die Vernichtung wollen wir in diesem Zusammenhang nicht als Registraturstufe ansehen. Allerdings sind auch für diese *Endstation* organisatorische Regelungen notwendig.

2.6.1 Arbeitsplatz- und Gruppenregistratur

Eine Unterlage, die ständig benötigt wird, gehört so nah wie möglich an den Arbeitsplatz. Dabei kann man grundsätzlich zwei Möglichkeiten unterscheiden. Einmal die Unterbringung im Schreibtisch, die immer dann sinnvoll ist, wenn nur der betreffende Mitarbeiter Zugriff darauf haben muss. Meist wird es sich dabei um Know-how-Unterlagen handeln oder um Unterlagen eines geschlossenen Sachgebietes, das nur dieser Mitarbeiter allein verantwortlich bearbeitet. Es können auch vertrauliche Unterlagen sein, die nur diesen Mitarbeiter etwas angehen.

Wenn der Schreibtisch als Aufbewahrungsort für Unterlagen benutzt wird, sollte er möglichst einen oder zwei Hängeregistratur-Unterbauten haben. Die Aufbewahrung in Schubladen oder Fächern kann nur stapelweise erfolgen, was ablagetechnisch sehr unübersichtlich und zeitaufwändig ist.

Höchst ungünstig ist es, Unterlagen, die auch andere Kollegen benötigen könnten, im Schreibtisch unterzubringen und diesen dann eventuell noch abzuschließen. Bei Krankheit oder Urlaub des „Schreibtischtäters" kann dies für Kollegen und Schreibtisch äußerst unangenehm werden. Bleibt der Schreibtisch grundsätzlich unverschlossen, wäre zwar dieses Problem gelöst. Da dieses Möbelstück jedoch für seinen Besitzer eine Art *Reviercharakter* hat, empfinden es die meisten Menschen als unangenehm, wenn andere darin herumkramen.

Aus psychologischen und organisatorischen Gründen sollte der Zugriff zu Unterlagen im Schreibtisch also dem jeweiligen Besitzer vorbehalten bleiben. Wir sprechen bei Schreibtisch-Unterlagen vom Bereich der *Arbeitsplatz-Registratur.*

Unterlagen, die ständig von mehreren Mitarbeitern benötigt oder bearbeitet werden, gehören dagegen in die so genannte *Gruppenregistratur.* Gemeint sind damit die Registraturschränke im Arbeitsraum. Deren Standort ist, bei Zellenbauweise und Ausstattung der Büros mit Wandschränken, vorgegeben. Bei Mehrpersonen- oder Funktionsräumen (Großraumbüros) kann die Aufstellung der Schränke flexibler gehandhabt werden. Wenn diese Möglichkeit besteht, sollte darauf geachtet werden, dass die Entfernung zur Gruppenregistratur für alle Mitarbeiter der Gruppe möglichst gleich weit ist.

In der Praxis taucht häufig die Frage der *dezentralen oder zentralen Ablage* auf, also die Frage, ob man grundsätzlich jedes erstellte oder eingehende Schriftstück, soweit es überhaupt aufbewahrt werden soll, in einer zentralen Registratur ablegen sollte. Soweit sich diese Frage auf die Unterlagen der Arbeitsplatz- und Gruppenregistratur bezieht, kann sie auf Grund der praktischen Erfahrung, die mit solchen *lebenden* Zentralregistraturen häufig gemacht werden, nur verneint werden.

Zwar würde unter Umständen dafür sprechen, dass auf diese Art die Unterlagen vollständig beisammen sind und dass, ein einheitliches Ordnungssystem vorausgesetzt, auch Transparenz und Übersicht gut sind.

Die Gründe, die dagegen sprechen, sind jedoch wesentlich gewichtiger. Zum einen ist die Vollständigkeit nur so lange gewährleistet, wie jeder Mitarbeiter diszipliniert sofort jedes Schriftstück, das er erstellt und empfängt, an die Zentralregistratur gibt. Zum anderen ist die Transparenz von dezentralen Ablagen bei Anwendung eines unternehmenseinheitlichen Ordnungssystems genauso gut.

Hauptsächlich spricht dagegen, dass die Führung einer lebenden Zentralregistratur mit einem Aufwand an Platz, Personal und Kopien verbunden ist, der umso größer wird, je größer das Unternehmen ist. In einem kleinen Betrieb mit zehn Mitarbeitern mag man die Ablage noch zentral handhaben können – in diesem Fall handelt es sich um nichts anderes als um eine Gruppenregistratur.

Bei einem größeren Unternehmen mit beispielsweise tausend oder mehr Mitarbeitern bedeutet eine lebende Zentralregistratur einen erheblichen Kostenfaktor, ohne eine adäquate Leistung zu bieten. Denn diese müsste sinnvollerweise darin bestehen, die Mitarbeiter von möglichst allen Ablagetätigkeiten vollständig zu entlasten, sprich, die Büros von Schriftgut weitgehend zu befreien und den Aktenstau gar nicht erst aufkommen zu lassen.

Je größer das Unternehmen jedoch ist, desto eher verkehrt sich das Konzept der „rationellen Zentralisierung" in sein Gegenteil. Kein Mitarbeiter wird für häufig benötigte Unterlagen die Zentralregistratur in Anspruch und damit zwangsläufig längere Zugriffszeiten in Kauf nehmen.

Die Folgen mögen zwei Beispiele aus der Praxis demonstrieren. Bei dem Ersten handelt es sich um ein Unternehmen mit rund 3000 Mitarbeitern. Es gibt eine Anweisung der Geschäftsleitung, dass sämtliches aufbewahrungspflichtiges Schriftgut in einer Zentralregistratur zu führen ist und dass die Mitarbeiter die Originale empfangener Unterlagen beziehungsweise Kopien selbsterstellter Unterlagen dorthin abzugeben haben.

Bei einer Ist-Aufnahme wurden folgende Fakten festgestellt: In der Zentralregistratur, die von zwei Vollzeit-Mitarbeitern und zwei Halbtagskräften geführt wurde, befanden sich 250 laufende Meter angeblich aktuelle, also lebende Unterlagen. In einer technischen Abteilung mit 100 Mitarbeitern wurden jedoch rund 500 laufende Meter Unterlagen festgestellt, von denen allerdings nur 50 Prozent einem hohen Zugriff unterlagen. Auch in allen übrigen Abteilungen zeigte ein Blick in die Büros bereits, dass dort mehr als genug Schriftgut abgelegt wurde.

Eine Hochrechnung von 100 auf 3000 Mitarbeiter ergab ein Schriftgutvolumen von insgesamt 15 Kilometern in den Arbeitsräumen! Da fragten wir uns, was eine Zentralablage mit lächerlichen 250 laufenden Metern Schriftgut sollte. Die Erklärung war nicht schwer zu finden. Die Zentralregistratur hatte eine Art Alibi-Funktion, damit der Anweisung der Geschäftsleitung Genüge getan wurde. Sie war nach Herausgabe der Anweisung eingerichtet und zu Beginn von den Mitarbeitern auch bestückt worden. Da jedoch einerseits kein sinnvolles Ordnungssystem vorhanden war und andererseits der Weg der Abgabe und Anforderung für die Mitarbeiter zu umständlich war, wurden die Arbeitsplatz- und Gruppenregistraturen – nun eben in Kopieform – beibehalten.

Nach und nach schlief allerdings der „Abgabeeifer" der Mitarbeiter ein, zumal niemals eine Kontrolle dieses Projektes erfolgte, und schließlich lieferten nur noch ein paar unentwegte Mitarbeiter Schriftgut an die Zentralregistratur. Die meisten Mitarbeiter benutzten sie jedoch nur noch, um lästiges Schriftgut, bei dem sie sich sicher waren, es nicht mehr zu brauchen (aber zu unsicher, um es zu vernichten), an die Zentralregistratur abzugeben.

Während der Ist-Aufnahme in der erwähnten Abteilung wurden die Mitarbeiter befragt, warum sie die Zentralablage nicht benutzten. Die Antworten sprachen für sich: „Da findet man ja sowieso nichts wieder, weil bei dem Ordnungssystem haufenweise Schriftgut unter einer Nummer geführt wird!" oder: „Die Akten im hohen Zugriff brauchen wir hier am Arbeitsplatz und nicht drei Stockwerke höher in der Zentralregistratur!"

Ein anderes Beispiel aus dem Bereich der öffentlichen Verwaltung: im Rahmen meiner Mitarbeit in einem Arbeitskreis besichtigte ich mit einigen Kollegen eine Behörde, von der wir gehört hatten, dass dort der Traum vom „papierlosen Büro" durch ein *elektronisches Aktenverwaltungssystem* auf dem besten Wege sei, Realität zu werden.

Das System, seine Entstehung und Anwendung wurde uns in einem Konferenzraum unter Einsatz eines Overhead-Projektors und sehr beeindruckender Foliensätze vom Leiter dieses Projektes, einem EDV-Spezialisten, mit großem Engagement vorgetragen.

Organisatorische Basis dieses Systems war eine Zentralablage, in der nach den Ausführungen des Projektleiters sämtliche aufbewahrungspflichtigen oder aufbewahrungswürdigen Schriftstücke der gesamten Behörde gesammelt wurden. Die Verwaltung erfolgte mit EDV-Unterstützung unter Einsatz von Datenbank-Software. Da mit dem zentralen Rechner eine sehr hohe Speicherkapazität zur Verfügung stand, konnte für jedes Schriftstück eine umfangreiche Kombination verschiedenster Suchbegriffe, angefangen vom Ersteller, Erstelldatum und Adressaten über Format bis hin zu Stichworten über den Inhalt eingegeben werden.

All dies klang wirklich überzeugend, bis jemand die Frage nach dem Ordnungssystem stellte, nach dem diese Schriftstücke inhaltlich verwaltet würden. Als die Antwort hieß, dass dies „Sache der Abteilungen" sei, dass also kein behördeneinheitliches Ordnungssystem verwendet würde, konnte ich ein gewisses Misstrauen nicht unterdrücken. Abgesehen von dem Aufwand für den einzelnen Mitarbeiter, ein bestimmtes Schriftstück in der Zentralregistratur anzufordern, wie würde er es überhaupt wieder finden? Was, wenn er das Schriftstück vor einem Jahr unter dem Stichwort Auto abgegeben hat und es nun unter KFZ oder Fahrzeug wieder sucht? Hatte der Computer das komplette Synonymverzeichnis der deutschen Sprache gespeichert? Hatte er nicht. Jetzt mussten wir einfach bohren.

Wir fragten, wie viel Mitarbeiter in der Zentralregistratur beschäftigt seien. Aus der schnell umgerechneten Antwort ergaben sich, dass es etwa fünf Prozent der insgesamt in der Behörde Beschäftigten waren. Fünf Prozent für die Registratur! Nun gut, dies würde sich ja vielleicht noch lohnen, wenn alle übrigen Mitarbeiter absolut keine Registraturarbeiten dadurch mehr zu erledigen hätten. Meine Frage, ob denn nun in den Büroräumen überhaupt noch Akten zu finden seien, hörte ich „theoretisch nein".

Die Büroräume durften wir leider nicht besichtigen. Aber nach Abschluss der Veranstaltung führte der Weg hinaus durch einen langen Flur, und es gelang mir, ein paar Augen-Blicke in die Büros zu werfen. Was ich dort sah? Na ja, Aktenberge eben, wie überall ... Ich frage mich, welches private Unternehmen es sich wohl leisten kann, fünf Prozent seiner Mitarbeiter in der Registratur zu beschäftigen, ohne die übrigen Mitarbeiter entscheidend zu entlasten. Kann die Sicherheit und Vollständigkeit einer Ablage tatsächlich nur durch Netz und doppelten Boden gewährleistet werden? Immerhin war mir wieder klarer geworden, wohin unsere Steuern wandern.

Nun wird das Thema „Papier-Zentralregistraturen" meiner Ansicht nach in den nächsten Jahren durch den verstärkten Einzug elektronischer Archiv- und Dokumentenmanagement-Systeme an Bedeutung verlieren. Ein zentrales elektronisches Archiv hat natürlich unbestreitbare Vorteile – darauf kommen wir im betreffenden Kapitel noch zu sprechen. Dennoch besteht auch hier die Gefahr, dass Mitarbeiter mehr oder weniger klammheimlich dazu ihre eigenen Ablagen – in Papierform – aufbauen. Hinzu kommt, dass bei der Einführung von Dokumentenmanagement-Systemen selten der gesamte Schriftgutbestand, der sich bisher angesammelt hat, dorthinein übernommen wird. Aus Kostengründen ist das meist indiskutabel. Somit bleibt den meisten Unternehmen nichts anderes übrig, als für eine Übergangszeit, die Jahre, vielleicht auch Jahrzehnte dauern kann, auch noch mit zentralen Papier-Registraturen zu leben. Besonders hierfür gelten die folgenden Empfehlungen.

2.6.2 Zwischenregistratur

Während bei der Arbeitsplatz- und Gruppenregistratur, dem aktuellen Ablagebereich also, eine zentrale Verwaltung umso ungünstiger wird, je größer das Unternehmen ist, sieht dies bei der Zwischenregistratur etwas anders aus. Erinnern wir uns: die Zwischenregistratur ist der Ablagebereich, auf den nicht mehr ständig, aber doch noch hin und wieder zugegriffen werden muss. Als Faustregel kann man sich merken: wenn Unterlagen nur einmal wöchentlich oder mehrmals im Monat benötigt werden, ist die Zugriffshäufigkeit *mittel,* und die Unterlagen sollten im aktuellen Bearbeitungsbereich keinen Platz mehr blockieren, andererseits für den Bearbeitenden doch noch schnell und direkt erreichbar sein. Einige Beispiele von Unterlagen mögen den Charakter der Zwischenregistratur verdeutlichen:

Eine Industrieanlage – zum Beispiel ein Motorprüfstand – ist verkauft, am Bestimmungsort aufgestellt und vom Kunden abgenommen. Der Auftrag an sich ist also abgewickelt, der häufige Zugriff auf die Unterlagen nicht mehr erforderlich.

Nun beginnt die Garantiezeit – und man kann ja nie wissen. Tritt plötzlich eine Störung auf oder wird etwas reklamiert, ist es gut, wenn die zuständigen Bearbeiter die Unterlagen innerhalb einer Minute zur Hand haben, eine Wartezeit, die auch einem ungeduldigen Anrufer am Telefon noch zuzumuten ist. Ein klassischer Fall für die Zwischenregistratur also, aus dem aber deutlich die Notwendigkeit spricht, dass auch diese Registraturstufe optimal organisiert sein muss. Im Aktenfluss-Schema würde als Anweisung für diese Arten von Unterlagen stehen: Aufenthaltsdauer in der Arbeitsplatz-/Gruppenregistratur bis Abnahmeprotokoll vom Kunden vorliegt, in der Zwischenregistratur bis Ende der Garantiezeit.

Unterlagen, die die aufbau- und ablauforganisatorischen Zusammenhänge für die Verwaltung eines Unternehmens regeln, also zum Beispiel Organisationshandbücher, Anweisungen und Richtlinien, Rundschreiben und so weiter, werden in der Regel auch nicht ständig benötigt. Es reicht meist, wenn ein neues Rundschreiben gelesen (und verstanden) wird und wenn jeder weiß, wo derartige Unterlagen zu finden sind.

Der Einzelne kann diese Schriftstücke dann nach Kenntnisnahme vernichten. Gerade die sogenannten *Organisations- oder Verwaltungs-Handbücher* bringen oft aufwändige Aktualisierungsarbeiten mit sich, besonders, wenn der Verteiler groß ist: Schriftstücke müssen zigmal ausgetauscht werden, und häufig sammeln sich die Ergänzungslieferungen in Schreibtisch-Schubladen, weil dem Empfänger die Zeit (oder die Lust) fehlt, die umständlichen Austauschaktionen vorzunehmen. Hier ist es also besser – und bei maximal mittlerer Zugriffshäufigkeit auch vertretbar –, wenn solche Unterlagen für mehrere Mitarbeiter, Gruppen oder auch mehrere Abteilungen zentral in einer Zwischenregistratur untergebracht und verantwortlich verwaltet, sprich aktualisiert werden. Die tatsächliche Anzahl solcher zentralen Sammelstellen in einem Unternehmen muss immer im Einzelfall festgelegt werden und hängt von der Anzahl der Mitarbeiter, dem Informations- beziehungsweise Zugriffsbedarf und auch von räumlichen Gegebenheiten ab.

Auch für andere, spezielle Unterlagen, wie zum Beispiel Prospekt- und Katalog-
sammlungen, Zeitschriftensammlungen, Sammlungen von Normen, Richtlinien
und Dokumentationsunterlagen, kann die Einrichtung einer zentralen Zwischenregistratur durchaus sinnvoll sein. In einem solchen Fall hat diese allerdings
schon mehr den Charakter einer Know-how-Zentrale als den des ursprünglich
beabsichtigten „Durchgangslagers" für Unterlagen im mittleren Zugriff, die anschließend in Altablage/Archiv oder direkt in den Papierkorb wandern. Dann
setzt dies in der Regel auch eine umfangreichere organisatorische Verwaltung
voraus, auf die wir später noch genauer eingehen wollen.

Falls man mittels einer quantitativen, selektiven Ist-Aufnahme festgestellt hat,
dass ein lohnenswerter Anteil der vorhandenen Unterlagen nur einem mittleren
Zugriff unterliegt, erhebt sich die Frage: Wohin damit? Wo ist der jeweils günstigste Standort für eine Zwischenregistratur? Diese Frage lässt sich kaum pau-
schal beantworten. Rufen wir uns noch einmal Sinn und Zweck der Zwischenregistratur ins Gedächtnis. Sie soll dazu beitragen, dass

- knapper, teurer Büroraum entlastet wird,
- die Übersichtlichkeit innerhalb der ständig benötigten Ablage erhöht wird,
- sekundäre weniger teure Flächen, sofern sie zur Verfügung stehen, besser ausgenutzt werden,
- Mehrfachablagen durch Zentralisierung verringert werden und
- der Aktenfluss in Gang bleibt.

Sie soll Unterlagen aufnehmen, die zwar nicht mehr ständig, aber noch relativ
häufig gebraucht werden und im Bedarfsfall schnell, also ohne großen Aufwand
an Zeit und Verwaltung zur Verfügung stehen müssen. Das heißt, der Bearbeiter
muss selbst mit ein paar Schritten die Zwischenregistratur erreichen und sich seine Unterlagen dort abholen können. Außer diesen Anforderungen sind die
räumlichen Gegebenheiten in einem Unternehmen und die Ausstattung der Räume mit Registraturmöbeln wichtig, wenn es um die Festlegung des Standortes für
die Zwischenregistratur geht. Aus diesen Randbedingungen lassen sich mit folgenden Überlegungen verschiedene Varianten ableiten:

Erste Überlegung: Sind die Büroräume mit Wandschränken ausgestattet? Wenn
ja, dann bieten sich die *griffungünstigen* Bereiche der Wandschränke vor allem
dann als Zwischenregistratur an, wenn sonst keine separaten Sekundärräume in
Büronähe zur Verfügung stehen. Sicher ist dann der Zentralisierungseffekt nicht
so stark, aber wir haben vorhandenen Stauraum ausgenutzt und auch die direkte
Zugriffsmöglichkeit für die Mitarbeiter erhalten. Griffungünstig ist zum Beispiel
der obere Bereich in Wandschränken, der, besonders für kleine Leute, nur mit
Leiter erreichbar ist (bitte darauf achten, dass diese sicherheitstechnisch wirklich
alle Anforderungen erfüllt – wer schon einmal unter mehreren herabstürzenden
Ordnern begraben wurde, weiß um die Gefährlichkeit von wackeligen Bürostüh-
len, die als Leiter zweckentfremdet wurden).

Die praktische Erfahrung lässt mich noch einen anderen Hinweis hier anbringen. Gerade in älteren Verwaltungsgebäuden weisen die Wandschränke oft eine „Übertiefe" aus, die keiner Norm entspricht. Die Papierlawine sowie die gute Absicht, den Raum bestmöglich auszunutzen, verleiten dann dazu, die Akten hintereinander in Zweierreihen abzustellen. Abgesehen von dem einzigen Fall, dass aus irgendwelchen Gründen Tarnung von Unterlagen erforderlich ist (wofür sich ein Tresor oder abschließbarer Stahlschrank besser eignet), sollte man auf die zweite Reihe verzichten und diese auch nicht für die Zwischenregistratur einführen. Erstens, weil man mangels direkter Sicht *vergisst,* was hinter der ersten Reihe steht – aus den Augen, aus dem Sinn. Und zweitens, weil der Zugriff jedes Mal umständliches Ausräumen der ersten Reihe erfordert.

Ein Wort noch zu den Wandschränken (mit Flügeltüren) im Allgemeinen. Ganz ehrlich, ich liebe sie nicht. Aus meiner Sicht bieten sie nur einen Vorteil – das „aufgeräumte Image", solange die Türen geschlossen sind.

In der Regel wird dem Büromenschen mit einem Wandschrank viel mehr Platz zur Verfügung gestellt, als er benötigt. Allerdings zu einem erheblichen Teil Platz, mit dem er nicht viel Vernünftiges anfangen kann. Da nämlich Wandschränke oft bauliche Ecken, Lücken und sonstige Extremitäten kaschieren sollen, findet man darin oft Bereiche, wo man weder Ordner stellen noch Hängerahmen anbringen kann.

In solchen Bereichen sammelt sich dann alles Mögliche, wie zum Beispiel Stapelablagen, alte Schuhe, leere Flaschen (auch volle), Keksdosen mit noch zwei übrig gebliebenen Keksen darin und so weiter. Solche Wandschränke unterstützen den Sammlertrieb und untergraben sämtliche Bemühungen um Wegwerfdisziplin. Außerdem sind sie unpraktisch für die Anwendung der Hängeregistratur, sofern man erst die Flügeltür öffnen muss, um dann den Hängerahmen herauszuziehen. Ausnahmen sind Wandschränke, die aus verschiedenen Elementen, zum Beispiel Hängeschubladen und Fachböden hinter Flügeltüren sowie offenen Regalen, zum Beispiel für Bücher, zusammengesetzt sind und die gar keine ungünstigen Griffbereiche aufweisen, weil die oberen Etagen zum Beispiel blind verkleidet sind. Solche Wandschränke sind allerdings entsprechend teuer.

Ein weiterer Nachteil von Wandschränken ist, dass man fast immer vom Schreibtisch aufstehen und ein paar Schritte dorthin gehen muss, um Zugriff zu den Unterlagen zu haben. Für die Gesundheit ist diese Bewegung zwar nicht schlecht, organisatorisch ist der lange Weg auf jeden Fall ein Nachteil.

Auch optisch findet man in der Praxis oft Entgleisungen. So hat mir kürzlich ein Hauptbereichsleiter stolz seinen Büroraum im neuen Verwaltungsgebäude vorgeführt, der mit einem Wandschrank ausgestattet war. Auf Grund des ungünstigen Raumzuschnittes (mit Pfeilern und Säulen) wurde dieser Wandschrank so maßgefertigt, dass er ungefähr zehn circa vierzig Zentimeter breite Flügeltüren vom Fußboden bis zur Decke hatte. Das Zimmer sieht aus wie der Umkleideraum einer Fußballmannschaft, aber Hauptsache, ein Wandschrank ist darin!

Einen organisatorischen Kommentar habe ich mir erspart, es war wieder einmal ein Fall, in dem Architekten und Raumausstatter die erste Geige spielten und die Organisatoren erst im Schlussakkord zu Wort kamen, wodurch die „vollkommene Harmonie" eben nicht erreicht wurde.

Wandschränke sind also meistens organisatorisch ungünstiger als gezielt auf den Bedarf abgestimmte Einzelmöbel, oft teurer als diese und nicht immer optisch ansprechender.

Zweite Überlegung: Gibt es auf dem gleichen Stockwerk für die Mitarbeiter direkt erreichbare so genannte sekundäre Räume oder Ablageflächen? Hier kann es sich zum Beispiel handeln um Wandschränke in Fluren (vor allem in älteren Gebäuden), Dunkelräume, die bisher vielleicht nur als Kopierraum oder Abstellraum für Putzzeug benutzt werden, aber durchaus Platzreserven bieten, oder normale Räume, die nicht als Büros benötigt werden.

Da hier – bei entsprechender Raumgröße oder Ablagefläche – eine Zentralisierung für das gesamte Stockwerk möglich ist, entsprechen diese Fälle der klassischen Form einer Zwischenregistratur. Eine andere Möglichkeit bietet das Großraum- oder Funktionsraum-Büro. Hier kann man Zwischenregistratur-Bereiche zum Beispiel sinnvoll kombinieren mit anderen Funktionsbereichen, wie etwa Besprechungsecken. Ordnet man die Zwischenregistratur-Schränke in U-Form oder im Viereck so an, dass man von außen an die Schränke herankann und sich innerhalb des Vierecks der Besprechungsraum befindet, dann hat man zwei Fliegen mit einer Klappe geschlagen, ohne dass sich beide Tätigkeiten – Zugriff auf Zwischenregistratur und Besprechungen führen – gegenseitig behindern, wie dies zum Beispiel der Fall wäre, wenn die Zwischenregistratur in einem Besprechungsraum konventioneller Bauweise untergebracht wäre.

In der Praxis gibt es also unzählige Spielarten für die Standortwahl einer Zwischenregistratur. Um hier die jeweils günstigste Lösung zu finden, müssen für jedes Unternehmen, ob groß oder klein, systematisch folgende Fragen gestellt und beantwortet werden:

Wie viel laufende Meter Zwischenregistratur sind vorhanden? Lohnt es sich überhaupt, diese mittlere Registraturstufe einzurichten? Können wir Büroflächen dadurch nutzbringend entlasten, Mehrfachablagen zentralisieren, die Übersicht erhöhen? Oder ist der Umfang so gering, dass eine Aufteilung in aktuelle Arbeitsplatz-/Gruppenregistratur und Altablage/Archiv völlig ausreicht?

Eine Zwischenregistratur ist nicht grundsätzlich ein Muss! Wenn die Schriftgutmenge gering ist und die Zugriffshäufigkeit auf Grund der speziellen Bearbeitungsabläufe nur zwei Abstufungen (ständig oder selten) aufweist, ist eine Zwischenregistratur überflüssig. Je kleiner ein Unternehmen, desto häufiger kann hierauf wohl verzichtet werden. Wenn bisher alle Fragen zu Gunsten der Zwischenregistratur beantwortet wurden, muss als Nächstes geklärt werden, ob überhaupt beziehungsweise welche Standortmöglichkeiten vorhanden sind – dies immer mit Blick auf die unterzubringende Menge und mit der Überlegung, dass eine vollkommene Zentralisierung auf Grund der noch vorhandenen direkten Zugriffsnotwendigkeit nicht sinnvoll ist. Wie viele Zwischenregistraturen eingerichtet werden, hängt dann ab von der Schriftgutmenge, der Anzahl der zugreifenden Mitarbeiter und den räumlichen Möglichkeiten.

Wie schon angedeutet, muss eine Zwischenregistratur entsprechend organisiert werden. Wenn dies nicht geschieht, passiert, was wir in einem großen Unternehmen mit ungefähr achthundert Mitarbeitern in der Investitionsgüter-Branche erlebten. Begeistert griffen die Mitarbeiter die Idee der Zwischenregistratur auf – endlich Platz in den Arbeitsräumen und trotzdem noch den Daumen auf „meinen" Unterlagen, war die Überlegung.

In jedem Stockwerk – pro Stockwerk waren circa einhundert Mitarbeiter untergebracht – gab es einen relativ großen Dunkelraum, in dem bisher nur der Kopierer untergebracht war. Diese Stockwerksräume wurden nun mit alten Rollschränken und Regalen ausgestattet, die bei der quantitativen, selektiven Ist-Aufnahme frei geworden waren.

Den Mitarbeitern wurde bekannt gemacht, dass sie nunmehr Unterlagen, die nur hin und wieder gebraucht würden, dort abstellen könnten. Der Hinweis der besorgten Organisatoren, dass hier gewisse Regelungen getroffen werden müssten, wurde mit der Einstellung „nur kein unnötiger Aufwand" von den Entscheidungsträgern vom Tisch gefegt.

Was passierte, kann man sich denken. Je voller die Räume wurden, desto größer wurde das Gejammere und desto häufiger hörte man, dass die Zwischenregistraturen eine Schnapsidee seien. Da diese Räume nämlich unverschlossen waren und jedermann Zutritt hatte und sich dort bedienen konnte, funktionierte die Ablage dort bald nach dem Prinzip „Tür auf, Licht an, sehen, wo Platz ist, Akte abstellen, Licht aus, Tür zu".

Am Anfang war den einzelnen Abteilungen und Gruppen jeweils ein bestimmter Platz in den Schränken zugewiesen worden. Nach kurzer Zeit hielt sich jedoch niemand mehr daran, die Unterlagen standen kreuz und quer durcheinander. Der geforderte schnelle Zugriff war bald nicht mehr gegeben. Je voller die Schränke wurden, desto länger dauerte es, bis man etwas wieder fand, und schlimmer, manchmal fand man etwas überhaupt nicht mehr. Da die Zwischenregistraturen nicht kontrolliert wurden, wurden Akten daraus in die Arbeitsräume mitgenommen und nicht mehr zurückgebracht, sodass sie bei den eigentlichen Absendern als verschollen galten, obwohl sie im Nachbarbüro im Schrank standen. Und von einem Aktenfluss war nicht mehr die Rede.

Niemand hatte Lust, die Schränke der Zwischenregistratur zu durchforsten und hier Unterlagen auszumisten oder in die Altablage zu bringen. Der Aktenstau verlagerte sich also zuerst aus den Arbeitsräumen in die Zwischenregistraturen, und dann, als diese voll waren und nichts mehr gefunden wurde, gab es wieder den Rückstau in die Arbeitsräume.

Dabei wäre – mit dem Minimum an nötigem Aufwand – alles so einfach gewesen! Zum Beispiel kann man, wenn man die Selbstverwaltung der einzelnen Organisationseinheiten nicht antasten will, diesen zumindest abschließbare Schränke zur Verfügung stellen. Je kleiner die Gruppe ist, die einen solchen abschließbaren Bereich benutzt, desto geringer ist die Gefahr, dass etwas verschwindet.

Andererseits erreicht man auf diese Weise noch keinen großen Rationalisierungseffekt, da Ablagearbeiten immer noch auf alle oder viele Mitarbeiter verteilt sind und da innerhalb der jeweiligen Zwischenregistratur keine Gesamtübersicht besteht, also auch eine Zusammenführung von Mehrfachablagen kaum möglich ist. Auch der Aktenfluss ist nicht gesichert, wenn die Verantwortung auf so viele verteilt ist.

Sicher, wenn der jeweilige Ablagebereich voll ist, muss die Gruppe wohl oder übel ausmisten, verlagern oder vernichten. Solange jedoch niemand in der Gruppe dafür verantwortlich ist, werden diese Arbeiten vor sich hergeschoben und die Gefahr eines Aktenrückstaus in die Arbeitsräume wächst.

Aus organisatorischer Sicht empfiehlt es sich daher, für Zwischenregistraturen, die zentral für mehrere Organisationseinheiten in separaten Räumen oder Bereichen eingerichtet werden, einen Mitarbeiter zu bestimmen, der hierfür verantwortlich ist. Wird eine solche Zwischenregistratur dann nach dem gleichen Prinzip aufgebaut und geführt, wie dies im folgenden Kapitel für Altablage und Archiv beschrieben wird, dann ist hiermit die Sicherheit gegeben, dass alles schnell und gezielt gefunden wird, nichts mehr verschwinden kann und vor allem der Aktenfluss eingehalten wird.

2.6.3 Altablage/Archiv – Rumpelkammer oder Datenbank?

Was fällt Ihnen spontan ein, wenn Sie das Wort *Archiv* hören? Staub? Muffige Luft? Dunkelheit? Durcheinander? Wenn Ihnen diese Assoziationen kommen, dann sind Sie nicht allein. Für die meisten Büromenschen kommt der Gang ins Archiv eher einer Strafexpedition gleich, von der sie oft nicht so bald und noch öfter ohne das gewünschte Ergebnis zurückkehren.

Die meisten Archive, die ich bisher – vor der Reorganisation – zu sehen bekommen habe, verdienten diesen Namen nicht, es waren schlichtweg Abstellräume, oft auch regelrechte Rumpelkammern. Das Schriftgut untergebracht in dunklen

Kellern, feuchtheißen Speichern, oft noch nicht einmal zentral in einem Raum, sondern überall im Gebäude oder Gelände des jeweiligen Unternehmens verstreut. Überzogen mit Spinnweben, bedeckt mit dicken Staubschichten, Relikte aus den Gründungszeiten der Unternehmen.

Oft kamen wir uns bei Ist-Aufnahmen vor wie Archäologen – ich erinnere mich noch gut, wie ich mit dem kaufmännischen Direktor eines kommunalen Unternehmens, das bis dato in einem alten Kloster untergebracht war und nun einen Neubau beziehen wollte, auf dem Dachboden die Akten durchforstete. So manches „Schätzchen" für das Firmenmuseum wurde da zu Tage gefördert: zum Beispiel verschnörkelt handgeschriebene Beschwerdebriefe von Bürgern – Erstelldatum 1897. Auf Grund seiner langen Firmenzugehörigkeit hatte dieser Direktor wohl geahnt, was dieses Archiv so alles verbarg, und sich daher die Zeit zum Durchforsten der alten Akten genommen – was bei Direktoren übrigens äußerst selten ist!

Während dieser Arbeiten war es dann nicht schwer, ihn von den Vorzügen eines nach organisatorischen Regeln geführten, modernen Archivs zu überzeugen. Das Unternehmen besitzt seitdem eines, und jedermann ist sicher, dass jedes Schriftstück so lange aufgehoben wird wie notwendig und dass „Schätzchen" nicht einfach vergessen werden und irgendwann rigorosen Ausmistaktionen zum Opfer fallen.

Jeder, der also – privat oder beruflich – ein Archiv hat, sollte sich daher zunächst einige Gewissensfragen stellen:

Wo befindet sich bei uns Schriftgut mit niedriger Zugriffshäufigkeit? Zentral in einem Raum? Oder verstreut überall, wo noch Platz ist – im Keller, in Abstellräumen, vielleicht zum Teil auch im Büro? Wissen wir, was wir im Archiv, wo immer das sein mag, alles abgestellt haben? Haben wir den Überblick, welche Unterlagen dort noch vorhanden sind, und vor allem, wo wir sie finden?

Oder geht es Ihnen so wie dem Leiter der Ersatzteil-Abteilung in der Zentrale einer bekannten Auto-Importfirma? Er sagte in einem Vorgespräch zu mir: „Bei Händler-Konkursen zahlen wir lieber gleich, wenn irgendwelche Ansprüche an uns gerichtet werden, anstatt nach eventuellen Unterlagen zu suchen, die uns von solchen Ansprüchen vielleicht befreien könnten. In unserem Archiv finden wir nämlich sowieso nichts." Zuerst etwas geschockt, konnte ich ihn aber verstehen, sobald ich „das Archiv" gesehen hatte. In einer riesengroße Lagerhalle – vom Verwaltungsgebäude mit einem zehnminütigen, strammen Fußmarsch zu erreichen, stapelten sich palettenweise Kartons mit Schriftgut aus aufgelösten Niederlassungen, waren Regale voll gestopft mit Ordnern, Stapelablagen, Kartons und so weiter.

Zuständig war niemand dafür, ein System gab es nicht, es stand alles kreuz und quer. Lieber hätte ich nach der berühmten Stecknadel im Heuhaufen als dort nach einem bestimmten Schriftstück gesucht.

Nicht nur in diesem Einzelfall ist das Archiv ein unwirtschaftliches Loch ohne Boden. Ein unorganisiertes Archiv ist in jedem Fall teuer und kostet mehr als nötig. Warum? Da folgende, vermeidbare Kosten entstehen:

- Wenn Schriftgut länger aufbewahrt wird als gesetzlich oder firmenintern erforderlich, kostet dies Platz, also Grundfläche und Regal-/Möbelfläche in den Archivräumen.
- Wenn aber die Archivräume voll sind und kein Schriftgut mehr aufnehmen können, gibt es einen Aktenrückstau in die Arbeitsräume, sodass es dort Platz kostet – und der ist, wie schon gesagt, besonders knapp und teuer.
- Wenn zu viel zu lange aufbewahrt wird und dies auch noch ohne System, kostet dies Zeit, weil man lange suchen muss, um etwas zu finden. Zeit kostet jedoch am meisten, weil die Personalkosten mehr als 90 Prozent der gesamten Registraturkosten ausmachen.
- Wenn die Archivierungsarbeiten, was immer dazugehört, von jedem Mitarbeiter, so wie sie gerade anfallen, durchgeführt werden, kostet dies mehr Zeit, als wenn solche Arbeiten zentralisiert erledigt werden. Je mehr Benutzer beim Archiv unkontrolliert die Hände im Spiel haben, desto größer die Gefahr, dass etwas verschwindet. Und dies kann, siehe unser Beispiel, in Einzelfällen besonders teuer werden.

Oft hört man das Argument, dass es unnötiger Aufwand wäre, um *totes* Schriftgut, das keiner mehr benötigt, so viel organisatorisches Aufhebens zu machen. Richtig ist, dass der Aufwand dafür so gering wie möglich sein sollte – diese Forderung ist in der Organisation nichts Neues. Schon mit wenig Aufwand lässt sich, gerade was die Archivierung betrifft, eine Menge erreichen.

Und ganz so tot, wie oft geglaubt wird, ist das Schriftgut in Archiv und Altablage nicht, auch wenn die Zugriffshäufigkeit niedrig ist – das heißt nach unserer Daumenregel von maximal circa einmal monatlich bis ein- oder mehrmals jährlich. Für Schriftgut, das in diese Zugriffshäufigkeits-Stufe fällt, sollten wir noch eine weitere Unterscheidung einführen.

Da gibt es Unterlagen, die nach einer bestimmten Aufbewahrungsdauer, sei es nun die gesetzliche oder die firmenintern notwendige, vernichtet werden können. Diesen gesamten Komplex wollen wir im Folgenden *Altablage* nennen.

Darüber hinaus gibt es aber Unterlagen, die, solange das Unternehmen existiert, niemals vernichtet werden dürfen oder sollten. Dazu gehören zum Beispiel Gründungsunterlagen, Satzungen, bestimmte Verträge oder Gebäudegrundrisse und Pläne oder Unterlagen, die die Firmenhistorie dokumentieren – zum Beispiel auch unsere Schätzchen aus vergangenen Zeiten. Hierfür wählen wir den Ausdruck *Archiv*.

Altablage und Archiv können, müssen aber nicht räumlich getrennt werden. Dort, wo ein ausreichend großer Raum zur Verfügung steht, kann man durchaus beides gemeinsam unterbringen. Wo eine Trennung notwendig ist, kann diese mit anderen organisatorischen Mitteln erreicht werden.

Diese sollten bereits ansetzen mit der quantitativen, selektiven Ist-Aufnahme, bei der Unterlagen mit niedriger Zugriffshäufigkeit direkt selektiv nach Altablage- oder Archivzugehörigkeit erfasst werden sollten. Dabei wird sich in der Regel herausstellen, dass der Archivanteil wesentlich geringer ist als der Altablageanteil. Zum Glück, muss man sagen, denn sonst müsste man im Laufe der Jahre das Archiv ständig vergrößern. Je geringer der Archivanteil ist, desto beruhigter kann man sein, was die Platzreserven in Altablage/Archiv betrifft. Der Altablageanteil wälzt sich auf Grund der festgelegten Aufbewahrungsfristen ständig um – natürlich muss man hier auf die Länge der Aufbewahrungsfristen achten. Sind diese für den überwiegenden Schriftgutanteil extrem lang, dauert es auch entsprechend lang, bis die ersten Unterlagen vernichtet werden können, und man muss eine höhere Platzreserve kalkulieren.

Durchschnittlich kann man bei einer quantitativen, selektiven Ist-Aufnahme davon ausgehen, dass ungefähr 20 Prozent des in den Räumen festgestellten Schriftgutes mit niedriger Zugriffshäufigkeit Altablage-/Archiv-Schriftgut sind. Wie lässt sich die Verteilung Altablage/Archiv feststellen und ständig überwachen? Welche organisatorischen Voraussetzungen müssen erfüllt sein, damit Altablage und Archiv keine Rumpelkammern bleiben, sondern jederzeit Zugriffs- und auskunftsbereite Informationsspeicher sind?

Am besten lässt sich dies wieder an einem Beispiel erklären. Nehmen wir an, wir haben in einem Unternehmen soeben eine quantitative, selektive Ist-Aufnahme durchgeführt und dabei festgestellt, dass in den Büroräumen der einhundert Mitarbeiter insgesamt zweihundertfünfzig laufende Meter Schriftgut mit niedriger Zugriffshäufigkeit lagern. Fünfzig Meter fallen davon in den Bereich Archiv, die restlichen zweihundert Meter sind Schriftgut, das nach Ablauf einer Aufbewahrungsfrist vernichtet werden kann.

In einem größeren Kellerraum, der gleichzeitig als Abstellraum für ältere Möbelstücke, Material und so weiter genutzt wird, befindet sich das bisherige „Archiv" mit insgesamt dreihundert laufenden Metern Schriftgut. Dieses ist nicht weiter organisiert und weist alle Mängel und Nachteile auf, die ich oben im Allgemeinen schon ausführlich beschrieben habe, was allein schon aus dem hohen Altablage-/Archiv-Anteil in den Arbeitsräumen deutlich hervorgeht. Dort herrscht offensichtlich ein Aktenstau, unter anderem, weil man im Archiv nichts findet.

Wie bringen wir in diesem Beispiel nun die Akten in Fluss und Ordnung und Übersicht in Altablage/Archiv? Schrittweise, versteht sich:

Wir können einmal davon ausgehen, dass ein Teil des bereits im Keller gelagerten Schriftgutes überhaupt nicht mehr aufbewahrt werden muss, also längst vernichtet werden kann. Die Vermutung drängt sich immer dann auf, wenn die letzte Sichtungsaktion schon länger als ein Jahr her ist – in den meisten Fällen ist sie viel länger her oder überhaupt noch nie erfolgt.

Um festzustellen, welche Unterlagen vernichtet werden können, brauchen wir die Mitarbeiter, die sich darin auskennen – das heißt querbeet durch die gesamte Belegschaft hier einen Sachbearbeiter, dort einen Abteilungsleiter, vielleicht sogar die Geschäftsführung. Je nachdem, wer schon wie lange im Unternehmen ist und von allen die längste Erfahrung und den größten Überblick hat.

Diese Mitarbeiter müssen nun wohl oder übel ran an die Akten und ausmisten. Um das Ganze nicht zu zeitaufwändig zu machen, schließlich muss die normale Arbeit weitergehen, wird unter Ausmisten nur die Entscheidung verstanden, ob ein gesamter Ordnerinhalt oder Mappeninhalt vernichtet werden kann.

Befinden sich in einem Ordner zum Beispiel noch zu 10 Prozent Schriftstücke, die noch ein Jahr länger aufgehoben werden müssen als der Rest, dann sollte man den gesamten Ordner auch noch dieses Jahr dort stehen lassen – ein Entfernen der 90 Prozent bringt in diesem Falle keine Platzersparnis, der Ordner benötigt ja unabhängig von seinem Inhalt immer den gleichen Platz. Ein Zusammenführen der besagten 10 Prozent mit Restanteilen anderer Ordner ist dagegen wirklich zu zeitaufwändig im Verhältnis zum Nutzen. Dies wäre nur dann zu empfehlen, wenn der Umfang des Altablage-/Archiv-Schriftgutes noch sehr gering ist. Nun wissen wir alle aus Erfahrung, dass kaum jemand gerne und freiwillig ins Archiv marschiert und dort Sichtungsarbeiten durchführt – schon gar nicht, wenn ihm im Büro die Arbeit unter den Nägeln brennt. Eine freundliche Aufforderung der Organisatoren oder auch der Geschäftsleitung an die Mitarbeiter, doch einmal in der nächsten Zeit das Archiv auszumisten, bringt daher in den meisten Fällen gar nichts.

Wenn die Geschäftsleitung daher wirklich entschlossen ist, das leidige Thema Registratur konsequent anzupacken und auch Ergebnisse zu erzielen, muss sie andere Geschütze auffahren, so hart das hier klingt. Aber, glauben Sie mir, die meisten Mitarbeiter sind auch oft froh über ein bisschen Druck, weil sie genau wissen, dass sonst nichts läuft. Wie dieser Druck ausgeübt werden muss, hängt ganz vom Klima und Führungsstil im jeweiligen Betrieb ab. In den meisten Fällen reicht eine sachlich formulierte und begründete Anweisung, die Arbeiten bis zu einem bestimmten Termin durchzuführen.

Ich habe aber auch schon rigorosere Fälle erlebt. Zum Beispiel wurde den rund 800 Mitarbeitern eines Geschäftsbereiches in einem bekannten Konzern vom

Abteilungsleiter Organisation mitgeteilt, dass zu einem bestimmten Stichtag alle Ordner im damals bestehenden Archiv, die an diesem Stichtag kein grünes Kreuz auf dem Rücken hätten (mit Filzstiften anzubringen), vernichtet würden. Die Abteilungen hätten, so hieß es weiter, dafür zu sorgen, dass bis dahin alle dort von der Abteilung abgestellten Unterlagen gesichtet und entsprechend gekennzeichnet würden – die jeweilige Organisation bleibe den Abteilungen selbst überlassen.

Sie können sich vielleicht schon denken, was passierte. Der Schuss ging nach hinten los. Da manche Abteilungen die Warnung offensichtlich nicht so ernst nahmen, wie sie gemeint war – oder die Sache bis zum besagten Stichtag längst vergessen hatten –, fielen der dann einsetzenden Vernichtungsaktion eben auch eine Menge von Unterlagen zum Opfer, die noch irgendwann benötigt worden wären. Der arme Organisations-Abteilungsleiter hat diese Aktion zwar „überlebt", muss sich aber noch heute, nach vielen Jahren, zynische Bemerkungen gefallen lassen. Seinen Ruf als „Henker vom Zentralarchiv" wird er wohl über die Pensionierung hinaus behalten. Wichtig ist also, dass der jeweilige „Unternehmenston" getroffen wird, damit man verstanden wird und solche Katastrophen vermieden werden.

Wenn nun schon in einem bestehenden Archiv eine solche Sichtungs- und Schriftgutvernichtungs-Aktion durchgeführt wird, sollten natürlich für das noch aufzubewahrende Schriftgut die Weichen für die Zukunft gestellt werden, um sich künftig derartige Aktionen zu ersparen.

Sehen wir uns an unserem Beispiel an, wie dies funktionieren könnte. Wir gehen davon aus, dass von den dreihundert Metern Schriftgut im bestehenden Archiv fünfzig Meter vernichtet werden konnten. Es bleiben also zweihundertfünfzig Meter Schriftgut übrig, zu denen die zweihundertfünfzig Meter aus den Arbeitsräumen dazukommen. Um hierfür ein gut funktionierendes Archiv zu organisieren, müssen zwei Grundvoraussetzungen erfüllt sein:

– ein abschließbarer Raum ausreichender Größe,
– eine verantwortliche Verwaltung mit der entsprechenden Ablauforganisation.

Idealerweise sollte die Altablage mit Archiv für ein Unternehmen zentral in möglichst einem oder zumindest dicht beieinander liegenden Räumen untergebracht werden. Bei der Ausrechnung, wie viel Quadratmeter für die Unterbringung einer bestimmten Schriftgutmenge notwendig sind, muss außer der unterzubringenden Schriftgutmenge einschließlich eines Reservezuschlags berücksichtigt werden, welche Ablagetechnik verwendet wird. So bringt man zum Beispiel auf einem Quadratmeter Grundfläche circa 3,70 laufende Meter vertikale Hängeregistratur unter (die Zahlenangaben beziehen sich auf viereckige Räume ohne Erker, Säulen).

Bei so genannten lateralen Registraturen, also zum Beispiel Ordner-, Pendel- oder Kassetten-Registraturen, sieht das Verhältnis schon wesentlich besser aus: rund 6,50 laufende Meter Schriftgut auf einem Quadratmeter Grundfläche, sofern man sieben Reihen übereinander stellt. Verwendet man statt normaler Schränke mit Fachböden beziehungsweise an Stelle von Regalen eine Fahrschrank-Anlage, so bringt man noch wesentlich mehr Schriftgut pro Quadratmeter unter, nämlich rund 10,50 laufende Meter bei sieben Reihen. Solche Fahrschrank- oder Rollregalanlagen nutzen den Raum also optimal aus, sind aber auch entsprechend teuer und setzen eine Bodenbelastbarkeit von mindestens 500 Kilopond voraus. Diese ist gerade bei älteren Verwaltungsgebäuden selten gegeben.

Für unser Beispiel heißt dies, dass wir für 500 laufende Meter Schriftgut bei normaler Regalmöblierung einen Raum von mindestens 80 Quadratmetern benötigen – und dann haben wir noch keine Reserve. Gesetzt den Fall, es gäbe einen geeigneten Raum für eine Fahrschrankanlage, so müsste dieser immerhin noch mindestens rund 50 Quadratmeter groß sein – ebenfalls fast ohne Platzreserve. Wie gesagt, die zweitbeste Möglichkeit, falls ein einzelner Raum ausreichender Größe nicht zur Verfügung steht, wären mehrere, nebeneinander liegende Räume.

Vermieden werden sollte in jedem Falle die Einrichtung mehrerer, vielleicht auf einem großen Firmengelände weit verstreut liegender oder gar ausgelagerter Altablagen und Archive. Eine zentrale Verwaltung wäre dann mit einem erheblichen Mehraufwand verbunden beziehungsweise überhaupt nicht mehr möglich.

Dass ein Archivraum trocken sein sollte, sicher vor Überschwemmungen und einigermaßen feuersicher, versteht sich zwar fast von selbst, ist in der Praxis aber durchaus nicht immer der Fall. Erst vor kurzem hatte ich Gelegenheit, ein Archiv zu besichtigen, das kurzfristig unter Wasser gestanden hatte – die unteren Reihen waren nur noch Papierbrei.

Um im konkreten Fall auszurechnen, wie viel Fläche beziehungsweise Möbel zur Schriftgutablage – ob nun in Altablage/Archiv oder in Büroräumen – erforderlich sind, können Sie folgende Formeln verwenden:

Zur Berechnung des Möbelbedarfs:
    laufende Meter Schriftgut
+ 10 bis 20 Prozent Bewegungsraum
    (vertikale Hängeregistratur:20 Prozent)
+ notwendige Reserve
= Gesamtbedarf in laufenden Metern
: Fassungsvermögen der Möbel
= Zahl der Möbel

Zur Berechnung der Stellfläche:
  Zahl der Möbel
× Stellfläche der Möbel
= Nettostellfläche
+ 100 Prozent für Gangfläche
  (50 Prozent bei Rotiersäulen
  133 Prozent bei Ordner-Regalen mit 30 Zentimeter Tiefe
  60 Prozent bei Fahrregalanlagen)
= Bruttostellfläche

Die zweite Forderung war, dass Altablage und Archiv verantwortlich verwaltet werden müssen, wenn sie funktionieren sollen. Das heißt, dass je nach Umfang des Schriftgutvolumens und Anzahl der Mitarbeiter im Unternehmen ein oder mehrere Registraturkräfte erforderlich sind. In diesem Fall muss bei der Raumplanung für eine solche Altablage mit Archiv auch an die Einrichtung von Arbeitsplätzen gedacht werden, die zweckmäßigerweise direkt im Archiv oder in unmittelbarer Nähe sein sollten.

Nicht immer ist eine Ganztagskraft mit den in Altablage/Archiv anfallenden Arbeiten ausgelastet. Da ein Registrator aber immer ansprechbar sein muss und vor allem auch vertreten werden muss, sollte man seine Aufgaben mit anderen Aufgabenbereichen verbinden, zum Beispiel mit der Büromaterialverwaltung oder der Poststelle.

Bei der Auswahl eines geeigneten Registrators oder einer Registratorin sollte man außerdem nicht den Fehler machen, diesen Aufgabenbereich zu unterschätzen! Ein Registrator muss einerseits sehr genau und zuverlässig arbeiten und andererseits auch das nötige Durchsetzungsvermögen gegenüber seinen Kollegen aus den Abteilungen haben, um sicherzustellen, dass diese die Archivregeln einhalten. Ohne die entsprechende Ablauforganisation funktioniert wenig, selbst wenn genug Platz vorhanden ist und der Registrator den besten Willen hat.

Bei der Ablauforganisation sollten wir zwei Fälle unterscheiden, einmal die Ersteinrichtung von Altablage/Archiv und zum anderen den Routinebetrieb. Bei der Ersteinrichtung muss das bereits in Büroräumen und bisherigen Archiven vorhandene Schriftgut im niedrigen Zugriffsbereich zusammengeführt und so abgestellt werden, dass ein schneller Zugriff möglich ist. Hierzu sollte jede *Archiveinheit* – das kann ein Ordner, eine Kassette oder eine Archivbox für mehrere Hängemappen sein – mittels einer Archivkarte oder in einer Datenbank erfasst werden. Dabei müssen vermerkt werden:

– Abteilung und Name des Absenders,
– Aktenzeichen, sofern ein Ordnungssystem vorhanden ist,
– Kurztitel und Inhaltsbeschreibung der Akte,
– Datum der Abgabe in Altablage/Archiv,
– Vernichtungs- oder Wiedervorlagedatum,

– Vertraulichkeit und
– Unterschrift des Absenders.

Als Archivkarte verwendet man am besten einen Durchschreibesatz mit mindestens drei, besser vier Blättern, von denen das hintere die eigentliche Karteikarte ist. Ganz besonders wichtig ist die Eintragung des Vernichtungsdatums (zum Beispiel *V2010* oder *W2010*), da damit die Weichen für den Aktenfluss gestellt werden.

Im Jahre 2010 wird ein zuverlässiger Registrator nämlich alle die Unterlagen heraussuchen, die auf der Karteikarte die entsprechende Kennzeichnung tragen. Nun kann er einen Durchschlag der Karte an den Absender mit der Bitte um Freigabe für die Vernichtung beziehungsweise um Festlegung eines neuen Datums bei Wiedervorlage schicken. Den Durchschlag bekommt er quittiert zurück und hebt ihn als Protokoll auf, sodass auch längere Zeit nach Vernichtung der betreffenden Akte die Information über deren „Schicksal" erhalten bleibt und etwaige unnütze Suchaktionen vermieden werden können. Wird das Archiv per EDV verwaltet, sollte die verwendete Software diesen Arbeitsablauf entsprechend unterstützen.

Sind für alle in Frage kommenden Unterlagen die Archivkarten beziehungsweise die Datensätze angelegt – dies machen möglichst die Mitarbeiter, die sich in den Unterlagen am besten auskennen –, nimmt der Registrator Archiveinheit und Archivkarte in Empfang. Und jetzt kommt der Clou. Die einfachste Weise, ein Archiv einzurichten, ist nämlich, die Archiveinheiten in der Reihenfolge, wie sie abgegeben werden, in die Regale abzustellen. Jede Archiveinheit bekommt lediglich eine laufende Nummer, die auch auf der zugehörigen Archivkarte oder im Datensatz vermerkt wird.

Der Absender erhält einen Durchschlag davon und kann seine sämtlichen Durchschläge nun nach inhaltlichen Gesichtspunkten, Stichworten oder Ordnungssystem – ordnen und bei notwendigem Rückgriff anhand seiner Ordnungsgesichtspunkte den richtigen Durchschlag schnell finden. Dem Registrator gibt er jedoch lediglich die laufende Nummer an, die auf seinem Durchschlag steht. Der Registrator wiederum braucht dann meist nur Sekunden, um nach der laufenden Nummer die richtige Archiveinheit zu finden. Per EDV geht das alles natürlich viel schneller.

Diese *inhaltlich chaotische* Form der Ablage in Altablage und Archiv macht, wie ich häufig feststellen kann, vielen Mitarbeitern im ersten Moment Schwierigkeiten. Sie sind es meist gewohnt, Unterlagen so abzustellen, wie sie „zusammengehören". Das heißt, nach Inhalten oder nach absendenden Gruppen oder Abteilungen.

Dabei vergessen sie, dass der inhaltliche Überblick mittels ihrer Archivkarten-Durchschläge wesentlich besser und bequemer erhalten bleibt – sie können nämlich, gemütlich am Schreibtisch sitzend, die richtige Karte heraussuchen, statt im Archiv vor einem Regal zu stehen und in ungefähr einhundert Ordnern, die nun mal in den Gesichtskreis passen, den richtigen herauszusuchen.

Die Vorteile der chaotischen Ablage leuchten ein: man kann die Akten hintereinander abstellen, ohne von vorneherein Platzreserven für bestimmte inhaltliche Gebiete oder Abteilungen einzukalkulieren. Eine solche Kalkulation ist äußerst schwierig und geht selten auf. Meist braucht genau die Abteilung im Laufe der Zeit den meisten Platz, für die am wenigsten einkalkuliert wurde. Umräumaktionen sind die Folge. Genauso, wenn Schriftgut vernichtet wird.

Beim System der laufenden Standort-Nummer dagegen werden die freigewordenen Plätze einfach mit derselben Nummer plus einem Zusatzbuchstaben, also zum Beispiel 4711A, wieder belegt, sodass niemals umgeräumt werden muss. Außerdem findet das Auge die gesuchte Archiveinheit nach laufenden Nummern wesentlich schneller, als wenn bei jedem Zugriff der gesamte Text der Ordnerbeschriftung gelesen werden muss. Von allen anderen Variationen der Archivablage, seien sie auch noch so kreativ, rate ich dringend ab. Was soll zum Beispiel eine Art Koordinatensystem mit einem Buchstaben für das Regal, einem für das Regalbrett und einem für die betreffende Archiveinheit? Mit einer einfachen laufenden Nummer erreicht man denselben Zweck!

Sind nun alle Archiveinheiten beim Registrator abgegeben, so legt dieser sich seine Kartei an, und zwar so, dass er die Archivkarten nach laufenden Nummern führt. Die jeweiligen Vernichtungs- beziehungsweise Wiedervorlagejahre kann er sich mit farbigen Stecksymbolen markieren, sodass er nicht jedes Jahr alle Archivkarten durchsehen muss.

Nun kann der Routinebetrieb beginnen. Wenn neue Unterlagen ins Archiv abgegeben werden, wird so verfahren wie beschrieben. Der Registrator muss – im eigenen Interesse – darauf achten, dass der Absender alle wichtigen Informationen auf der Karte vermerkt hat. Benötigt nun ein Mitarbeiter eine bestimmte Archiveinheit, so gibt er die Standort-Nummer an und erhält seine Akte. Der Registrator vermerkt sich auf der Rückseite der Karteikarte, wann und an wen die Akte ausgeliehen wurde – auch dies kann er mit einem Stecksymbol markieren, um nachzuhaken, wenn der Mitarbeiter vergessen sollte, die Akte zurückzugeben.

Ausgeliehen wird eine Archiveinheit nur an den Absender, sofern ein Vertraulichkeitsvermerk auf der Karte ist. Fordert sonst jemand die Akte an, so muss in diesem Fall beim Absender um Erlaubnis gefragt werden. Auf diese Weise wird sichergestellt, dass nur berechtigte Mitarbeiter Einsicht in die jeweiligen Unterlagen nehmen können.

Damit das Archiv seinen Zweck optimal erfüllt, sollte es zumindest während der normalen Geschäftszeit immer geöffnet sein. Wie der Aktentransport organisiert wird, ob zum Beispiel Mitarbeiter sich ihre Unterlagen selbst abholen oder ob ein

Botendienst eingerichtet wird, hängt von vielerlei Faktoren ab, die beachtet werden müssen, zum Beispiel von der Anzahl der Mitarbeiter, von den Entfernungen im Verwaltungsgebäude und von der Dringlichkeit, mit der Unterlagen benötigt werden. Die „beste" Lösung kann immer nur unter Berücksichtigung dieser unternehmens-individuellen Gegebenheiten gefunden werden.

Zugegeben, der Aufwand, um ein solches Archiv mit der beschriebenen Ablauforganisation einzurichten, kann beträchtlich sein. Er ist umso größer, je länger man sich in einem Unternehmen um dieses Problem nicht gekümmert hat, und er wächst mit jedem Tag, an dem man dieses weiter versäumt.

Dennoch, die beschriebenen Arbeiten werden für das schon vorhandene Archivschriftgut einmal gemacht, danach ist der Verwaltungsaufwand gering. Vor allem erspart man sich mit dieser einmaligen Arbeit alle nachteiligen Folgeerscheinungen, die ich schon ausführlich beschrieben habe – Stichworte Aktenstau, regelmäßige Ausmistaktionen, nervenaufreibendes Suchen. Was die Ablauforganisation betrifft, so kann man natürlich auf „Nummer Sicher" gehen und alle beschriebenen Schritte genau einhalten oder, eine gewisse Risikobereitschaft vorausgesetzt, auf einige Schritte – zum Beispiel das Quittieren einer ausgeliehenen Akte durch den Empfänger – verzichten. Auch dies ist im Einzelfall zu entscheiden.

Es gibt für die moderne Archivorganisation weitere Möglichkeiten, wie zum Beispiel die Mikroverfilmung oder die EDV-gestützte Archivverwaltung, bei der der Archivkarten-Inhalt über eine Datenbank verwaltet wird, wodurch zum einen manuelle Arbeit erheblich reduziert werden kann – zum Beispiel das Heraussuchen aller in einem bestimmten Jahr zur Vernichtung anstehenden Unterlagen. Zum anderen sind weiter gehende Anwendungen möglich, wie zum Beispiel das gezielte Abfragen, welche Unterlagen zu welchen Sachgebieten oder von welchen Absendern in Altablage/Archiv lagern. Oder die Berechnung der Umwälzung und notwendigen Reservefläche, indem man per Knopfdruck feststellt, wie viele Unterlagen zum Beispiel in den nächsten fünf oder zehn Jahren vernichtet werden können und welcher Reserveplatz dadurch wieder frei wird und so weiter und so fort. Auch die Möglichkeiten der papierlosen Archivierung werden immer interessanter: Auf diese speziellen Möglichkeiten werde ich in den betreffenden Kapiteln noch genauer eingehen.

Eine für uns hier noch relativ „exotische" Form der Altablage/Archiv-Organisation möchte ich noch erwähnen, nämlich die externe Aktenverwaltung. Was zum Beispiel in den USA schon gang und gäbe ist, dass man nämlich seine Altakten einem eigens darauf spezialisierten Unternehmen anvertraut, steckt bei uns noch in den Kinderschuhen.

Die Idee im Prinzip ist einleuchtend. In der Nähe großer Städte, in deren Zentren der Platz besonders knapp und teuer ist, werden große Lagerkapazitäten – in den USA unter anderem stillgelegte Bergwerke oder Salzstöcke – bereitgestellt und dort professionell Archive eingerichtet.

Die Anforderung von Akten geschieht telefonisch, die Zustellung mindestens zweimal täglich mit regelmäßigem Transportservice. Auf dem deutschen Markt gibt es hierzu mittlerweile schon einige recht interessante Angebote – teils von auf die rein externe Archivierung spezialisierten Unternehmen, teils von Full-Service-Dienstleistern, deren Angebot sich auf das komplette Dokumentenmanagement erstreckt und dabei alle Speicherformen mit einbezieht.

2.6.4 Die Endstation – Vernichtung von Schriftgut

Jeder Fluss kommt einmal irgendwo an – erst recht der Aktenfluss! Abgesehen von dem kleinen Teil der Unterlagen, die in ein Archiv einfließen und dort immer aufgehoben werden (das „immer" ist natürlich relativ), geht der Rest des Schriftgutes irgendwann einmal den Weg alles Irdischen und macht damit den stetigen Aktenfluss auf Dauer erst möglich. Damit nicht auf der letzten Etappe etwas schief geht – streng vertrauliche Unterlagen zum Beispiel in Müllkippen-Nähe von spielenden Kindern gefunden werden –, sollte auch die Vernichtung von Schriftgut organisiert werden und nicht der Improvisation oder gar dem Zufall überlassen bleiben. Zu beantworten ist hierbei die Frage „Was wird wann durch wen und wie vernichtet?"

Das was und das wann haben wir bereits mit der Erstellung des Aktenfluss-Schemas geklärt. Aus diesem kann jeder Mitarbeiter verbindlich für alle Unterlagen die Aufbewahrungsfristen entnehmen. Wer nun für die Unterlagenvernichtung zu sorgen hat, und vor allem, wie dies zu geschehen hat, hängt einmal davon ab, in welcher Registraturstufe es die jeweilige Unterlage „erwischt" und ob sie vertraulichen Inhalt hat oder nicht.

In den Papierkorb wird all das wandern, was seinen Zweck bereits in der Arbeitsplatz- und Gruppenregistratur erfüllt hat und nicht einer Geheimhaltungspflicht unterliegt. Dies sind zum Beispiel Unterlagen, die nach Kenntnisnahme vernichtet werden können, also Einladungen oder Kurzbriefe zu übersandten Anlagen oder beispielsweise Unterlagen, die durch ständige Aktualisierung bereits in dieser Registraturstufe ersetzt werden, so zum Beispiel Preislisten, Telefonverzeichnisse und so weiter.

Auch wenn Unterlagen nicht vertraulich sind, sollten sie zerrissen werden, bevor sie im Papierkorb landen, ganz besonders dann, wenn sie Unterschriften oder Dienstsiegel tragen. Am besten gewöhnt man sich an, alles zu zerreißen, um Missbrauch von vornherein so weit wie möglich auszuschließen.

Schriftgut mit vertraulichem Inhalt, das aus der aktuellen Registraturstufe direkt vernichtet werden kann, wird am besten zentral im Unternehmen gesammelt und entsprechend vernichtet. Die Verantwortung für die Vernichtung vertraulichen Schriftgutes sollte sinnvollerweise einer Stelle oder einem Mitarbeiter verbindlich übertragen werden. Hier bietet sich, wenn vorhanden, zum Beispiel der Registrator an, der ja auch für die Vernichtung von Unterlagen aus der Altablage nach Ablauf der Aufbewahrungsfrist zu sorgen hat.

Ob Unterlagen vertraulich sind oder nicht, muss der jeweils Bearbeitende unter Berücksichtigung der Datenschutz-Gesetzgebung und eventueller unternehmensinterner Vorschriften und Interessen entscheiden. Für die Abstufung reicht meist die Unterscheidung in 0: nicht vertraulich, 1: vertraulich und 2: streng vertraulich aus. Sinnvoll ist, besonders die Kennziffern 1 und 2 auf den betreffenden Schriftstücken, eventuell in Kombination mit dem Aktenzeichen, zu vermerken.

Für die Vernichtung von vertraulichem Schriftgut gibt es, je nach Vertraulichkeitsstufe und Art des Datenträgers (Papier oder andere Formen wie zum Beispiel Mikrofilm), verschiedene Alternativen. Die gebräuchlichste ist wohl das Zerschneiden des Schriftgutes mittels Aktenvernichter in mehr oder weniger große Papierstreifen oder Partikel. Je nach Einsatzbereich und Anforderungen gibt es Aktenvernichter von einfachen Geräten mit geringer Reißleistung, für den Einsatz dezentral in Arbeitsplatznähe, bis hin zu Großgeräten mit sehr hoher Reißleistung, die zentral für ein gesamtes Unternehmen eingesetzt werden. Das Schriftgut wird dabei über Schächte, Trichter oder Förderbänder zugeführt und kommt, zerkleinert und zu Ballen gepresst, auf der anderen Seite wieder heraus.

Für bestimmte Schriftgutformen oder Datenträger gibt es Spezialgeräte, die zum Beispiel Schriftgut mit Behälter oder DV-Listenstapel vernichten, oder spezielle Geräte für die Vernichtung von Mikrofilmmaterial.

Besonders, wo es auf die Einhaltung der Vertraulichkeit ankommt, sollte man sich sehr genau über die Geräteeigenschaften und Leistungsmöglichkeiten informieren und auch für eine entsprechende Wartung sorgen. Offensichtlich wichtig ist auch, dass das Bedienungspersonal sich mit den Geräten auskennt, damit vermieden werden kann, was einem Schriftsteller passierte. In der Zeitung las ich, dass dieser nämlich jemanden beauftragte, das mehrere Hundert Seiten starke Manuskript seines neuen Buches zu kopieren.

Dieser Jemand hatte aber offensichtlich Schwierigkeiten, den Kopierer vom Reißwolf zu unterscheiden und fütterte den letztgenannten damit. Angeblich will der Schriftsteller nun einige Studenten engagieren, die ihm die circa 50 000 Papierschnipsel in mühevoller Detailarbeit wieder zusammensetzen. Da das Buch ein aktuelles, wirtschaftswissenschaftliches Thema zum Inhalt hatte, muss man allerdings bezweifeln, ob dieses noch jemanden interessiert, wenn das Puzzle irgendwann einmal fertig ist.

Außer dem Zerschneiden gibt es noch eine Reihe anderer Möglichkeiten für die Vernichtung von Schriftgut, die aber hauptsächlich für andere Datenträger als Papier in Frage kommen. Zu nennen sind da zum Beispiel das Zerdrücken oder Zermahlen von Mikrofilmmaterial, elektromagnetischen oder elektrooptischen Datenträgern und Farbbandkassetten durch Spezialgeräte zu Grieß oder Staub. Ein Einsatz lohnt sich jedoch nur bei entsprechend großem Vernichtungsvolumen. Auch verbrennen oder zerschmelzen kann man Schriftgut mittels Verbrennungsöfen. Chemisch vernichtet wird hauptsächlich Mikrofilmmaterial in kleineren Mengen durch entsprechende Chemikalien. Bei EDV-Datenträgern besteht dagegen die Möglichkeit, Daten zu löschen, ohne den Datenträger zu zerstören. All diese Möglichkeiten sind so gründlich, dass sie eine Rekonstruktion von Daten nicht zulassen. Vor allem dann, wenn Aktenfluss und Altablage-/Archivorganisation gut funktionieren, werden in regelmäßigen Zeitabständen größere Mengen zu vernichtenden Schriftgutes anfallen zum Beispiel jeweils am Jahresende, wenn bestimmte Aufbewahrungsfristen abgelaufen sind. Reicht dann die eigene Kapazität nicht aus, kann man die Vernichtung auch außer Haus vornehmen lassen, zum Beispiel durch darauf spezialisierte Dienstleistungsunternehmen, die das Schriftgut zu einer Verbrennungsanlage oder einem Verwertungsunternehmen transportieren.

In solchen Fällen sollte aber der Dritte vertraglich verpflichtet werden, die Unterlagen vor Missbrauch zu schützen. Auf Nummer Sicher geht man, wenn ein Mitarbeiter des eigenen Unternehmens Transport und Vernichtung beaufsichtigt und protokolliert. Bei Unterlagen, die nicht vertraulich sind, kann durch Übergabe an eine Recycling-Anlage noch etwas für den Umweltschutz und das eigene Portmonee getan werden, da in der Regel der Papiermaterialwert vergütet wird.

3 Ablagetechnik für konventionelles Schriftgut

3.1 Die Macht der Gewohnheit macht auch vor Büros nicht Halt

Das Thema „Ablagetechnik" enthält Sprengstoff. Emotionellen Sprengstoff. Jeder Organisator, der die Aufgabe hat, die Ablagetechnik zu optimieren, bekommt dies zu spüren. Denn zu der Frage, ob Schriftgut besser in Ordnern oder Hängemappen abgelegt wird, ob abgeheftet oder lose aufbewahrt wird, hat jeder Büromensch seine eigene Meinung, oft auch seine leidenschaftlich verteidigte Überzeugung. Diese beruht allerdings selten auf umfassender Information über die Möglichkeiten und noch seltener auf der Erfahrung mit verschiedenen Arten der Ablagetechnik. Sie beruht meist – wie das beim Menschen so ist – auf Gewohnheit. Die „schon immer" verwendete Ablagetechnik mit der vertrauten Optik und den gewohnten Handgriffen scheint, schon auf Grund der Routine, die sicherste, schnellste, eben die beste Lösung zu sein.

Es gibt – wie wir später sehen werden – eine Reihe logischer Bewertungs- und Auswahlkriterien für die verschiedenen Möglichkeiten der Unterbringung von Schriftgut. Wird jedoch nur auf Grund solcher logischen Entscheidungskriterien die Ablagetechnik umgestellt, ohne auf die emotionellen Vorbehalte der betroffenen Mitarbeiter Rücksicht zu nehmen, kann dies leicht in einem Fiasko enden. Beispiele aus der Praxis gibt es genug. So fuhren zum Beispiel einige Mitarbeiter eines großen Industrieunternehmens „ihre" Aktenordner tagelang im Kofferraum ihres Autos spazieren, während in der Verwaltung die Ablage auf Hängeregistratur mit Loseblattablage umgestellt wurde. Nach beendeter Umstellung und Abzug der damit beauftragten Organisationsberater tauchten dann plötzlich die Ordner wieder auf und standen reihenweise auf den Hängeregistratur-Schränken.

In einem anderen Fall wurde eine große Verwaltung per Anordnung der Geschäftsleitung komplett mit neuen Hängeregistratur-Schränken und dazugehörigen Organisationsmitteln ausgerüstet. Es dauerte nicht lange, bis die Hängeschränke nur noch mit Hängeringordnern statt mit den dafür vorgesehenen Hängemappen gefüllt waren. Auf diese Weise waren die Nachteile beider Systeme – nämlich hoher Platzaufwand der Schränke sowie hoher Zeitaufwand durch die Ordnermechanik – bestens miteinander kombiniert. Die ursprünglich als Rationalisierungsmaßnahme gedachte Aktion hatte sich in ihr Gegenteil verkehrt.

BETRÄCHTLICHE KOSTENEINSPARUNGEN (bis zu 40 %)

bei
- Schriftgutbehältern
- Registraturmöbeln
- Stellfläche
- Manipulationszeiten

nach dem

Planolog – ANFORDERUNGSPROFIL für die optimale Ablagetechnik

▶ Schriftgutvolumen
▶ Formate
▶ Inhalte, etc.
▶ Zugriffshäufigkeit
▶ Räumlichkeiten
▶ Aufbewahrungsrichtlinien

Abbildung 4: Ablagetechnik – Wer die Wahl hat ...

Wie kommt es, dass Gefühle eine an sich sinnvolle Reorganisation boykottieren können? Abgesehen von der bereits angeführten Macht der Gewohnheit gibt es noch eine Reihe anderer Gründe, zum Beispiel

- dass die Mitarbeiter nicht entsprechend informiert sind, oft also gar nicht wissen, welche alternativen Ablagetechniken es gibt, welche Vor- und Nachteile diese jeweils haben und wie man die jeweilige Ablagetechnik richtig handhabt
- dass auf Grund falscher oder unzureichender Information Missverständnisse entstehen, die wiederum zu Aversionen und Vorurteilen bestimmten Ablagetechniken gegenüber führen häufig zu beobachten übrigens bei der Loseblattablage
- dass die Einführung einer anderen Ablagetechnik „von oben" verordnet wird, Mitarbeiter sich übergangen fühlen und „mauern"
- dass einfach die Angst vor dem unbekannten, neuen Hilfsmittel die Bereitschaft zur Änderung blockiert. (Abbildung 4, Wer die Wahl hat ...)

Zu den aufgeführten emotionellen Faktoren und ihren Ursachen tritt noch ein anderes, damit eng verknüpftes Problem. Die Wahl der richtigen Ablagetechnik wird sehr häufig als das Registraturproblem schlechthin angesehen, ja sogar oft mit Registratur-Organisation gleichgesetzt. Dabei ist die Art der Unterbringung von Schriftgut, die Wahl der Schriftgutbehälter also, nur einer von mehreren Bestandteilen der gesamten Schriftgutorganisation – und nicht einmal der wichtigste. Gerade in der Organisationsmittel-Werbung wird häufig der Eindruck geweckt, dass sich mit der Umstellung auf die „optimale" Ablagetechnik alle Probleme, auch die Ordnungsprobleme zum Beispiel, von selbst lösen. Dabei gilt hier, genauso wie bei jedem anderen Hilfsmittel (EDV eingeschlossen): Wenn vorher keine Ordnung, keine Struktur, keine Organisation vorhanden ist, wird sich durch alleinige Umstellung der Ablagetechnik an der Unordnung nichts ändern.

Da andererseits eine den jeweiligen Erfordernissen optimal angepasste Ablagetechnik – in Verbindung mit einem entsprechenden Ordnungssystem – erhebliche Vorteile bringt, nämlich die Ordnung unterstützen und den Ablageaufwand reduzieren kann, lohnt es sich durchaus, das Thema Ablagetechnik ausführlich zu behandeln.

3.2   Welche alternativen Ablagetechniken gibt es?

Zunächst einmal zum Begriff: In der Praxis werden noch eine Reihe anderer Ausdrücke für das Wort *Ablagetechnik* verwendet, zum Beispiel Registraturart, Registraturtechnik, Ablagesystem. Gemeint ist die Art der Behälter und Registraturmöbel für die Aufbewahrung von konventionellem Schriftgut – also von

Papier. Die Unterscheidung ist erforderlich, weil es durch die Entwicklung der modernen Bürotechnologie mittlerweile auch andere Möglichkeiten der Informationsspeicherung gibt, die in Teilbereichen durchaus Alternativen zur reinen *Papier-Registratur* darstellen können. Diese werden wir im folgenden Kapitel ausführlich behandeln.

Für die Ablage von Papier kann man zunächst grundsätzlich folgende Möglichkeiten unterscheiden:

– liegende Ablage
– stehende Ablage
– hängende Ablage

Innerhalb dieser Unterscheidung gibt es wiederum verschiedene Möglichkeiten, für jede Möglichkeit verschiedene Hersteller und Produkte. Das Marktangebot ist vielfältig und umfangreich, sodass es nicht ganz einfach und zudem zeitaufwändig ist, hier den Überblick zu wahren und aus den vielen Optionen die optimale Lösung für den Einzelfall herauszufinden. So nimmt es auch nicht wunder, dass die meisten Mitarbeiter im Büro hier ein Informationsdefizit haben.

3.2.1 Liegende Ablage

Das Stapeln von Papier ist wahrscheinlich die älteste Ablagetechnik, wenn man einmal von den Papyrusrollen der alten Ägypter absieht, die in Tongefäßen aufbewahrt wurden.

Es ist erstaunlich, wie hartnäckig sich diese Form der Ablage bis in die heutige Zeit gehalten hat. Jedenfalls gibt es auch heute noch kaum ein Büro – Ausnahmen mögen auch hier die Regel bestätigen – ohne Papierstapel auf den Schreibtischen, in Regalen oder Schränken. Lose gestapelt findet man oft Prospekte, Kataloge, Zeitschriften und so weiter, während Schriftstücke oder Vorgänge eher in Behältern wie Aktendeckel, Schnellheftern oder zum Beispiel Klarsichtfolien aufbewahrt werden.

Allerdings – als „offizielle" Ablagetechnik existiert die Stapelablage selten. Höchstens in verstaubten Behördenarchiven, manchmal in Rechtsanwalts- oder Steuerkanzleien. Dort liegen die Vorgänge in „Kanzleideckeln" (Aktendeckel) übereinandergestapelt in Regalen. Die Kennzeichnung erfolgt über Aktenzungen aus starkem Papier, die aus den Deckeln heraushängen. Da diese Zungen nicht besonders widerstandsfähig und daher oft abgegriffen, geknickt oder gar zerrissen sind, macht das Ganze meist einen ziemlich schäbigen Eindruck, der durch die häufig anzutreffende Staubschicht auf der obersten Lage noch verstärkt wird.

Ansonsten gilt die Stapelablage, wie gesagt, nicht als offizielle Ablagetechnik, weil ihre Nachteile gravierender sind als die Vorteile. Zwar handelt es sich hierbei um die preisgünstigste Alternative, was die Kosten für Einrichtung und Schriftgutbehälter betrifft. Auch die Raumausnutzung pro Quadratmeter Stellfläche ist im Vergleich mit den anderen Alternativen die günstigste, sofern die Regale fortlaufend aufgefüllt werden können. Demgegenüber stehen jedoch folgende Nachteile:

– Können die Regale nicht kontinuierlich aufgefüllt werden, so müssen Platzreserven vorgehalten werden, was sich direkt nachteilig auf die Raumausnutzung auswirkt, die dann schon nicht mehr so günstig ist.
– Die Stapelablage ist sehr unübersichtlich, da der Blick nur auf die Schmalseite des Schriftgutes beziehungsweise der Aktendeckel fällt, ein schnelles, gezieltes Zugreifen auf bestimmte Vorgänge ist also kaum möglich.
– Die Entnahme einzelner Schriftstücke oder Mappen ist äußerst umständlich – besonders, wenn die unterste Mappe des Stapels benötigt wird (was ja meistens der Fall ist!).
– Schriftgut und Behälter unterliegen einem starken Verschleiß, da beim Zugriff immer der gesamte Stapel in Mitleidenschaft gezogen wird.

Auf Grund ihrer Nachteile wird die Stapelablage in modernen Büros kaum benutzt. Dies ist jedenfalls oft die erste Auskunft, die ein mit Schriftgutorganisation beauftragter Berater oder Organisator bekommt. Quasi inkognito ist sie dennoch vorhanden. Man kann davon ausgehen, dass in Büros und Verwaltungen circa 10 bis 20 Prozent des Schriftgutes stapelweise aufbewahrt werden. Dieser Wert basiert auf zahlreichen Untersuchungen des Schriftgutvolumens und der Ablagetechnik im Rahmen von Organisationsprojekten. Er setzt sich zusammen aus

– Schriftgut, das gerade bearbeitet wird und daher auf Schreibtischen lose oder in Ablagekörben liegt. Dagegen ist wenig einzuwenden, solange die Papierstapel wirklich auf die gerade aktuelle Bearbeitungsmenge beschränkt bleiben. Kritisch wird es, wenn – wie in der Praxis erlebt – ein Mitarbeiter die liegende Flachablage „schön übersichtlich" findet, seine Vorgänge in Klarsichthüllen schuppenartig auf dem ganzen Schreibtisch und zusätzlich auf seinem Besprechungstisch ausbreitet und dann keinen Platz mehr zum Arbeiten findet. Zeit zum Arbeiten bleibt ihm allerdings auch kaum noch, da es jedes Mal ziemlich lange dauert, bis er den gerade benötigten Vorgang in seinem „Schuppenmeer" entdeckt hat.
– Schriftgut, das eigentlich einmal bearbeitet werden sollte, wozu es auf Grund von Zeitmangel oder anderen Prioritäten aber offensichtlich nie kommt. (Riesenstapel auf Schreibtischen auch wenn sie, vermeintlich wohl geordnet, in mächtigen Pultordnern verstaut sind, signalisieren einem misstrauischen Organisator daher auch meist ein gestörtes Verhältnis des Stapelinhabers zur Organisation der eigenen Arbeit.)
– Schriftgut, das in den Bereich der *Know-how-* oder *Informationsunterlagen* gehört, also Informationen enthält, die nicht direkt in den täglichen Informa-

tionsverarbeitungsprozess einfließen. Der „Sammler" hat sich jedoch vorgenommen, dieses Schriftgut irgendwann einmal durchzuarbeiten, zu sichten und in die Ablage einzusortieren. Bei diesen guten Vorsätzen bleibt es meist, und so quillt mancher Wandschrank, vor allem in seinem oberen Bereich, über von solchen Papierstapeln.

Was ist der Grund, dass sich die Flachablage trotz aller beschriebenen Nachteile so erfolgreich – zumindest für einen gewissen Anteil des Schriftgutes – in den Büros behaupten kann? Wir haben das Thema schon angesprochen – es ist ein höchst menschlicher Grund. Denn einen unbestreitbaren Vorteil hat die Flachablage vor allen anderen: das Ablegen eines Schriftstückes, vielleicht manchmal auch: das Abschieben eines unangenehmen Schriftstückes oben auf den nächsten Stapel in Reichweite geht sehr schnell. Die Bequemlichkeit dieses Handgriffs ist dann oft verlockender als das – durchaus bewusste – dicke Ende der zeit- und nervenaufreibenden Sucherei, wenn das Schriftstück wieder benötigt werden sollte.

3.2.2 Stehende Ablage: Ordner und Kassetten

1893 wurde der *Leitz-Ordner* erfunden, ein Schriftgutbehälter, den heute fast jeder Organisationsmittel-Hersteller im Programm hat. Die stehende Ordner-Ablage, auch *bibliothekarische* Ablage genannt, ist die, zumindest im deutschsprachigen Raum, auch heute noch am häufigsten verwendete Ablagetechnik. Ordner, auch als Stehordner, Aktenordner oder Briefordner bezeichnet, gibt es in verschiedenen Größen, das heißt

– für verschiedene Formate – am häufigsten DIN-A4,
– mit verschiedenen Rückenbreiten

und in den verschiedensten Ausführungen, was Material und Farben betrifft.

Die Kennzeichnung erfolgt auf dem Ordner-Rücken. Hierfür gibt es verschiedenfarbige Rückenschilder, die von Hand, mit Maschine, Schablone, Klebebuchstaben oder per PC beschriftet werden können.

Das Schriftgut innerhalb des Ordners wird bei Bedarf mit so genannten Registerblättern, die seitlich etwas über den Schriftgutrand hinausragen, gegliedert. Für alphabetische oder numerische Gliederungen können vorgedruckte Standardregister verwendet werden.

Ordner lassen sich in Regalen oder Schränken beziehungsweise besonders Raum sparend in Rotiersäulen, Paternosterschränken oder Fahrregalanlagen unterbringen.

Mit seinen mehr als 100 Jahren, die der Ordner bereits auf dem Buckel hat, ist es erstaunlich, dass er nach wie vor Favorit in der Hitliste der Ablagetechnik ist. Auch im modernen Büro von heute ist der Ordner tatsächlich immer noch der am meisten verwendete Schriftgutbehälter. Das heißt, einmal abgesehen vom mittlerweile bekannten Gewohnheitsfaktor, muss er wohl auch einige Vorteile aufweisen. Und die hat er unbestritten:

- Die Ordnerablage bietet durch die großen Rückenschilder eine gute und umfangreiche Übersicht – rund 100 Ordner passen auf einmal in das Blickfeld. Dieser Vorteil kommt natürlich nur zum Tragen, wenn die Rückenschilder sauber, deutlich und groß genug beschriftet sind. Leider findet man aber sehr häufig statt prägnanter Suchbegriffe ganze Romane auf den Rückenschildern, oft noch dazu in klitzekleiner, kaum zu entziffernder Bleistiftbeschriftung. Damit ist aus dem Vorteil ein Nachteil geworden, genauso wie im umgekehrten Fall, wenn nämlich gar nichts auf dem Rückschild steht, was in der Praxis auch oft vorkommt. Spätestens ab zwei Ordnern ohne Beschriftung geht auch hier die Sucherei los.
- Einen Ordner kann man herumdrehen und am Rücken fest halten, ohne dass das Schriftgut herausfällt – es ist gelocht und mittels einer Hebel-Ringmechanik geheftet. Diese Tatsache führen die Fans der Ordner-Ablage als Gewähr dafür an, dass die Reihenfolge des Schriftgutes, so wie es abgeheftet wurde, erhalten bleibt. Dies stimmt – allerdings nur, solange niemand etwas daran ändert. Das gleiche Argument gilt für jede andere Ablageform auch, sogar für die Loseblattablage in Mappen. Zu überlegen wäre, ob jemand, der an der Reihenfolge etwas ändern *will,* sich durch die Ordner-Ringmechanik daran hindern läßt beziehungsweise durch eine Loseblattablage eher dazu animiert wird, etwas zu ändern. Folgt man dieser Überlegung, dann würde der Vorteil der Reihenfolgen-Beibehaltung durchaus auch für die Loseblattablage zutreffen – solange man sie nicht herumdreht und am Rücken fest hält! In der Praxis kommt eine solche Handhabung allerdings äußerst selten vor und lässt sich zudem auch ohne Nachteile vermeiden. So gesehen scheint die Fixierung des Schriftgutes im Ordner eher psychologische als logische Bedeutung zu haben. Auf die Gegenüberstellung *Heftung oder Loseblatt* gehen wir später noch ausführlich ein.
- Im Vergleich rangiert der Ordner an dritter Stelle nach der Flachablage, wenn es darum geht, möglichst viel Schriftgut pro Quadratmeter Stellfläche unterbringen zu können. Das heißt allerdings nicht, dass er immer die Raum sparendste Lösung ist – denn der Ordner ist durch seine starre Rückenbreite auf einen bestimmten Platz angewiesen, selbst wenn er nur ein Schriftstück enthält. Die Möglichkeit der günstigen Raumausnutzung kommt also nur bei hohem Füllgrad zum Tragen.

Damit sind wir bei den Nachteilen der Ordnerablage:

- Obwohl man einerseits eine sehr gute Übersicht über viele Ordner hat, kann man von außen nicht in die Ordner hineinsehen. Der gezielte Zugriff auf einen bestimmten Vorgang oder ein bestimmtes Schriftstück innerhalb eines Ordners setzt neben einem möglichst eindeutigen Ordnungssystem auch immer einen Teil Gedächtnisleistung beim Benutzer voraus.

– Außerdem verlangt der gezielte Zugriff auf ein Schriftstück immer die Entnahme des gesamten Ordners aus dem Regal oder Schrank, was bei prall gefüllten Ordnern, noch dazu wenn sie in einer oberen Reihe stehen, für schwächere Naturen schon ein leichter Kraftakt sein kann.

– Wie oben schon angedeutet, kann der Ordner zum Platzverschwender werden, wenn der Zuwachs an Schriftgut schwer im Voraus zu kalkulieren ist und Ordner über längere Zeit nur schwach gefüllt bleiben. Die Raumaufteilung im Regal oder Schrank ist durch die Rückenbreite des Ordners starr vorgegeben. Hinzu kommt der so genannte *Totraum,* das heißt, die Eigenstärke des Ordners mit der Ordnermechanik, wodurch bei 7,5 Zentimeter Rückenbreite ohnehin nur 80 Prozent für die Schriftgutunterbringung genutzt werden können.

– Der gravierendste Nachteil des Ordners ist jedoch der relativ hohe Zeitaufwand für das Zuordnen und Entnehmen von Schriftstücken, insbesondere, wenn nicht nur chronologisch, also „immer oben drauf" abgelegt, sondern zwischensortiert werden muss. Was diesen Zeitaufwand betrifft, so wird der Ordner nur noch vom so genannten *Schnellhefter* (nomen est omen?) übertroffen, bei dem im Falle des Zwischenheftens die oberen Schriftstücke ganz herausgenommen werden müssen, während beim Ordner nur ein Umblättern des Schriftgutes erforderlich ist.

So viel zum Ordner. Zur stehenden Ablagetechnik gehört auch die Kassettenablage. 9,7 Zentimeter breite Kassetten aus Plastik oder Pappe – auch Stehsammler genannt – gibt es im Hoch- oder Querformat. Da sie nebeneinander in Regalen oder Schränken stehen, spricht man deshalb auch von lateral stehender Ablage. In die Kassetten werden Einstellmappen aus Pappe gestellt, deren Ränder Schlitzstanzungen zur Befestigung von farbigen Stecksignalen enthalten können. Die Schriftstücke werden meist lose in den Einstellmappen aufbewahrt, es gibt jedoch auch Einstellhefter. Für die Beschriftung kann die Kassette am Fuß ein Schild enthalten. Im Unterschied zur lateral stehenden Ablage gibt es auch die vertikal stehende Ablage, bei der die Einstellmappen hintereinander in Trögen, Boxen oder Kassetten stehen. Die lateral stehende Ablage findet man in der Praxis jedoch häufiger. Die wichtigsten Vor- und Nachteile dieser Ablagetechnik sind:

– Da die Kassetten in bis zu 7reihigen Regalen untergebracht werden können, ist auch hier – wie bei der Ordnerablage – die Übersicht gut, solange das Schriftgut lediglich nach wenigen und einfachen Kriterien gegliedert ist, die sich mittels farbiger Signale am Rand der Einstellmappen optisch gut darstellen lassen.

– Dementsprechend ist die Raumausnutzung sogar etwas besser als beim Ordner.

– Ein Vorteil der Kassettenablage gegenüber dem Ordner besteht darin, dass hier die direkte Sicht auf die Einstellmappen, also in den Inhalt der Kassetten

(vergleichbar in etwa mit den Registerunterteilungen im Ordner) möglich ist, was den gezielten Zugriff unterstützt und beschleunigt.
– Die direkte Entnahmemöglichkeit einzelner Einstellmappen, ohne dass die gesamte Kassette aus dem Regal genommen werden muss, in Verbindung mit der Loseblattablage, die bei dieser Ablagetechnik meist verwendet wird, ermöglicht ein wesentlich schnelleres Ablegen von Schriftgut.

Wie man sieht, hat die Kassettenablage dem Ordner gegenüber durchaus einige Vorteile mehr, aber auch hier gibt es eine Kehrseite:

– Genau wie beim Ordner ist durch die Kassettenbreite eine Raumeinteilung starr vorgegeben, das heißt, auch hier wird „Platz verschwendet", wenn Kassetten leer stehen.
– Der Totraum ist vergleichbar mit dem des Ordners, was aber weniger auf die Eigenstärke von Kassette und Einstellmappen zurückzuführen ist (rund 12 Prozent) als auf den notwendigen Bewegungsraum innerhalb der Kassette, der circa 10 Prozent betragen sollte, um die Einstellmappen bequem entnehmen und wieder zuordnen zu können.
– Da bei der Einstellmappe in der Regel nur die Schmalseite von außen sichtbar ist, sind die Kennzeichnungsmöglichkeiten beschränkt. Die Kennzeichnung mit Stichworten oder Text ist kaum möglich, weil die zum Lesen erforderliche Verrenkung des Kopfes schon aus ergonomischen Gründen problematisch ist und, davon abgesehen, der Platz nicht ausreicht. Es bleiben also die bereits erwähnten Farbsignale, mit denen man jedoch nur grobe Gliederungen – zum Beispiel alphabetische Einteilungen nach Kundennamen oder Postleitzahlenbereiche – sinnvoll kennzeichnen kann. Dort, wo Gliederungen nach sachlich differenzierten Gesichtspunkten erforderlich sind, reichen die Kennzeichungsmöglichkeiten der Kassettenablage oft nicht mehr aus.

Was die Kosten beider stehenden Ablagetechniken betrifft, so macht die Einrichtung einer Kassettenablage circa 1,5 mal so viel aus wie die Einrichtung einer Ordnerablage. Dies liegt hauptsächlich an den etwas aufwändigeren Schriftgutbehältern und weniger an den erforderlichen Registraturmöbeln, die ungefähr das Gleiche kosten.

3.2.3 Hängende Ablage

Einzelne Schriftstücke wurden schon immer aufgehängt, Luthers Thesen zum Beispiel, Steckbriefe, Plakate oder Mitteilungen am schwarzen Brett. Hinter der Idee, dies mit größeren Schriftgutmengen zu tun, stand die Absicht, gegenüber der Stapel- oder Stehablage Vorteile zu schaffen. Ob dies gelungen ist? Sehen wir uns zunächst an, welche Möglichkeiten es gibt, Schriftgut im Büro aufzuhängen. Grundsätzlich unterscheidet man:

– die lateral hängende Ablage und die
– vertikal hängende Ablage.

Für die lateral hängende Ablage, auch Pendelregistratur genannt, weil die Mappe noch ein bisschen nachpendelt, wenn man sie aufgehängt hat, benötigt man Pendelmappen (enthalten lose Schriftstücke) oder Pendelhefter (enthalten geheftete Schriftstücke), die an der oberen Breitseite mit einem mehrfach eingekerbten Metallbeschlag versehen sind. Diese Kerben sind in ihrem Profil komplementär zu einer Schiene im Regal beziehungsweise einem Pendelregistratur-Schrank, sodass die Mappen hier eingehängt werden können. Bei den seitlich nebeneinander hängenden Mappen bleibt dem Benutzer nur die Sicht auf den schmalen Rand – ähnlich wie bei der Kassettenablage. Die Kennzeichnung der Pendelmappen oder Pendelhefter erfolgt, ebenfalls ähnlich wie bei der Kassettenablage, mittels farbiger Stecksignale.

Wo liegen, besonders im Vergleich mit der stehenden Ablage, die Vorteile der Pendelregistratur? Was die Raumausnutzung bei maximalem Füllgrad betrifft, ist die Pendelregistratur in etwa vergleichbar mit der Kassettenablage. Da ein Pendelregal ebenfalls sechs bis sieben Reihen übereinander enthält, ist auch der Überblick über die Menge der Pendelmappen/-hefter vergleichbar groß. Darüber hinaus bietet die Pendelregistratur hauptsächlich folgende Vorteile:

– Da die Pendelmappen/-hefter einen geringeren Umfang haben als Ordner oder Kassetten (Pendelhefter fassen maximal circa 200 Blatt) und sich zudem der tatsächlichen Füllmenge relativ gut anpassen, ist die Raumeinteilung im Regal hier flexibler, der Totraum innerhalb des Behälters bei schwachem Füllgrad nur etwa halb so groß wie beim Ordner.
– Die Pendelregistratur ist, was die Einrichtungskosten betrifft, preiswerter als die stehende Ablage, sie kostet nur etwa 75 bis 90 Prozent der Ordnerablage beziehungsweise 50 bis 60 Prozent der Kassettenablage.
– Pendelmappen gibt es in verschiedenen Formaten, sie eignen sich daher besonders gut für die Ablage von speziellem Schriftgut, wie zum Beispiel Röntgenfilmen.
– Vorhandene Regale oder Schränke lassen sich relativ einfach mit Schienen ausrüsten – auch nachträglich.

Wo liegen die Nachteile der Pendelregistratur? Natürlich gibt es die auch:

– Wie bei der Kassettenablage eignet sich die Pendelregistratur auf Grund der eingeschränkten Kennzeichnungsmöglichkeiten nur für einfach gegliedertes Schriftgut.
– Der Zeitaufwand für die Ablage ist bei Pendelheftern wesentlich höher als bei Ordnern oder Kassetten, besonders beim Zwischenheften. Bei Pendelmappen, die lose Blätter enthalten, ist der Zeitaufwand zwar insgesamt geringer, ein Hauptvorteil der vertikalen Loseblattablage kommt jedoch hier gar nicht zum Tragen: dass nämlich die Hängemappe beim Ablegen und Entnehmen von

Schriftstücken gar nicht aus dem Regal oder aus der Schublade genommen werden muss – bei der Pendelmappe ist dies nämlich erforderlich.

Last, but not least kommen wir zur vertikalen Hängeregistratur. Gedacht und konzipiert ist sie eigentlich für die Loseblattablage, auf deren „Philosophie" wir noch genauer eingehen werden. Vertikal nennt man diese Ablagetechnik, weil die Hängemappen und Sammler mittels zwei Hängeschienen an den Oberkanten hintereinander in Schubladen hängen. Die Kennzeichnung erfolgt durch Sichtreiter, die auf den Oberkanten sitzen und nach rechts oder links verschoben werden können. In den Plastikreitern befinden sich farbige Schildchen aus starkem Papier, die relativ ausführlich beschriftet werden können, wenn man sie mit Kassetten- oder Pendelablage vergleicht.

Die vertikale Hängeregistratur hat zwei Nachteile, auf die sich ihre Gegner immer wieder berufen:

– Von allen ablagetechnischen Alternativen benötigt sie den meisten Platz, das heißt, wenn es darum geht, ein Maximum an Schriftstücken pro Quadratmeter unterzubringen, bildet sie das Schlusslicht – sie schafft nur circa die Hälfte dessen, was sich mit Ordnern unterbringen lässt. Dies liegt daran, dass ein Hängeregistratur-Schrank maximal vier Hängezüge übereinander hat. Mehr wäre sinnlos, da sonst nur noch Riesen in die oberen Schubladen hineinschauen könnten. Außerdem benötigen die Hängezüge ihren Auszugraum – und man sollte schließlich auch noch davorstehen können, ohne Fluchtwege zu versperren oder gar eine sich öffnende Tür ins Kreuz zu kriegen. Um eine vertikale Hängeregistratur sinnvoll zu benutzen, ist innerhalb der Schublade außerdem ein Bewegungsraum von circa 10 bis 20 Prozent erforderlich. Ja, die vertikale Hängeregistratur braucht schon ihren Platz!
– Und teuer ist sie auch noch: die Einrichtungskosten für vertikale Hängeregistratur liegen etwa 4,5-mal so hoch wie bei der Ordnerablage.

Hier wird sich nun jeder fragen, warum eine so teure und raumaufwändige Ablagetechnik überhaupt jemals erfunden und, übrigens vor allem in modernen Büros, auch eingesetzt wird. Die Sache scheint nicht mehr so absurd, wenn man sich mit den Vorzügen befasst:

– Eine große Auswahl von Hängemappen und Sammlern mit verschiedenen Bodenbreiten und der Möglichkeit, das enthaltene Schriftgut mit Einstellmappen zu unterteilen, ermöglicht eine optimale Anpassung an das tatsächliche Schriftgutvolumen. Totraum innerhalb eines Behälters fällt bei entsprechender Anwendung fast ganz weg – die Schriftgutbehälter wachsen gemäß der Mengenzunahme mit. Dies geschieht ziemlich problemlos: Ist eine Grundmappe zu klein, wird das enthaltene Schriftgut mit einem Handgriff komplett in die nächstgrößere Mappe gestellt.
– Durch diese Flexibilität ist der Raum in der Schublade nicht starr eingeteilt, neue Behälter können problemlos an jeder Stelle integriert werden.

– Die Kennzeichnung mittels der Sichtreiter ist sehr übersichtlich und sowohl für einfache als auch für detailliertere Gliederungen hervorragend geeignet, da auf dem Beschriftungsschild ausreichend Platz ist, Farben als optische Hilfe eingesetzt werden können und die jeweilige Gliederung durch die Reiterstaffelung wirksam unterstützt wird.

– Durch die direkte Sicht auf den Inhalt der Hängemappen und -sammler ist ein schneller und gezielter Zugriff auf einzelne Gliederungspunkte beziehungsweise auf einzelne Schriftstücke möglich, die ohne Herausnahme der Mappen entnommen werden können. Werden Teilvorgänge benötigt, muss nicht immer der gesamte Sammler herausgenommen werden, sondern nur die betreffende Einstellmappe.

– Die vertikale Hängeregistratur ermöglicht neben der vertikalen Kassettenablage als einzige Ablagetechnik, dass vom Beginn der aktuellen Bearbeitung eines Vorgangs bis zur Archivierung das Schriftgut im selben Behälter bleibt. Das heißt, ein Vorgang in einer Einstellmappe steht zuerst in der Hängemappe, die sich im Schreibtisch-Hängezug des Bearbeiters befindet. Nach der Bearbeitung kann sie zum Beispiel in die Hängeschränke einer zentralen Gruppen- oder Abteilungsablage verlagert werden. Schließlich landet sie entsprechend der Aufbewahrungsfrist im Archiv, wo sie unverändert einschließlich Sichtreiter in Archivboxen untergebracht werden kann, die in Regalen abgestellt werden können.

– Der größte Vorteil der vertikalen Hängeregistratur mit Loseblattablage liegt jedoch in der Zeitersparnis beim Ablegen. Verglichen mit der Ordnerablage sind hier circa 30 bis 40 Prozent weniger Zeit erforderlich. Sekretärinnen zum Beispiel, die oft einen halben oder gar ganzen Tag ihrer wöchentlichen Arbeitszeit für „die Ablage" opfern müssen, dürften diesen Vorteil besonders schätzen: sie gewinnen mehr Zeit und brauchen sich weniger mit der ungeliebten Tätigkeit der Schriftgutablage zu beschäftigen.

3.2.4 Was gibt es sonst noch?

Im letzten Abschnitt wurden die wichtigsten und gebräuchlichsten Arten der Ablagetechnik beschrieben. Natürlich bietet der Markt noch eine ganze Reihe von „Spezialitäten" an Registraturmöbeln und -mitteln, zum Beispiel:

– Rotiersäulen oder Fahrregalanlagen (auch Fahrschrank oder Verschiebe-Regalanlage genannt) für Ordnerablage, beides entwickelt, um noch mehr Ordner auf einer bestimmten Grundfläche unterbringen zu können. Während dies bei den Rotiersäulen keinen besonders großen Unterschied ausmacht (außer dass weniger Gangfläche erforderlich ist), kann eine Fahrregalanlage – die Regale können mechanisch oder automatisch hin- und hergeschoben werden, sodass immer nur ein Gang zwischen zwei Regalen erforderlich ist – fast doppelt so viel Ordner oder Kassetten aufnehmen wie normale Regale. Solche Fahrregalanlagen findet man häufig in modernen Archiven. Zu beachten ist, dass sie eine Mindest-Bodenbelastbarkeit von 500 Kilopond pro Quadratmeter voraussetzen.

– Paternosterschränke für alle Arten von Schriftgutbehältern, die auf umlaufenden Trageschienen hängen oder stehen und per Knopfdruck zum Bearbeiter kommen. Vorteilhaft ist ihre günstige Raumausnutzung. Sie benötigen jedoch eine noch höhere Bodenbelastbarkeit als Fahrregalanlagen – circa 1000 Kilopond pro Quadratmeter.

– Für vertikale Hängeregistratur gibt es sehr praktische Beistellwagen mit ein oder zwei Etagen, auch *Rollboys* genannt. Mit ihnen lässt sich die Arbeitsplatzablage bei Bedarf flexibel erweitern, durch ihre Beweglichkeit können auch mehrere Mitarbeiter damit arbeiten.

– Bei den Schriftgutbehältern gibt es einige Varianten, die sich dem jeweiligen Registraturmöbel je nach Bedarf anpassen lassen: So können zum Beispiel Pendelmappen/-hefter durch Aufstecken von Nasen zu Hängemappen/-heftern für vertikale Hängeregistratur umfunktioniert werden. Außerdem gibt es den anfangs schon erwähnten Hängeringordner, der mit dem Rücken nach oben in der vertikalen Hängeregistratur hängt. Seine Nasen können auch in den Rücken eingeklappt werden, sodass er wie ein normaler Ordner ins Regal gestellt werden kann.

Dort ist er auch besser aufgehoben. Denn was soll ein Ordner in der vertikalen Hängeregistratur? Sein ursprünglicher Vorteil der guten Raumausnutzung kommt durch den Platzbedarf des Hängeschrankes nicht zur Wirkung. Der Zeitvorteil der vertikalen Hängeregistratur mit Loseblattablage kann ebenfalls nicht ausgenutzt werden, weil er als Ordner die Heftung des Schriftgutes verlangt! Und außerdem kommt hinzu, dass es wesentlich mehr Kraft erfordert, einen prall gefüllten Ordner der Schwerkraft entgegengesetzt – aus einer Hängeschublade zu nehmen als aus einem Regal. Und dennoch – trotz aller logischen Argumente findet der darob frustrierte Organisator diese Hängeringordner sehr häufig vor – Gründe siehe oben!

3.3 Lose Blätter – fliegende Blätter?

Wenn man sich einmal richtig schön streiten will, dann braucht man nur mit ein paar Büromenschen über die Vor- und Nachteile der Loseblattablage zu diskutieren. Die anfangs erwähnte Sprengstoffmischung aus Gewohnheiten, Vorurteilen und Emotionen ist bei diesem Thema besonders brisant. Denn der Organisator mag alle logischen Argumente, die bei bestimmten Voraussetzungen für die Loseblattablage sprechen, in die Waagschale werfen. Oft wird ihm – logisch – dann sogar zugestimmt. Zum Schluss kommt jedoch häufig wieder das „aber" oder „trotzdem".

Die häufigsten Einwände, die gegen Loseblattablage vorgebracht werden, sind:

„Wenn eine Hänge- oder Einstellmappe, die lose Schriftstücke enthält, herunter-
fällt, fliegt alles durcheinander!"

Mal ganz ehrlich: wie oft fällt jemand die Mappe tatsächlich aus der Hand? Außerdem – wenn eine normal gefüllte Hängemappe wirklich zu Boden fällt, passiert es in der Regel nur, dass sich die Schriftstücke fächerförmig aus der Mappe
herausschieben. Das ganze Malheur ist mit zwei Handgriffen – Schriftstücke wieder in die Mappe zusammenschieben und Mappe aufheben – beseitigt.

Übrigens – auch ein Ordner kann herunterfallen. Wenn er gut gefüllt ist, kann
durchaus auch die Ringmechanik aufgehen und das Schriftgut verschiebt sich genauso. Wer es nicht glaubt, sollte ein paar „Fallproben" durchführen!

„Wenn man auf Dienstreisen geht oder- gar Unterlagen mit ins Freie nehmen
muss – zum Beispiel auf eine Baustelle –, ist die Loseblattablage viel zu unsicher;
die Gefahr, dass Schriftstücke auf dem Transport verschwinden oder- mit dem
Wind davonfliegen, ist zu groß."

Dieser Einwand ist sicher gerechtfertigt, zumindest, was die losen Blätter im
Freien betrifft – hier besteht tatsächlich eine gewisse Gefahr durch plötzliche
Windstöße. Die Frage ist nur, wie viele Unterlagen der gesamten Ablage müssen
tatsächlich mit ins Freie genommen werden? Meist handelt es sich um spezielle
Schriftstücke, wie zum Beispiel Baupläne, die durchaus – separat geheftet – in eine ansonsten loseblatt geführte Ablage integriert werden können. Für den Transport mehrerer Hängemappen oder Sammler, zum Beispiel im Auto, gibt es außerdem spezielle Aktenkoffer mit Plastikeinsatz, in die die Mappen eingehängt
werden können. In einem solchen Behälter sind die Schriftstücke noch viel sicherer und auch für den Zugriff unterwegs viel übersichtlicher aufgehoben als zum
Beispiel in Ordnern. Praktischer, als sich zwei, drei Ordner unter den Arm klem-
men zu müssen, ist so ein Hängeregistratur-Koffer allemal. Und mit einer dicken
Büroklammer kann man problemlos und mit einem Handgriff die losen Blätter in
der Hängemappe zusammenklammern.

„Die Loseblattablage benötigt viel mehr- Platz als zum Beispiel eine Ablage mit
Ordnern, außerdem muss das Schriftgut spätestens, wenn es ins Archiv geht, sowie-
so geheftet werden."

In diesem Einwand stecken zwei Argumente. Das Erste stimmt, wenn man Loseblattablage nur auf vertikale Hängeregistratur bezieht. Diese benötigt, das wurde
schon erklärt, tatsächlich wesentlich mehr Platz, wenn es um das Verhältnis abgelegtes Schriftgut zu Quadratmeter Stellfläche geht. Die Kapazität der Loseblattablage in Kassettenform steht der Ordnerablage jedoch kaum nach.

Schriftgut erst abzuheften, wenn es ins Archiv geht, wo der Rückgriff erfahrungsgemäß nur noch selten notwendig ist, scheint dagegen ziemlich unsinnig und lässt den Verdacht auf notwendige Beschäftigungstherapie aufkommen. Zumal es gerade für Loseblattablage spezielle Archivbehälter gibt, die prima in Regale passen! Man sollte sich überhaupt einmal Folgendes überlegen: Schriftstücke kommen über den Postweg herein – loseblatt, werden erstellt oder bearbeitet – loseblatt, werden zur weiteren Überarbeitung anderen übergeben loseblatt. Und erst, wenn die aktuelle Bearbeitung abgeschlossen ist und das Schriftstück abgelegt werden soll, will man sich die Arbeit mit dem Abheften machen. Schizophren? Aus organisatorischer Sicht schon!

„Die Loseblattablage ist viel unordentlicher als die geheftete Ablage, die chronologische Reihenfolge ist nicht gewährleistet, und außerdem, wenn einer ein Schriftstück herausnimmt, ist es weg!"

Besonders der letzte Teil des Einwands stimmt natürlich. Wenn jemand ein Schriftstück aus der Hängemappe nimmt und „vergisst", es zurückzulegen, ist es tatsächlich weg. Ist das bei der gehefteten Ablage anders? Wenn sich jemand ein Schriftstück aus einem Ordner borgt, ist das Problem dasselbe, oder? Und eine chronologische Reihenfolge lässt sich in einer Loseblattmappe exakt genauso einhalten wie in einem Ordner. Denn alle dazu erforderlichen Voraussetzungen sind vorhanden: der Behälter fasst eine gewisse Menge, Schriftstücke können immer „oben drauf" (Ordner) beziehungsweise „vorne herein" (Hängemappe) abgelegt werden, und wenn ein Schriftstück zwischensortiert werden muss, kann man den oberen Teil des Schriftgutes einfach umlegen oder vorklappen.

Wie kommt es zu einem solchen Einwand? Wir nähern uns hier allmählich dem Kern der Angelegenheit, und der steckt im ersten Teil des Einwands: eine Ablagetechnik an sich kann gar nicht unordentlich sein, sondern nur der Mensch, der sie führt. Viele sagen nun, dass die Loseblattablage den Menschen zur Unordentlichkeit verleitet, weil er Schriftstücke nur in die Mappen hineinzuwerfen braucht. Ganz unberechtigt ist die Überlegung nicht, und vor allem die Konsequenzen sind schon richtig: wer die Loseblattablage nicht *richtig,* das heißt, entsprechend ihrer Konzeption anwendet, wer also zum Beispiel

- dicke Hängesammler ohne Untergliederung mit Schriftstücken voll stopft, bis sie fast platzen,
- keine Beschriftungsschilder zur Kennzeichnung der Mappen nach einem eindeutigen Ordnungssystem verwendet,
- Schriftstücke wahllos in irgendwelche freien Mappen hineinwirft,

der wird Gründe genug haben, auf die Loseblattablage zu schimpfen – die Ursache seiner Unzufriedenheit liegt aber bei ihm selbst. Ganz absurd wäre es doch wohl, sich die unbestreitbaren Vorzüge der Loseblattablage mit dem Argument vorzuenthalten, dass man selbst nicht fähig ist, die grundlegenden Prinzipien ihrer Ordnung einzuhalten. Die besagen nämlich Folgendes:

- kleine Ordnungseinheiten bilden: sobald eine Mappe mehr als 50 bis 60 Blatt enthält, mit Einstellmappen untergliedern
- saubere und übersichtliche Beschriftung und Staffelung der Sichtreiter, natürlich nach einem einheitlichen Ordnungssystem
- farbige Beschriftungsschilder als optische Hilfe verwenden
- Loseblattablage nur bei dafür geeignetem Schriftgut verwenden, das heißt, das Format der Schriftstücke innerhalb einer Mappe sollte weitgehend einheitlich sein, die Papierstärke nicht zu dünn (Durchschlagpapier in Mengen nicht geeignet); und die inhaltliche Struktur sollte eine detaillierte Gliederung zulassen.

Nicht geeignet sind zum Beispiel mehrere Hundert Seiten starke Programmdokumentationen oder Handbücher, die immer komplett zur Bearbeitung benötigt werden. Auch sehr große Mengen völlig gleichartiger Schriftstücke, die nach nur einem Kriterium fortlaufend geordnet sind – zum Beispiel Rechnungen nach Rechnungs-Nummern –, eignen sich, meist schon aus Platzgründen, nicht für Loseblattablage, wenn sie in vertikaler Hängeregistratur geführt wird. Alles andere Schriftgut kann dagegen durchaus ungeheftet abgelegt werden. Ein einfacher Hängesammler mit vier bis sechs Zentimeter Bodenbreite eignet sich sogar für die Aufnahme einer EDV-Liste im Zollformat, die, leicht gerollt oder geknickt, einfach eingelegt wird. Vielen erscheint dies einfacher und praktischer als das oft mühsame Einfädeln der Listen in spezielle EDV-Mappen.

Die Einhaltung dieser wenigen Regeln ist letztlich Gewohnheitssache. Wenn der Mensch schon Sklave seiner Gewohnheiten ist, sollten es wenigstens gute und sinnvolle Gewohnheiten sein!

Wenn man dies nun alles beherzigt, was spricht dann für die Loseblattablage? Die Gründe sind nicht zahlreich, dafür aber gewichtig:

Durch die Bildung kleiner Gliederungseinheiten kann der Zugriff sehr gezielt erfolgen. Wird zum Beispiel nur ein Teilvorgang benötigt, reicht es, die entsprechende Einstellmappe zu entnehmen. Beim Ordner zum Beispiel muss immer der gesamte Ordner aus dem Schrank genommen werden, was zum einen unbequemer ist und zum anderen dazu führt, dass alle anderen Vorgänge oder Schriftstücke dieses Ordners für die Bearbeitung durch andere Mitarbeiter blockiert sind.

Der Aktenfluss wird beschleunigt. Das heißt, Teilvorgänge, deren Bearbeitung abgeschlossen ist, können in Zwischenregistraturen oder Altablagen überführt werden. Beim Ordner wird in der Regel gewartet, bis er voll ist. Daher enthalten Ordner sehr häufig sowohl aktuelles als auch uraltes Schriftgut. Der schnellere Aktenfluss wirkt sich natürlich sehr positiv auf die Raumausnutzung aus.

Der gewichtigste Grund überhaupt ist der Zeitfaktor. Überlegen wir einmal, wie viel einzelne Arbeitsschritte notwendig sind, um ein Schriftstück in einen Ordner abzulegen. Dies sieht ungefähr so aus:

1. Schrank öffnen
2. Ordner herausnehmen
3. Ordner ablegen und aufschlagen
4. Klemmmechanik lösen
5. Ablagestelle suchen und Schriftgut umblättern
6. Aufreihstifte öffnen
7. Schriftstück lochen
8. Schriftstück einlegen
9. Aufreihstifte schließen
10. Schriftgut wieder umlegen
11. Klemmmechanik schließen
12. Ordner zuklappen
13. Ordner in den Schrank stellen
14. Schrank schließen

Und bei der vertikalen Hängeregistratur mit Loseblattablage? Vergleichen wir doch einmal:

1. Schrank öffnen
2. Ablagestelle in der entsprechenden Hänge- oder Einstellmappe suchen
3. Schriftstück einlegen
4. Schrank schließen

Haben wir etwa einen Arbeitsschritt vergessen? Wohl kaum. Die Liste bleibt so kurz. Die Ordnermechanik erfordert einen wesentlich höheren Zeitaufwand beim Ablegen und Entnehmen. Hinzu kommt, dass man den Ordner aus dem Registraturmöbel herausnehmen muss, auch dies entfällt bei der Hängemappe. Zum Zeitaufwand beim Ablegen mit verschiedenen Ablagetechniken wurden von einigen Herstellern und Instituten Studien durchgeführt. Erwiesen gilt, dass man bei Loseblattablage mindestens 30 bis 40 Prozent weniger Zeit zum Ablegen von Schriftgut braucht als mit gehefteter Ablage.

In unserem Vergleich zwischen Ordner und vertikaler Hängeregistratur mit Loseblattablage macht die Zeitersparnis noch mehr aus – rund zwei Drittel. Wie viel Zeit sich in der Praxis tatsächlich einsparen lässt, hängt von vielen Faktoren ab, zum Beispiel, ob immer nur einzelne Schriftstücke zwischengeordnet werden müssen, ob größere Mengen von Schriftstücken nach Vorsortierung chronologisch abgelegt werden, ob eine spezielle Registraturkraft ausschließlich Ablage macht oder ob jeder Sachbearbeiter seine Ablage zwischendurch erledigt. In jedem Fall kann man davon ausgehen, dass die Loseblattablage zumindest 30 Prozent weniger zeitaufwändig ist als die geheftete.

Häufig hört man die Meinung, dass mit Loseblatt zwar schnell abgelegt werden kann, dass der Rückgriff auf abgelegtes Schriftgut dafür umso länger dauere. Wo dies behauptet wird, sollte man dringend das Ordnungssystem und die richtige Anwendung der Loseblattablage überprüfen, denn meistens liegt es daran, wenn das Suchen und der Zugriff lange dauern. Aber selbst wenn der Wiederzugriff bei Loseblattablage etwas länger dauern würde als zum Beispiel bei Ordnern, wäre dies kaum ein Argument. Denn nur ein Bruchteil des abgelegten Schriftgutes (allgemeine Schätzungen liegen zwischen zwei bis fünf Prozent) wird jemals wieder benötigt!

Sollte es bis hierhin – mit der logischen Argumentation – immer noch nicht gelungen sein, jemanden von den Vorzügen der Loseblattablage zu überzeugen, dann gibt es nur noch eins: ausprobieren! Schon mancher anfängliche Skeptiker hat es nach einer gelungenen Testphase plötzlich sehr eilig gehabt, seine gesamte Ablage umzustellen! (Abbildung 5, Ablagetechnik Warum Loseblatt?)

3.4   Welche Ablagetechnik ist die beste?

Wer nach dieser Überschrift glaubt, nun würde endlich die Katze aus dem Sack gelassen und die beste Ablagetechnik präsentiert werden, wird leider enttäuscht. „Die" beste Ablagetechnik gibt es nicht. Auch wenn im vorherigen Kapitel die Vorzüge der Loseblattablage sehr eindringlich geschildert wurden (warum? natürlich aus meiner eigenen Erfahrung, Überzeugung und Gewohnheit), soll damit nicht gemeint sein, dass es sich hierbei um die beste Ablagetechnik schlechthin handelt. Auch bei diesem Thema hüte man sich besser vor Pauschalurteilen. Die beste Alternative kann immer nur in Zusammenhang mit dem konkreten Fall herausgefunden werden. Dabei muss man sich zunächst fragen, was „beste Ablagetechnik" überhaupt bedeutet. Ist dies gleichzusetzen mit „bequemste" oder „sicherste" oder „schnellste"? Der entscheidende Faktor sind, zumindest so lange der Organisator gefragt ist, natürlich die Kosten, die nach dem Rationalitätsprinzip so gering wie möglich gehalten werden sollen.

Welche Kosten entstehen in Zusammenhang mit der Schriftgutablage? Drei Kostenfaktoren müssen unterschieden werden:

– Raumkosten, also zum Beispiel Mietkosten für Stellflächen und Gänge, die von Registratur belegt sind, dazu Nebenkosten, Reinigungskosten,
– Einrichtungskosten der Registraturmöbel und Schriftgutbehälter, also Schränke, Regale, Ordner, Hängemappen,
– Personalkosten für die Zeit, die ein Mitarbeiter mit Tätigkeiten wie Suchen, Zuordnen, Ablegen verbringt.

ABLAGETECHNIK

IST-ZUSTAND (Beispiel laut quantitativer Ist-Aufnahme in einer Gruppenregistratur)

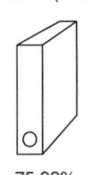   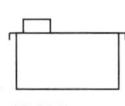   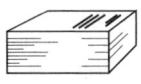

75,98%   10,81%   11,24%

EIGNUNG FÜR LOSEBLATTABLAGE: ca. 50%

Warum Loseblatt?

ZEITERSPARNIS! (ZEIT = 90% Registraturkostenanteil!)

 **Ablage im Ordner:**

01 Schriftgut sortieren
02 Schriftgut lochen
03 Ordner dem Schrank entnehmen
04 Ordner öffnen
05 Klemmmechanik öffnen
06 Ablagestelle suchen
07 Aufreihstifte öffnen
08 Schriftgut einlegen
09 Aufreihstifte schließen
10 Schriftgut umblättern
11 Klemmmechanik schließen
12 Ordner schließen
13 Ordner in den Schrank stellen

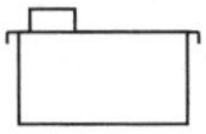

Ablage in Hägemappe:

01 Schriftgut sortieren
02 Schrank öffnen
03 Mappe anheben
04 Schriftgut einlegen
05 Mappe loslassen
06 Schrank schließen

54% weniger Arbeitsschritte
36% echte Zeitsparnis (RKW)
bei 60 Min. Ablagezeit
täglich =
4,5%

PRODUKTIVITÄTSSTEIGERUNG!

OPTIMALE RAUMAUSNUTZUNG! (Anpassung an tatsächliches Volumen)

BEI UMSTELLUNG ORDNER → HÄNGEREGISTRATUR: 20% RAUMEINSPARUNG!
(in Testumstellungen bestätigt!)

VORAUSSETZUNG: RICHTIGE ANWENDUNG!

nicht so...    ...sondern so

VORGEHENSWEISE:
– Information und Schulung der Mitarbeiter
– Hilfe bei der Erstumstellung

Abbildung 5: Ablagetechnik – Warum Loseblatt?

Schätzen Sie einmal, welchen Anteil an den Gesamtkosten der Schriftgutablage jeder dieser drei Faktoren hat! Untersuchungen haben ergeben, dass die durchschnittliche Aufteilung (über alle Ablagetechniken hinweg) ungefähr so aussieht:

– Raumkosten – circa 2 Prozent,
– Einrichtungskosten – circa 8 Prozent,
– Personalkosten – circa 90 Prozent.

Auch wenn diese Verteilung im konkreten Einzelfall etwas anders ausfallen kann, sind ihre Schwerpunkte auf jeden Fall repräsentativ. Die Personalkosten machen immer das größte Stück vom Kuchen aus! Damit wird klar, dass zum Beispiel die Einrichtungskosten oder der Platzbedarf nicht grundsätzlich das wichtigste Argument für oder gegen eine bestimmte Ablagetechnik sein können.

Um für eine bestimmte Ausgangssituation die beste Alternative herauszufinden, müssen daher Eigenschaften, Vor- und Nachteile der verschiedenen Ablagetechniken untersucht und beachtet werden, besonders natürlich

– Raumausnutzung,
– Einrichtungskosten und
– Bedienungszeit.

Die Abbildung 6 enthält eine vergleichende Übersicht über die wichtigsten Arten der Ablagetechnik, aus der konkret zu entnehmen ist, dass zum Beispiel mit Ordnern, Pendelheftern oder Kassetten die größte Menge an Schriftstücken pro Quadratmeter untergebracht werden kann, dass aber die Ablage bei Hängeregistratur mit Loseblatt am schnellsten geht.

Setzt man dies in Beziehung zu der durchschnittlichen Kostenverteilung, dann müsste man daraus den Schluss ziehen, dass bei vertikaler Hängeregistratur mit Loseblattablage unterm Strich immer das beste Ergebnis herauskommt. Rein rechnerisch stimmt das auch, wie die prozentuale Zusammensetzung der Kostenarten in Abbildung 6 zeigt. (Es handelt sich dabei um gerundete Durchschnittswerte aus Registratur-Untersuchungen.)

Der Organisator kommt in der Praxis natürlich nicht mit solchen Rechenaufgaben aus. Um konkret die jeweils beste Lösung herauszufinden, müssen noch eine Reihe anderer Kriterien beachtet werden, nämlich

– Kriterien, die sich auf das abzulegende Schriftgut beziehen, wie zum Beispiel Formate, Papierstärken, Gesamtmenge, Gliederungstiefe, Minimal- und Maximalstärke einzelner Vorgänge
– Kriterien, die sich auf den Bearbeitungsablauf beziehen, wie zum Beispiel Zugriffshäufigkeit, Transportwege und -häufigkeit, chronologische Bearbeitung und Ablage oder Bearbeitung mit vielen, verschiedenen Sachgesichtspunkten,

Behälter	Steh-Ordner	Hängemappe	Pendelhefter	Kassetten	Stapelablage
Unterbringung	stehend, geheftet	hängend, lose	hängend, geheftet	stehend, lose	liegend, lose, geheftet
Kosten Raumbedarf	0,7%	1,4%	0,7%	0,7%	circa wie Ordner
Kosten Zeitbedarf	80,-%	51,9%	97,2%	65,7%	mehr als bei Ordner
Einrichtungskosten	2,5%	8,6%	2,1%	2,9%	weniger als bei Ordner
Gesamt	83,3%	61,9%	100%	69,3%	
Vorteile	• Einfache Behälterwahl • Reihenfolge der Schriftstücke fixiert • Überblick gut (100 Ordner im Blickfeld)	• Zeitersparnis bei Zugriff und Ablage • Anpassung an Volumen • Identische Ablagetechnik in allen Registraturstufen • Überblick sehr gut durch Staffelung der Schilder • Zugriff und Verlagerung erfolgt gezielt • Einfache Fehlt-Anzeige	• Gute Stellflächenausnutzung in verschiedenen Möbeln unterzubringen • Möbel sind nachrüstbar • Einrichtungskosten niedrig	• Platz sparend • Arbeitshöhe bis 180 cm • Einrichtungskosten niedrig (billige Regale)	• Billig
Nachteile	• Raumaufwändig bei geringem Füllgrad • Keine Anpassung an Menge • Lochen, Heften, Flicken • Keine identische Ablage am Arbeitsplatz • Keine gezielte Entnahme oder Verlagerung von Einzelvorgängen • Aufwändige Fehlt-Anzeige	• Aufwändige Bevorratung • Arbeitshöhe bis maximal 130 cm	• Loseblatt erschwert • Schriftgut meist geheftet • Hoher Zeitaufwand • Überblick schlecht • Keine identische Ablage am Arbeitsplatz • Beschläge verschiedener Hersteller unterschiedlich genormt	• Entnahme mehrerer Mappen schwierig • Überblick schlecht • Kaum identische Ablage am Arbeitsplatz	• Übersicht sehr schlecht • Direkter Zugriff nur zu oberster Akte • Kaum Beschriftungsmöglichkeiten (außer Papierzungen)
Eignung für	• Viele, gleichartige Dokumente wenn Chronologie wichtig	• Alles, was sich gliedern lässt	• Einzelakten in großen Mengen/geringem Zugriff	• Langlebige, dünne Vorgänge	• Nicht empfehlenswert

Abbildung 6: Ablagetechnik – Übersicht

sodass Zwischensortieren erforderlich ist, Benutzeranzahl, das heißt, wer arbeitet mit dem Schriftgut und so weiter
- Kriterien des Unternehmens und seiner Gegebenheiten wie zum Beispiel Platzmangel oder ausreichende Platzreserven, erforderliche Neueinrichtung und Anschaffung von Möbeln, Umsatzwachstum mit zu erwartendem Anwachsen des Schriftgutvolumens.

Dies sind nur die wichtigsten Kriterien, die bei einer Reorganisation der Ablagetechnik beachtet werden müssen. Erst aus der im konkreten Fall vorliegenden Kombination dieser Kriterien, die mittels einer Ist-Aufnahme festgestellt werden muss, können sinnvolle Alternativen entwickelt werden. Je nachdem, wie sich die Kriterien dann tatsächlich zusammensetzen, können zum Beispiel völlig andere Lösungen sinnvoll erscheinen, als man dies auf Grund des oben gezeigten Rechenbeispieles vermuten würde.

Was nutzt beispielsweise die Erkenntnis, dass bei Umstellung von Ordnern auf Hängeregistratur mit Loseblattablage die Mitarbeiter zeitlich entlastet würden, wenn diese Alternative auf Grund der Platzverhältnisse eines Unternehmens überhaupt nicht realisierbar ist?

Um noch einige praktische Einsatzbeispiele zu nennen, müssen wir sinnvollerweise unterscheiden zwischen:

- Lösungen, die eine konsequente Umstellung auf eine bestimmte Ablagetechnik beinhalten, was meist Branchen- oder vorgangsspezifische Gründe hat. So werden zum Beispiel Pendelregistraturen häufig im Banken-, Versicherungs- oder Behördenbereich für große Mengen stärkerer Einzelvorgänge (Versicherungsakten, Bausparakten, Kredit- und Darlehensakten, Fallakten, Krankenhausakten) eingesetzt.
- Lösungen, die eine Kombination verschiedener Ablagetechniken beinhalten. Solche Lösungen bieten sich häufig im Arbeitsplatzbereich an. Optimal hierfür sind zum Beispiel Kombinationsschränke, die im unteren Bereich zwei bis vier Hängezüge enthalten und darüber noch einige Fachböden. Da gerade in betrieblichen und behördlichen Verwaltungen häufig große Mengen von heterogenem Schriftgut anfallen, ist die reine Verwendung nur einer Ablagetechnik hier wenig sinnvoll, sind Kombinationslösungen wegen ihrer Flexibilität effizienter.

Wie man sieht, besteht – wie in so vielen Dingen – auch die „beste Ablagetechnik" oft aus einem Kompromiss beziehungsweise aus einer Kombination mehrerer Alternativen.

Eine aus organisatorischer Sicht optimale Lösung wird sich immer nur dann als effizient erweisen, wenn sie von den Mitarbeitern, die sie anwenden müssen, akzeptiert und getragen wird. Ein Organisator, der vergisst, die Mitarbeiter bei der Ist-Aufnahme nach ihren bisherigen Erfahrungen, Überzeugungen, Neigungen zu fragen, der vergisst, die Mitarbeiter an der Lösungskonzeption zu beteiligen, und der dann auch noch vergisst, sie in der Anwendung einer neuen Ablagetechnik zu schulen – ein solcher Organisator darf sich nicht wundern, wenn sein ideales Lösungskonzept in der praktischen Anwendung Schiffbruch erleidet. Denn – jede Ablagetechnik ist nur so gut wie die Motivation ihrer Anwender!

4 Alternative Ablagetechniken

Schriftgut lässt sich auch anders dauerhaft speichern als auf Papier mit der Aufbewahrung in Ordnern, Hängemappen oder anderen Behältnissen. Zum Beispiel, indem man es verfilmt.

Schriftstücke im DIN-A4- oder DIN-A3-Format, aber auch Konstruktionszeichnungen und Pläne aller Art können mittels einer speziellen Mikrofilmkamera fotografiert werden. Dabei unterscheidet man grundsätzlich zwei Verfahren:

- Das Simplex-Verfahren wird meist bei einseitig beschriebenen Vorlagen angewendet – die gesamte Filmbreite wird für eine Vorlage ausgenutzt.
- Das Duplex-Verfahren verfilmt Vorder- und Rückseite gleichzeitig auf je eine halbe Filmbreite; eine Variante dieses Verfahrens ist das Duo-Verfahren. Hierbei wird zunächst die Vorderseite der Vorlagen auf eine halbe Filmbreite verfilmt, wobei die andere Hälfte zunächst unbelichtet bleibt. In einem zweiten Durchgang erfolgt die Verfilmung der Rückseiten auf eben diese noch unbelichtete Hälfte.

Aufnahmegeräte mit automatisch gesteuerter Belichtungszeit gibt es in verschiedenen Varianten, zum Beispiel als Durchlaufkamera – hier wird das Schriftgut am Objektiv vorbeitransportiert, der Film bewegt sich mit kontinuierlicher Geschwindigkeit vorwärts. Diese Kameras werden hauptsächlich für die Verfilmung von Massenschriftgut und Endlosvordrucken verwendet.

Daneben gibt es so genannte Schrittschaltkameras, bei denen nach jeder Aufnahme der Film schrittweise weiterbewegt wird. Diese Kameras eignen sich mehr zur Verfilmung von Unterlagen, die in Bezug auf Format und Inhalt eher heterogen sind.

Entwickelt werden die Filme in speziellen Entwicklungsgeräten weitgehend automatisch.

Den Mikrofilm selbst gibt es in verschiedenen Formen:

Man unterscheidet den Rollfim entsprechend der Filmbreite nach 16-Millimeter- und 35-Millimeter-Film, wobei der 35-Millimeter-Film hauptsächlich bei großformatigen Vorlagen verwendet wird. Eine solche Filmrolle ist 30 bis 65 Meter lang. Wenn auf Grund der Zugriffshäufigkeit und -Art die Rollfilme häufig gewechselt werden müssen, dann werden Rollfilmkassetten benutzt, die den Film besser schützen als zum Beispiel Blechdosen. Der Rollfilm wird hauptsächlich verwendet für die Verfilmung von Massenschriftgut, das sich chronologisch oder nach anderen fortlaufenden Kriterien leicht ordnen lässt und auf das selten zurückgegriffen werden muss.

Schriftgut, das nach verschiedenen sachlichen Kriterien geordnet werden muss und bei dem laufend Ergänzungen zu bestimmten Kriterien anfallen, wird jacketiert. Das heißt, der Film wird mittels spezieller Einfüll- oder Jacketiergeräte in einzelne Bilder zerschnitten, die in durchsichtige Filmtaschen (Jackets) einsortiert und so nach Belieben ergänzt oder herausgenommen werden können. Am oberen Rand enthält so eine Filmtasche eine Beschriftungsleiste zum Anbringen von Ordnungsmerkmalen.

Aufbewahrt werden die Taschen wie Karteikarten. Dies ist, vor allem bei häufigem Zugriff, wesentlich praktischer als der Rollfilm.

Das gleiche Format wie ein Jacket hat der Mikroplanfilm. Hier wird das einzelne Bild aber nicht eingetascht, sondern ist als Bildfeld fester Bestandteil des Planfilmes. Häufig wird der Planfilm zum Kopieren von Filmtaschen benutzt. Er kann aber auch schrittweise – das heißt ein Bild nach dem anderen – belichtet und daher auch nachträglich ergänzt werden. Mikroplanfilme werden vor allem zum Versand von Informationen verwendet.

Schließlich gibt es noch die Mikrofilm-Lochkarte, die für die Verfilmung von technischen Zeichnungen und Plänen verwendet wird. Diese Karte im Lochkartenformat kann zusätzlich zu dem enthaltenen Bild mit Informationen in Loch- oder Klarschrift versehen werden.

Mit dem Mikrofilm allein kann man bei notwendigem Zugriff wenig anfangen. Um die verfilmten Schriftstücke wieder lesen zu können, sind spezielle Lesegeräte erforderlich, die das Filmbild, wieder auf Originalgröße zurückvergrößert, sichtbar machen. Je nach Filmform gibt es verschiedene Lesegeräte – für Rollfilme andere als für Planfilme. Das Auffinden des Bildes erfolgt automatisch nach Eingabe der Bildadresse über eine Tastatur.

Zur Vervielfältigung von Mikrofilmen werden Dupliziergeräte verwendet, was vor allem zur besonderen Sicherung dient oder dann zur Anwendung kommt, wenn an mehreren Arbeitsplätzen mit dem gleichen Film gearbeitet wird.

Manchmal ist es notwendig, von einem verfilmten Schriftstück eine Papierkopie zu erstellen. Dies ist möglich mit speziellen Rückvergrößerungsgeräten, die bei der Wiedergabe verkleinern oder vergrößern können und in der Regel auch mit einem Lesegerät ausgestattet sind.

Werden aktuelle Unterlagen direkt nach Eingang oder Erstellung verfilmt und wird mit diesen Filmen weiter gearbeitet, dann sprechen wir von Arbeitsverfilmung. Die Papiervorlagen werden nach der Verfilmung vernichtet, ebenso wie bei der Ersatzverfilmung. Von dieser spricht man in Zusammenhang mit der Verfilmung von Unterlagen, die aus gesetzlichen oder firmeninternen Gründen über einen bestimmten Zeitraum archiviert werden müssen.

Wenn wichtige Dokumente besonders gesichert werden müssen und daher parallel zur Ablage in Papierform noch als Film aufbewahrt werden – meist in einem Safe außerhalb des Unternehmens –, dann sprechen wir von Sicherheitsverfilmung. So bewahren die Mormonen in einer Schlucht bei Salt-Lake-City in einem besonders gesicherten Bunker Unterlagen von Standesämtern und Kirchenbücher in Mikrofilmform auf. Mehr als eine halbe Million Filmrollen im 35-Millimeter-Format mit jeweils dreißig Meter Länge sind dort eingelagert.

Verfilmung kann im eigenen Unternehmen selbst durchgeführt werden. Dazu benötigt man die gesamte Ausstattung wie auch entsprechend geschultes Personal. Das zu verfilmende Material wird entweder direkt von den Arbeitsplätzen oder über nachgelagerte Registraturstufen (Zwischenregistratur, Archiv) an die interne Verfilmungsstelle geleitet, dort verfilmt, geprüft und, bei Ersatzverfilmung, vernichtet. Die Filme werden in der Regel dann in einem Zentral- oder besonderen Sicherungsarchiv aufbewahrt. Je nachdem, wie häufig der notwendige Zugriff durch die Mitarbeiter ist, können Satellitenarchive eingerichtet werden, die mit den entsprechenden Lese- und Rückvergrößerungs-Geräten ausgestattet sind. Handelt es sich um eine Arbeitsverfilmung, muss im Extremfall jeder Arbeitsplatz, der ständig mit den Filmen arbeiten muss, mit einem Lesegerät und Mobiliar zur Aufbewahrung der Filme ausgestattet sein.

Besonders dort, wo es lediglich um eine Ersatzverfilmung von Archivschriftgut geht, bietet sich die Lohnverfilmung an. Spezialisierte, externe Unternehmen führen dabei die Verfilmung in ihrem eigenen Betrieb durch. Die Filme gelangen über Abhol- und Zubringedienste zum Unternehmen, das dann lediglich mit entsprechenden Mikrofilm-Einsatzstellen, also Lese- und eventuell Rückvergrößerungsgeräten ausgestattet sein muss.

Mikroverfilmung wird bisher vor allem dort betrieben, wo Massenschriftgut anfällt, das heißt, massenweise Schriftstücke von derselben Art. Zum Beispiel Lieferscheine, Rechnungen, Zahlungsbelege, Kontoauszüge. In der Regel handelt es sich bei diesem Massenschriftgut um Unterlagen aus dem kaufmännischen Bereich, die gesetzlichen Aufbewahrungsfristen und -regeln unterliegen. Werden solche Unterlagen nun aufgezeichnet und die Originale vernichtet, dann muss sichergestellt werden, dass die hierbei angewandten Verfahren ebenfalls den Grundsätzen ordnungsmäßiger Buchführung (GOB) entsprechen sowie Mikrofilmbild und Original übereinstimmen. Der Gesetzgeber erkennt seit 1965 den Mikrofilm als Speichermedium an. Paragraph 44 des Handelsgesetzbuches sagt, dass aufbewahrungspflichtige Unterlagen auch als Wiedergabe auf einem Bildträger aufbewahrt werden dürfen. Einzige Ausnahme: die Bilanz. Für die Speicherung auf Mikrofilm müssen folgende Voraussetzungen erfüllt sein:

- In einer Verfahrensbeschreibung muss der Aufbewahrungspflichtige festhalten, wie aufgezeichnet wurde und wie die Mikrofilme aufbewahrt werden, damit auch ein Dritter sich zurechtfinden kann.
- Aus dieser Verfahrensbeschreibung muss auch hervorgehen, wie die Mikrofilme geordnet sind, sodass jedes Bild in angemessener Zeit wiederaufgefunden werden kann. Außerdem müssen die Mikrofilme dem Aufbewahrungspflichtigen eindeutig zugeordnet werden können.
- Beschriftete Rückseiten von Schriftstücken müssen so verfilmt werden, dass sie der Vorderseite eindeutig zugeordnet werden können.
- Über die Verfilmung muss ein Protokoll erstellt werden, das Informationen über die Art des aufgezeichneten Schriftgutes, über Ort und Datum der Aufzeichnung sowie eine Erklärung über die unveränderte und vollständige Aufzeichnung des verfilmten Schriftgutes enthält. Diese Erklärung muss der Verfilmer unterschreiben und entweder mit aufzeichnen oder im Original aufbewahren.
- Durch eine Kontrolle nach der Verfilmung muss ausgeschlossen sein, dass durch technische Mängel fehlerhafte Aufzeichnungen gemacht werden. Auch diese Kontrolle ist zu protokollieren.
- Die Mikrofilme müssen geordnet und sicher aufbewahrt werden. Die Aufbewahrung von Jackets ist unter Einhaltung aller bisher genannten Forderungen zulässig.
- Zum Lesen und Reproduzieren müssen die entsprechenden Geräte bereitgehalten werden.

Bei Beachtung dieser „Mikrofilm-Grundsätze" dürfen die aufgezeichneten Schriftstücke nach der Verfilmung vernichtet werden. Noch ein anderes Gesetz ist für die Verfilmung interessant: das Bundesdatenschutzgesetz, das am 1.1.1978 in Kraft getreten ist. Es bezieht sich auf die EDV-mäßige Verarbeitung personenbezogener Dateien bei

- privaten, natürlichen und juristischen Personen,
- Bundesbehörden und bundesunmittelbaren Körperschaften,
- Behörden der Länder und Gemeinden, soweit sie Bundesrecht ausführen, und
- Justizbehörden.

Personenbezogene Daten dürfen danach mit Hilfe der EDV gesammelt, gespeichert, verändert, übermittelt oder gelöscht werden, wenn

- ein Vertragsverhältnis oder ein vertragsähnliches Vertrauensverhältnis besteht und die Zweckbestimmung eingehalten wird,
- es zur Wahrung berechtigter Interessen der speichernden Stelle erforderlich ist,
- schutzwürdige Belange des Betroffenen nicht beeinträchtigt werden,
- diese unmittelbar aus allgemein zugänglichen Quellen entnommen werden können.

Wenn Daten einem besonderen Berufs- oder Amtsgeheimnis unterliegen, dürfen sie nicht weitergegeben werden. Listen mit zusammengefassten Daten einer Personengruppe dürfen dann übermittelt werden, wenn sie beschränkt sind auf die Angabe von Namen, Titel, Geburtsdatum, Beruf, Anschrift und Telefonnummer und wenn dabei keine schutzwürdigen Belange beeinträchtigt werden.

Welche Auswirkungen haben diese gesetzlichen Bestimmungen auf die Verwendung von Mikrofilmen für die Speicherung personenbezogener Daten?

Nach der gängigen Rechtsauffassung handelt es sich bei Mikrofilmen (Rollfilmen und Mikrofiche) und Listen (also auch Computer-Ausdrucken) nicht um Dateien, da diese nicht direkt sortierbar sind. Die Sortierbarken bei Jackets sind allerdings vorhanden, da die einzelnen Bilder lose sind und nach verschiedenen Kriterien sortiert werden können.

Das Herstellen von Datensammlungen im COM-Verfahren (Computer Output an Mikrofilm), bei dem Daten aus dem Computer direkt auf Mikrofilm ausgegeben werden, fällt dagegen in jedem Fall unter das Bundesdatenschutzgesetz, da am Dateicharakter einer Datensammlung auf Magnetband kein Zweifel besteht. Das Aufbewahren des Magnetbandes zum Zwecke der Verfilmung wird als Speichern und damit als Datenverarbeitung angesehen,

Das Versenden von Computer-Listen an Dritte stellt jedoch ein Übermitteln von Daten dar. Dagegen fällt das Aufbewahren der Listen durch den Empfänger mangels des Dateicharakters der Listen nicht unter das Bundesdatenschutzgesetz.

Wir können also zusammenfassen, dass Rollfilme, Jackets und Planfilme an sich keine Dateien im Sinne des Bundesdatenschutzgesetzes sind. Sammlungen von Jackets oder Planfilmen sind jedoch Dateien, deren Lesestreifen-Angaben unter das Gesetz fallen, sofern darauf personenbezogene Daten enthalten sind. Bei Datenübermittlung, wenn also gespeicherte oder durch Datenverarbeitung unmittelbar gewonnene Daten an Dritte weitergegeben werden, gelten für die im COM-Verfahren hergestellten Mikrofilme die Bestimmungen des Bundesdatenschutzgesetzes.

Nachdem wir nun den ziemlich trockenen Wissenstoff im Überblick abgehandelt haben, kommen wir zu den für den Organisator interessanteren Fragen: warum eigentlich Mikroverfilmung, was bringt sie für die Organisation? Wo liegen die Vorteile, wo die Nachteile, und unter welchen Voraussetzungen lohnt sich der Einsatz?

Der erste und nach wie vor wichtigste Vorteil ist, dass man mit Mikrofilm enorm Platz spart – verglichen mit der Speicherung von Informationen auf Papier. Immerhin ist es möglich, auf einem einzigen Mikrofiche die gesamte Bibel zu speichern!

Je nach Verkleinerungsfaktor, der zwischen 10,5 zu 1 und 48 zu 1 liegt, bei COM-Verfilmung bei 72 zu 1, ergibt sich ein Raumgewinn zwischen 80 und 98 Prozent. So kann man auf einem Quadratzentimeter Mikrofilm mehr Informationen originalgetreu speichern, bei Bedarf lesbar machen und abrufen, als dies auf irgendeinem anderen, vom Menschen lesbaren Datenträger möglich wäre.

Ein Beispiel wird Ihnen diese beachtliche Komprimierung verdeutlichen: 150 Ersatzteil-Kataloge mit insgesamt circa 18 000 DIN-A4-Seiten ergeben einen fast zwei Meter hohen Papierstapel, der ungefähr 70 Kilogramm wiegt. Verfilmen wir das ganze, schrumpft die Menge auf einen Mikrofilm-Karteikasten von der Größe 35 × 20 × 16 Zentimeter zusammen.

Einige weitere Vorteile lassen sich für den Mikrofilm ins Feld führen:

– Die Vollständigkeit von Aufzeichnungen sowie die richtige Reihenfolge bleibt gesichert, nachträgliche Manipulationen auf dem einzelnen Bild sind nicht möglich.
– Vervielfältigen und Verteilen ist relativ einfach und kostengünstig, außerdem fällt die Mehrfachablage kaum ins Gewicht, wenn an mehreren Arbeitsplätzen gleichzeitig mit den gleichen Unterlagen gearbeitet werden muss.
– Die Versandkosten können gesenkt werden, was sich besonders dort positiv auswirkt, wo ein hohes Informationsvolumen häufig verschickt werden muss. Beispiele sind die schon erwähnten Ersatzteilkataloge, vor allem im Auto-Handel, aber auch Medikamenten-Kataloge für Apotheken.
– Für Mitarbeiter, die Archive verwalten, ist es sicher angenehmer, wenn es sich bei den archivierten Unterlagen um Mikrofilme handelt. Das Entnehmen und Zurückordnen ist mit weitaus weniger Kraftaufwand verbunden und wahrscheinlich auch nicht so eine „aktenstaubige" Angelegenheit.
– Wichtige Unterlagen können durch Sicherheitsverfilmung vor unerlaubtem Zugriff, Umwelteinflüssen oder Katastrophen besser geschützt werden.

Es gibt auch einige Nachteile:

– Was einerseits vorteilhaft sein kann, nämlich zum Beispiel die beim Mikrofilm nicht vorhandene Veränderungsfähigkeit, ist überall dort ein Nachteil, wo Daten häufig verändert werden müssen – zum Beispiel Adressdaten, Fahrplandaten, wirtschaftliche Plan- oder Messdaten. In solchen Bereichen scheidet der Einsatz der Verfilmung, zumindest im aktuellen Bereich aus.
– Der Vorteil der Wirtschaftlichkeit, der immer wieder ins Feld geführt wird, ist sehr differenziert zu betrachten. Es hängt nämlich immer von den individuellen Gegebenheiten eines Unternehmens ab, ob die Einführung der Mikroverfilmung wirklich wirtschaftlich ist.

Immerhin müssen bei Eigenverfilmung Geräte beschafft, Personal ausgebildet und bereitgestellt werden und auch für die Wiederbenutzung ausreichend Lesestationen zur Verfügung stehen. Wenn also ein Unternehmen zum Beispiel ausreichend Platz im Verwaltungsgebäude oder in einer nahe liegenden Lagerhalle hat, kann es günstiger sein, dem Registrator ein Fahrrad zu kaufen, als den gesamten Altbestand, auf den kaum noch zugegriffen wird, zu verfilmen.

Wo aber der Platz knapp ist, wo täglich große Mengen gleichartiger Belege anfallen, die vor allem aus gesetzlichen Gründen über Jahre hinweg aufgehoben werden müssen, dort lohnt es sich sicherlich, über Mikroverfilmung nachzudenken. Nicht zufällig wurde die Mikroverfilmung zur Rationalisierung und Beschleunigung des Arbeitsablaufes zuerst im Versicherungswesen und in der Kreditwirtschaft eingesetzt. Gutschriften, Lastschriften, Belege sowie Vertragsunterlagen und Policen sind prädestiniert zur Verfilmung, weil sie nachträglich nicht geändert werden müssen beziehungsweise dürfen und weil sie lediglich zu Recherchezwecken in Einzelfällen wieder benötigt werden.

Der wichtigste Punkt darf allerdings bei der Mikroverfilmung – genau wie bei jeder anderen Ablagetechnik – nicht vergessen werden: Verfilmung ist nicht gleichzusetzen mit Ordnung.

Ordnung ist jedoch Voraussetzung, um etwas gezielt und schnell wieder zu finden. Diese Ordnung muss vorhanden sein, *bevor* mit der Verfilmung begonnen wird. Zur Unterstützung kann der Computer eingesetzt werden. *Computer aided retrieval,* kurz CAR, heißt das dazugehörige Schlagwort. Die Sache funktioniert so: zu jedem verfilmten Schriftstück werden in ein solches CAR-System Suchkriterien eingegeben, zum Beispiel Kunden-Nummer, Name, Erstelldatum, Rechnungs-Nummer. Parallel dazu erhält das Mikrofilm-Bild automatisch eine Marke, auch Blip genannt, die quasi die Bildadresse auf dem Film darstellt (vergleichbar mit der Standort-Nummer im konventionellen Schriftgut-Archiv). Außerdem wird die Film-Nummer gespeichert. Wird die entsprechende Filmkassette in das Retrieval-Gerät eingelegt, kann man über die vorgenannten Suchkriterien das gewünschte Bild sofort ansteuern.

Damit ein CAR-System wirklich effizient eingesetzt werden kann, muss vorher klar sein, welche Suchkriterien verwendet werden. Bei kaufmännischen Massenbelegen ist dies relativ einfach, da hier bereits entsprechende Ordnungs-Nummernsysteme existieren – wie zum Beispiel Kunden-, Rechnungs- oder Konto-Nummern. Sollen andere Unterlagen verfilmt werden, die nur über die Sachinhalte wieder gefunden werden können, dann muss unbedingt vorher ein Ordnungssystem kreiert werden. Warnen kann ich auch hier wieder nur vor der Verwendung von individuellen Stichworten – aber dazu habe ich im Kapitel 5 schon alles gesagt. Es gilt analog für die Mikrofilmablage.

Ein weiterer Nachteil des Mikrofilms ist noch zu erwähnen, da dieser mitverantwortlich ist für die neuesten Entwicklungen im Bereich der Informationsspeicherung. Da der Mikrofilm auf fotografischem Wege entsteht, handelt es sich um ein analoges Speicherverfahren. Das heißt, jeder Punkt der Vorlage findet sich analog, also uncodiert, auch auf dem Filmbild. Dadurch ist die Verwendung des

Filmbildes immer an den Arbeitsplatz gebunden, an dem es sich gerade befindet. Wird das gleiche Bild im Nachbarbüro benötigt, dann muss es physisch dorthin transportiert beziehungsweise dupliziert werden. Der Zugriff von dezentralen Arbeitsplätzen auf ein zentral organisiertes Mikrofilm-Archiv ist also mit physischem Wege- und Transportaufwand verbunden und kostet dementsprechend – genau wie die Papierablage – Zeit.

Im Gegensatz dazu bietet die digitale Speicherung von Daten, wie sie in der EDV durchgeführt wird, den Vorteil, dass Informationen über Netzwerke verteilt werden können, was viel schneller geht. Allerdings benötigt man, um Schriftgut digital auf Magnetspeichern unterzubringen, enorm viel Speicherplatz. Für eine bildpunktorientierte Faksimile-Speicherung einer DIN-A4-Seite auf Magnetspeicher sind immerhin 500 kB bis 1 MB Speicherplatz notwendig. Für einen Ordner mit 500 Seiten wären dies 250 000–500 000 Kilobyte.

Um aus diesem Dilemma herauszukommen – Mikrofilm erlaubt wirtschaftliche, analoge Speicherung, jedoch keine digitale Verteilung und Bearbeitung, digitale Speicherung scheitert an Kapazitätsgrenzen –, wurde eine Lösung entwickelt, die beides verbindet: hohes Speichervolumen und digitale Anwendung. Gemeint ist die optische Speicherplatte. Davon gibt es verschiedene „Sorten":

CD (Compact Disc)

Die CD kennen wir aus der Unterhaltungselektronik. Gelesen wird sie mittels Laserstrahl. Eine einmal aufgebrachte Information kann nicht mehr gelöscht werden (CD-ROM steht auch für „Read only memory"). Auf eine solche CD passen circa 650 MB Daten. Ihre Vorteile bestehen einerseits darin, dass sie weltweit gültig genormt ist (ISO 9660), andererseits in der Revisionssicherheit, da die enthaltenen Daten nicht veränderbar sind.

CD-R (Recordable)

Diese CD-Art kann mit einem speziellen Brenner selbst beschrieben werden. Problematisch dabei ist allerdings, dass dies in einem ununterbrochenen Datenfluss geschehen muss. Sie können also nicht peu à peu heute mal zwei und morgen mal vier Dokumente hintereinander darauf speichern, sondern müssen alle Informationen erst sammeln – zum Beispiel auf Ihrer Magnetplatte – und dann in einem Arbeitsgang speichern.

DVD (Digital Versatile Disc)

Diese CD ist eine Weiterentwicklung mit höherer Speicherdichte – etwa vier bis acht Gigabyte. Bisher gibt es für die DVD noch keinen einheitlichen Standard.

WORM (Write once read many)

Die WORM funktioniert im Prinzip wie die CD-R – ist also beschreibbar und mehrfach lesbar. Praktischerweise kann sie jedoch nach und nach beschrieben werden, eine „Zwischenlagerung" von Daten kann daher entfallen. Löschbar oder veränderbar sind die Daten jedoch ebenfalls nicht. WORM-Platten können unterschiedliche Formate von 5 ¼" bis 14" haben und fassen 2,6 bis 20 Gigabyte. Auch für die WORM gibt es bisher noch keine weltweit gültige Norm, sodass es zu Inkompatibilitäten zwischen verschiedenen Laufwerk-Herstellern kommen kann.

MOD (Magneto-Optical-Disc, ROD = Rewritable Optical Disc)

Dieser Speicher ist mehrfach beschreibbar, die enthaltenen Daten können also verändert werden. MOD's fassen 650 MB bis 2,6 GB und werden gerne in grafik-intensiven Bereichen, wie zum Beispiel in CAD-/CAM-Systemen eingesetzt. Für die revisionssichere Archivierung scheiden sie dagegen aus.

Die Verwendung optischer Speicherplatten erlaubt, dass von mehreren Terminals direkt auf ein zentrales Archiv zugegriffen wird. Der Zugriff erfolgt über verschiedene Suchkriterien wie bei den CAR-Systemen. Voraussetzung für eine solche Konstellation ist, dass die Terminals über ein lokales Netzwerk mit dem Zentralspeicher verbunden sind.

Abschließend bleibt die Frage, welche Kriterien bei der Entscheidung für konventionelle oder moderne Ablagetechnik berücksichtigt werden müssen. Besonders unter Hinzuziehung papierloser Ablagetechniken sollten folgende Aspekte im Einzelfall genau geprüft werden:

– Müssen die zu speichernden Informationen häufig verändert werden? Wird diese Frage mit ja beantwortet und müssen die Anwender ständig über den neuesten Stand der Änderung informiert sein, um ihre Aufgaben erfüllen zu können, dann scheiden Mikrofilm und einige optische Speicher als Medium aus, und übrig bleibt der Magnetspeicher sowie die WORM-Platte.
– Ist häufiger, schneller Transport von Daten an verschiedene Stellen notwendig und müssen diese Daten weiter verarbeitet, also auch wieder geändert werden können? Antworten wir hier mit ja, dann bleibt nur der elektronische Weg, weil dieser am schnellsten geht. Mikrofilm kann bedingt nur dann eingesetzt werden, wenn Einrichtungen zu seiner Digitalisierung vorhanden sind und wenn keine Veränderungen erfolgen müssen. Das Gleiche gilt für die optische Speicherung. Dabei ist aber auch die Frage der Wirtschaftlichkeit genau zu prüfen.
– Müssen Informationen sehr schnell vervielfältigt und verschiedenen Empfängern zugeleitet werden? Auch hier bedeutet ein Ja als Antwort, dass die elektronisch gespeicherte Information am besten geeignet ist – sie lässt sich am schnellsten über Bildschirm reproduzieren und verteilen.

- Muss der Zugriff schnell und online erfolgen können? Wenn ja, dann scheidet auch hier der Mikrofilm aus, und es bleibt der Magnetspeicher oder die optische Speicherplatte. Wenn es auf die Zugriffszeit nicht so sehr ankommt und auch Wege- und manuelle Rüstzeiten in Kauf genommen werden können, ist auch der Mikrofilm geeignet.
- Wie entscheidend sind die jederzeitige Verfügbarkeit und Sicherheit der Datenbestände? Wenn Störungen oder Funktionsausfälle zu Katastrophen führen würden, und das ist häufig bei aktuellen oder wertvollen Datenbeständen der Fall, sammelt der Mikrofilm hier Pluspunkte. Denn wenn das Lesegerät funktioniert, kann ansonsten nicht viel ausfallen. Auch die optische Speicherplatte hat hierbei den Vorteil, dass Daten auf ihr nicht einfach gelöscht werden können, wie das beim Magnetspeicher der Fall ist. Gegen höhere Gewalt wie Brand oder Explosion ist natürlich auch der Mikrofilm oder die optische Speicherplatte nicht gefeit.
- Spielt das Raumproblem eine entscheidende Rolle? Wo sehr viel Platz vorhanden und dieser auch noch gut erreichbar ist, kann nur eine Wirtschaftlichkeitsrechnung mit Einbeziehung aller bereits genannten Überlegungen klären, ob die papierlose Speicherung günstiger ist als das althergebrachte Archiv.
- Was sagen die Mitarbeiter dazu? Wenn Systeme, egal wie gut sie sind, nicht akzeptiert werden, ist ihre Effizienz in der Regel zum Scheitern verurteilt. Gerade beim Einsatz neuer Technologien dürfen der Schulungsaufwand und die grundsätzliche Einstellung der Mitarbeiter, die damit arbeiten sollen, nicht vergessen werden.

Schließlich bleibt die Frage der Wirtschaftlichkeit, die in jedem konkreten Einzelfall individuell gestellt und beantwortet werden muss. Dass die Speicherung auf Mikrofilm absolut gesehen vor der elektromagnetischen und der digital-optischen die wirtschaftlichste ist, besagt noch nicht, dass sie im Einzelfall die optimale Lösung darstellt. Vielleicht bietet gerade die elektromagnetische Speicherung die Vorteile, die im Interesse der Unternehmensziele unbedingt notwendig sind, auch wenn dies, in Zahlen ausgedrückt, teurer ist.

Vielleicht ist aber auch das althergebrachte, aber optimal organisierte Archiv so lange die wirtschaftlichste und effizienteste Lösung, bis wir in der Lage sind, durch Entwicklung miniaturisierter Speicherstrukturen die Bibel auf einem Stecknadelkopf unterzubringen?

5 Alles in Ordnung?

Spätestens seit dem Turmbau zu Babel ist bekannt, dass Menschen, die gemeinsam etwas erreichen wollen, zumindest eine gemeinsame Sprache sprechen müssen. Dies galt damals und dies gilt heute, im so genannten *Informations-Zeitalter* umso mehr. Dabei reicht es allerdings nicht aus, Sprache nur im Sinn von Muttersprache zu verstehen. Denn trotz gleicher Muttersprache begegnen wir alle täglich dem Phänomen der Missverständnisse. Diese entstehen zum Beispiel, weil Worte oder Ausdrucksweisen für jeden von uns andere, subjektive Bedeutungsinhalte haben. (Oder weil der eine falsch erklärt und der andere falsch versteht.)

Auch objektiv gesehen, enthält unsere Sprache Fallstricke, die einer eindeutigen und klaren Verständigung oft im Wege stehen. Zum Beispiel haben wir für einen identischen Bedeutungsinhalt mehrere

Synonyme, also Begriffe, die das Gleiche bedeuten. Ein Beispiel aus dem Büroalltag: Schriftverkehr, Schriftwechsel, Korrespondenz, Briefe und so weiter. Umgekehrt kann ein Wort aber auch verschiedene Bedeutungen haben – Sie kennen sicher das „Teekesselchen-Spiel": eine Bank kann ein Geldinstitut sein oder ein Sitzmöbel.

Im Gegensatz zur Körpersprache, die wir unbewusst anwenden und auch unbewusst fast immer eindeutig interpretieren können, ist unsere Verständigung mittels verbaler Sprache also alles andere als eindeutig. In Bereichen, in denen es lebenswichtig ist, sich eindeutig zu verständigen – denken wir an Luft-/Raumfahrt, Militär, Medizin –, wird folgerichtig eine Fachsprache mit präzisen, eindeutigen Begriffen („Befehlen") angewandt. Das Gleiche gilt für Bereiche, die ohne eine solche Fachsprache gar nicht funktionieren könnten, zum Beispiel die elektronische Datenverarbeitung. Ein Computer versteht nun mal keine Umgangssprache – zumindest nicht direkt. Es bedarf mehrerer Übersetzungsstufen vom Anwendungsprogramm über Programmier- und Maschinensprache, bis eine Information, die wir eingeben, schließlich in Form eindeutiger Signale – letztlich *null* oder *eins* – ankommt.

Um in einer solchen Sprache kommunizieren zu können, ist ein gewisser Lern- und Anwendungsaufwand erforderlich. Auch wenn manch einer seufzen mag wegen der damit verbundenen Mühe, wird deren Notwendigkeit nie wirklich in Frage gestellt. Jedem leuchtet ein, dass es nicht anders geht, dass die Einführung eines neuen Systems, sei es die elektronische Datenverarbeitung, sei es Mikroverfilmung oder auch nur eine neue Telefonanlage mit vielen Funktionen, eben mit Aufwand an Zeit und Geld verbunden ist, wenn die gewünschte Wirkung erzielt werden soll.

Bei der Schriftgutablage ist das ganz anders. Selbst in Büros, die technisch auf dem allerneusten Stand sind und alles haben, wovon der moderne Informationsmanager nur träumt – selbst in solchen Büros wird die Schriftgutablage oft noch geführt wie vor hundert Jahren. Und das, obwohl sich sowohl die Menge als auch die Komplexität der Informationen ständig vervielfachten. Die Erkenntnis, dass man sich einer eindeutigen (Fach-)Sprache bedienen muss, um Informationen, auch wenn Sie „nur" auf Papier gespeichert sind; eindeutig abzulegen und wieder zu finden, ist in diesem Bereich noch kaum vorgedrungen. Da wird nach wie vor mit umgangssprachlichen Mitteln versucht, Ordnung zu schaffen, und dann wundert man sich, wenn immer wieder solche Reaktionen kommen:

– „Bei uns hat jeder sein eigenes System ..."
– „In meiner eigenen Ablage finde ich mich ja noch gerade so zurecht, aber wehe, wenn ich woanders etwas suchen muss ..."
– „Wenn meine Sekretärin nicht da ist, finde ich überhaupt nichts ..."
– „Ich lege zur Sicherheit alles mehrfach an verschiedenen Stellen ab. Trotzdem finde ich manchmal etwas nicht wieder. Und Platz habe ich auch keinen mehr ..."
– „Stundenlang sucht man eine bestimmte Unterlage, und dann macht man die ganze Arbeit doch noch mal, weil man sie nicht findet ..."
– „Ich schmeiße grundsätzlich nichts weg, denn ich weiß ja nicht, wer hier sonst noch was aufhebt ..."
– „Als ich hier anfing, brauchte ich ein Jahr, bis ich mich in der Ablage meines Vorgängers mit Müh und Not zurechtfand ..."
– „Im Prinzip kann hier jeder Know-how mit nach Hause nehmen. Wenn man überhaupt merkt, dass was fehlt, merkt man es zu spät ..."
– „Ich habe schon die Einführung von drei neuen Ordnungssystemen in diesem Unternehmen hier überstanden – trotzdem mache ich meine Ablage nach meinem eigenen System..."
– „Seit wir Windows 95 haben, können wir unsere Dateien jetzt mit mehr als acht Stellen kennzeichnen. Ich selbst komme in meiner Dateiverwaltung auch ganz gut klar, aber wenn ich meine Kollegin vertreten muss, oh je! Die hat so komische Stichworte und Abkürzungen, darunter kann ich mir oft gar nichts vorstellen."

Kommen Ihnen solche Aussprüche bekannt vor? Wenn nicht, dann gehört Ihr Unternehmen zu den seltenen Ausnahmen, die über ein einheitliches, funktionierendes Ordnungssystem für die Schriftgutablage verfügen.

Normal in unserem Büroalltag ist doch eher, dass zwar jeder über die Unordnung schimpft, sie aber dennoch in Kauf nimmt, weil das Know-how für die Ordnung fehlt oder weil man den Aufwand scheut, eine Ordnung zu schaffen. Der tägliche Suchaufwand wird dagegen ertragen und – meistens – falsch eingeschätzt. Nach neueren, von Universitäten durchgeführten Untersuchungen wird der tägliche Suchaufwand nach Unterlagen von den befragten Mitarbeitern einerseits als gering empfunden, andererseits aber mit zu den unangenehmsten Störfällen gerech-

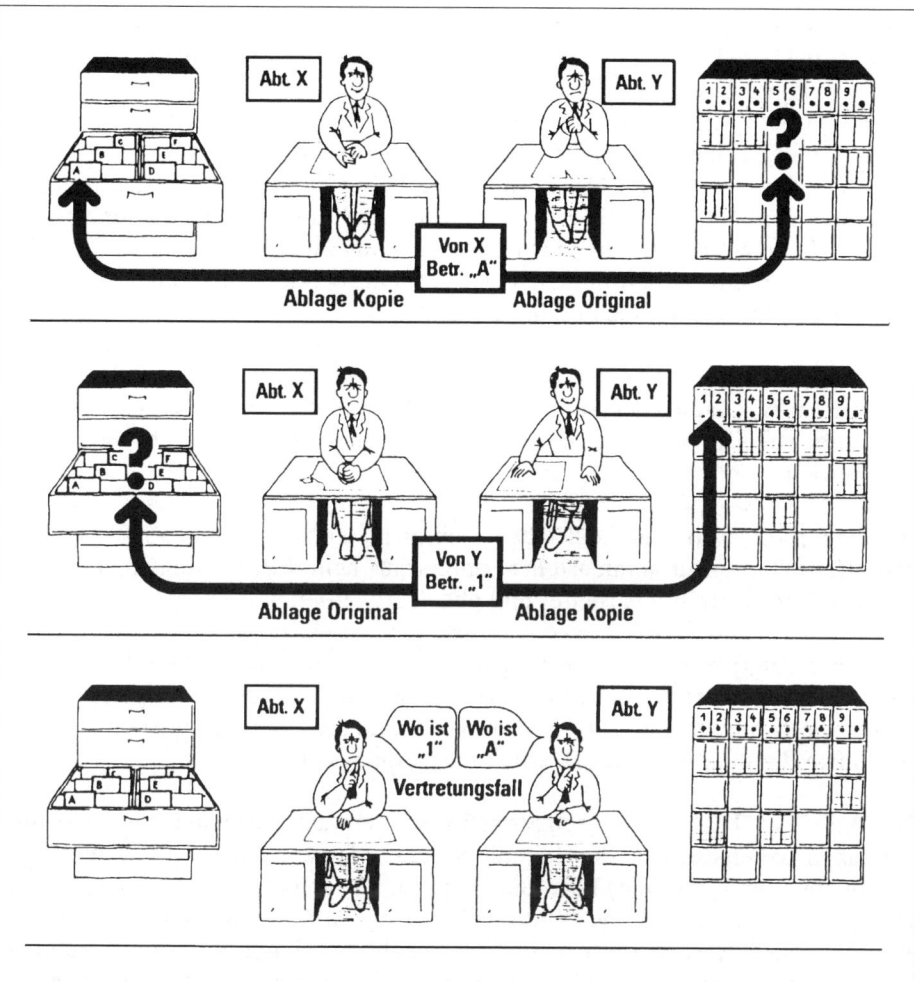

FOLGEN:
- Kommunikationsprobleme!
- Zu lange Such-/Ablegezeiten!
- Mehrfachablagen/Mehrfacharbeiten!
- Schwierigkeiten bei Neueinstellungen/Vertretungen!
- Kein Know-how-Gesamtüberblick!

Abbildung 7: Ordnungsprobleme. – Jeder hat sein eigenes System

net, die im Büroalltag vorkommen. Dass der Suchaufwand so gering bewertet wird, ist nach meiner Erfahrung auf zwei Faktoren zurückzuführen:

- Der befragte Mitarbeiter gibt nur ungern zu, dass er viel sucht, weil dies auf schlechte Organisation seines Arbeitsbereiches schließen lässt.
- Bei der Befragung erinnert sich der Mitarbeiter hauptsächlich an einzeln, besonders zeitaufwändige Suchaktionen, die aber nur hin und wieder vorkommen: „Ja, letzte Woche haben wir tatsächlich mit zwei Mann einen ganzen Vormittag nach einem bestimmten Brief gesucht. Schließlich stellte sich heraus, dass der beim Chef im Schreibtisch war."

Was dagegen bei der täglichen Arbeit ständig an Suchvorgängen anfällt, wird bei solchen Befragungen vom Mitarbeiter nicht erwähnt, weil diese Suchvorgänge eher unbewusst ablaufen beziehungsweise als zur Bearbeitung gehörig empfunden werden.

Bearbeiten im Büroalltag heißt aber doch nichts anderes, als ständig irgendwelche Informationen zusammenstellen, um daraus neue Informationen zu machen, die wiederum verteilt, bearbeitet und abgelegt werden.

Bei jedem Zugriffs- oder Ablagevorgang ist eine, wenn auch noch so kurze Überlegung oder Recherche notwendig. Von deren jeweiliger Dauer hängen unter anderem die Schnelligkeit und, je nach Vollständigkeit der gefundenen Information, auch die Qualität eines Bearbeitungsvorgangs ab.

Die Probe aufs Exempel können Sie selbst sehr einfach machen. Erfassen Sie einmal einen Arbeitstag lang die Zeit, die Sie für jeden einzelnen Zugriff auf Papier (Entnehmen und Ablegen) benötigen – gleich, ob sich dieses bereits abgelegt im Registraturschrank oder noch im Stapel auf oder in Ihrem Schreibtisch befindet. Wahrscheinlich werden Sie sich über die Anzahl der Handgriffe wundern und die Erfassung bald aufgeben, weil Sie kaum noch zum richtigen Arbeiten kommen – es sind nämlich zu viele Handgriffe!

Studien verschiedenster Unternehmen der Bürobranche kommen immer wieder auf die gleichen Ergebnisse: mindestens zwischen zehn und dreißig Prozent der täglich verfügbaren Arbeitszeit des Schreibtischmenschen gehen für rein manipulative Tätigkeiten im Zusammenhang mit Schriftgut-Handling drauf! Dreißig Prozent umgerechnet auf acht Stunden täglich ergeben mehr als zwei Stunden. Sie sind überrascht und glauben es nicht? Dann sei Ihnen wirklich das oben beschriebene Experiment empfohlen. Auch wenn Sie nicht auf die 144 Minuten kommen, sondern zum Beispiel nur auf die Hälfte, ist das viel zu viel und zeigt, dass mit Ihrem Ordnungssystem irgendetwas nicht stimmt!

Die logische Schlussfolgerung heißt nämlich: je schlechter die Ordnung oder das Ordnungssystem, desto länger die Überlegungsdauer bei Zugriff und Ablage, desto länger und damit schlechter die Bearbeitung.

Konkret kann dies zum Beispiel bedeuten: je länger Ihr Kunde am Telefon darauf warten muss, eine gewünschte Information zu bekommen (die Sie aus Ihrem Schriftgut heraussuchen müssen), desto mehr Minuspunkte verbuchen Sie für sich und Ihr Unternehmen. Hinzu kommt, dass die Qualität Ihrer Arbeit – und auch Ihres Arbeitsgefühls – erheblich leidet, wenn Sie sich nie sicher sein können, ob Sie zu dem gerade anstehenden Thema wirklich alle Informationen parat haben.

Eine weitere Schlussfolgerung ergibt sich mit Blick auf die verschiedenen Registraturstufen. Ein gutes Ordnungssystem hat dort die größte Wirkung, wo der häufigste Zugriff herrscht. Untersuchungen von Organisationsmittel-Herstellern haben ergeben, dass nur auf ungefähr zwei bis fünf Prozent des archivierten Schriftgutes wieder zugegriffen wird. Dass heißt, dass ein Ordnungssystem wenig nützt, wenn es nur in der Altablage angewandt wird. Gerade in der aktuellsten Bearbeitungsphase liegt also die Chance, durch ein funktionierendes Ordnungssystem

– unproduktive und nervenaufreibende Suchereien zu vermeiden und Zeit zu gewinnen. Zeitgewinn im Büroalltag heißt, Arbeiten qualitativ besser und schneller zu erledigen. Zeitgewinn heißt für qualifizierte Mitarbeiter, besonders für Führungskräfte, mehr Freiraum für kreative und planerische Aufgaben. Und Zeitgewinn heißt: weniger Hektik, mehr Möglichkeiten zur schöpferischen Pause, mehr Kommunikation und weniger Stress;
– Raum zu gewinnen durch Vermeidung unnötiger Mehrfachablagen. Denn wenn die Ablage transparent ist, wenn jeder weiß, wo er die benötigten Informationen findet, entfällt die Notwendigkeit, „zur Sicherheit" alles mehrfach abzulegen;
– die Sicherheit zu gewinnen, dass zu einem bestimmten Thema wirklich alle vorhandenen Unterlagen *komplett* zur Verfügung stehen, dass also nichts vergessen oder übersehen wird. In diesem Sinne kann ein gutes Ordnungssystem durchaus auch Planung- und Kontrollinstrument sein.

Fehlt dagegen ein einheitlicher Ordnungsrahmen im Unternehmen, so bleibt für viele in der Hilflosigkeit, mit dem Chaos fertig zu werden, nur die Resignation und der Galgenhumor:

– „Wer Ordnung hält, ist nur zu faul zu suchen ..."
– „Ordnung ist was für Dumme, die Intelligenz beherrscht das Chaos ..."
– „Ordnung ist ein Durcheinander, an das man sich gewöhnt hat ..."
– „Bei uns herrscht Ordnung – ein Griff, und die Sucherei geht los ..."

Und mancher, der nicht resigniert, sondern heroisch gegen die Unordnung ankämpfen will, wird ein Opfer wiederum eines Missverständnisses. Ich meine die Werbung mancher Hersteller von Organisationsmitteln, egal, ob von Ordnern, Hängemappen, Registraturschränken, ob elektronischen Archiv- oder Dokumentenmanagement-Systemen. Der Tenor dieser Werbung heißt immer: „Mit Produkt X schaffen Sie endlich Ordnung in Ihrem Büro!" Die Tatsache, dass es sich hierbei lediglich um technische Hilfsmittel handelt, die sicher sehr nützlich sind, die aber durch bloße Anwendung nicht wie von selbst wirkliche Ordnung schaffen, kommt dabei zu kurz. Die Reaktion der verärgerten Käufer bekommen wir oft genug zu hören: „Jetzt habe ich die ganze Ablage auf Hängeregistratur umgestellt, weil das doch moderner ist, aber finden tue ich jetzt erst recht nichts mehr!" Hier kann ich nur sagen: ohne Organisation, in diesem Fall ohne funktionierendes Ordnungs*system,* wird die Unordnung durch Änderung der Ablagetechnik nicht beseitigt, sondern nur verlagert – vom Papierstapel auf dem Schreibtisch in die Hängemappe, in die Mikrofilm-Ablage oder auch auf elektromagnetische oder optoelektronische Speichermedien.

5.1   Woran herkömmliche Ordnungsmethoden oft scheitern

Ordnung, was ist das überhaupt? Sie ist das Ergebnis des Unterscheidens. Wenn wir nur Gleiches hätten, brauchten wir keine aufwändige Ordnung. Stellen Sie sich einen Korb vor mit lauter gleich großen, roten Bällen, die sich in nichts, auch nicht im Material oder sonst irgendwie, voneinander unterscheiden. Haben Sie eine Idee, wie man diese Bälle *ordnen* könnte, außer sie in einem Korb zusammenzufassen? Bestenfalls könnte man sie, wenn ein Korb nicht ausreicht, zu gleichen Anteilen auf verschiedene, kleinere Körbe verteilen.

Wenn in einem großen Korb jedoch nicht nur rote, sondern auch grüne und blaue Bälle liegen, ist die Ordnungsaufgabe leicht, nicht wahr? Wir können die Bälle nach *Farben* trennen und erhalten jeweils einen Korb mit roten, einen mit grünen, einen mit blauen Bällen. Sind die Bälle in unserem Ausgangskorb vielleicht verschieden groß und aus verschiedenem Material, dann haben wir noch zwei Ordnungskriterien mehr – *Größe* und *Material*. Damit wird die Sache bereits wieder schwieriger, denn nun müssen wir unsere Ordnungsmaßnahmen in eine Reihenfolge bringen. Sortieren wir zuerst nach Farbe, dann nach Größe, dann nach Material? Oder wählen wir eine andere Reihenfolge? Bei unseren bisherigen sieben Ordnungsmöglichkeiten (rot, grün, blau, groß, klein, Plastik, Gummi) haben wir nach vollendeter Ordnung bereits zwölf verschiedene Körbe – da empfiehlt es sich, eine sinnvolle Vorgehensweise zu wählen.

Wichtig ist auch zu beachten, wie viele Bälle mit den einzelnen Kriterien überhaupt vorhanden sind. Wenn wir zum Beispiel nur drei rote Bälle hätten, zwei davon groß und aus Plastik und Gummi, einer klein und aus Gummi, brauchen wir nicht für jeden einen eigenen Korb – sie passen alle drei in einen Korb, und wir sehen auf einen Blick den Unterschied. Haben wir von den blauen Bällen sehr viele, und zwar gleich viel kleine und große, aber alle aus demselben Material, dann reichen uns wohl zwei Körbe aus – einer für die großen blauen und einer für die kleinen. Bei den grünen Bällen ist nun alles vertreten – viele große, kleine, zum Teil aus Plastik, zum Teil aus Gummi – hier kommen wir nicht darum herum, sechs Körbe vorzusehen.

Abhängig von der tatsächlich vorhandenen Menge der Bälle in Zusammenhang mit den jeweils zutreffenden Ordnungskriterien haben wir in diesem Ordnungsbeispiel also von zwölf möglichen Körben nur neun tatsächlich benötigt, um einigermaßen Ordnung in die Bälle zu bringen. Das heißt, um zielsicher einen bestimmten Ball, sagen wir *grün, klein, Plastik* zu finden oder zuzuordnen. Die Menge der notwendigen Körbe hängt also von der Menge der Bälle und Kriterien ab.

Ist Ihnen vielleicht mittlerweile noch eine Lösung eingefallen, wie Sie in den Korb mit den lauter gleichen, roten Bällen eine Art Ordnung bringen, um einen ganz bestimmten Ball dort herauszufinden? Richtig, Sie können die Bälle durchnummerieren oder jeden mit einem anderen Buchstaben kennzeichnen und dann gezielt Ihren Ball Nummer 4711 herausgreifen.

Worin liegt der Unterschied zwischen der Nummerierung der einzelnen Bälle und der bloßen Zuordnung zu den Körben? Der Unterschied liegt darin, dass wir bei der Zuordnung lediglich *klassifizieren,* einen Ball also einer bestimmten Klasse oder Kategorie zuordnen, weil er ein bestimmtes Kriterium – oder eine Kriterien-Kombination – aufweist. Zum Beispiel *rot, klein, aus Gummi.* Sobald es jedoch mehrere Bälle gibt, die in eine solche Kategorie gehören, müssen wir sie nummerieren, um den einen, ganz bestimmten Ball, wieder herauszufinden – dies nennen wir in diesem Zusammenhang *Identifizierung.*

Sie werden sich mittlerweile wahrscheinlich schon gefragt haben, was dieses Ballgeflüster soll. Gleich werden Sie sehen, dass dieses einfache Beispiel sehr nützlich ist, wenn wir uns mit den verschiedenen Methoden der Schriftgut-Ordnung beschäftigen.

Herkömmliche Methode Nummer 1: alphabetisch, numerisch oder alpha-numerisch ablegen

Wenn Sie heute in einem Lehrbuch über Büro-Organisation nachsehen, was dort unter „Ordnung von Schriftgut" steht, werden Sie zuerst die Aussage finden, dass man alphabetisch, numerisch oder alpha-numerisch ordnen kann. Die gleiche Empfehlung wird häufig auch in anderen Veröffentlichungen zu diesem Thema gegeben.

Stellen wir uns nun einen Büromenschen vor, der verzweifelt Ordnung in sein Chaos zu bekommen versucht. Kann er mit der Aussage, dass er seine Unterlagen alphabetisch, numerisch oder alpha-numerisch ordnen kann, überhaupt etwas anfangen? Wird hier nicht das Pferd von hinten aufgezäumt? Er wird sich doch fragen, was er alphabetisch ordnen soll: die Namen der Lieferanten oder die

Bezeichnungen der Produkte, die diese Lieferanten herstellen? Mindestens diese zwei Möglichkeiten hat er, wenn er zum Beispiel seine Katalogsammlung in Ordnung bringen will.

Ein anderer wird sich fragen, ob er seine Kundenablage tatsächlich alphabetisch nach den Namen der Kunden sortiert oder lieber numerisch nach Kunden-Nummern. Oder vielleicht wäre eine numerische Ablage nach Postleitzahlen noch effektiver?

Sie sehen schon, mit der banalen Angabe, dass man alphabetisch, numerisch und alpha-numerisch ordnen kann, ist dem Ordnungswilligen zunächst nicht geholfen, weil nur Suchkriterien so geordnet werden können. Diese müssen aber zuerst festgelegt werden. Und dazu müssen wir herausfinden, worin sich unser Schriftgut unterscheidet – wir müssen die Unterscheidungsmerkmale oder *Ordnungs-Kategorien* herausfinden.

Denken Sie an unseren Korb mit den kleinen und großen, verschiedenfarbigen Bällen. Welche Ordnungs-Kategorien haben wir hierfür gefunden? Richtig, die Farbe und die Größe. Und innerhalb jeder Kategorie haben wir nun bestimmte Suchkriterien:

– bei der Farbe: rot, grün, blau
– bei der Größe: groß, klein

Erst nach dieser gedanklichen Vorarbeit können wir festlegen, dass wir zum Beispiel

– zuerst nach Farben sortieren, wenn uns beim Suchvorgang zuerst die Farbe interessiert. Die Farben können wir nun in eine alphabetische Reihenfolge bringen: blau, grün, rot
– dann innerhalb der jeweiligen Farbe erst nach Größen sortieren, weil wir danach nicht so oft suchen. Die Größen können wir entweder alphabetisch ordnen: groß, klein, oder mit einer Ziffer versehen und numerisch sortieren: 1 = klein, 2 = groß.

Übertragen wir das Ganze auf eine Katalog-Sammlung. Der Besitzer dieser Sammlung muss sich also zuerst fragen, welche Ordnungskategorien diese Katalogsammlung hergibt. Die wichtigsten werden sein:

– Namen der Hersteller
– Bezeichnungen der Produkte

Nun muss er sich fragen, welche Kategorie ihm in der Regel bekannt ist, wenn er einen bestimmten Katalog sucht. Wenn dies zum Beispiel das Produkt ist, wäre es logisch, die Kataloge nach Produkten zu sortieren, und zwar in alphabetischer Reihenfolge der Produktbezeichnungen. Gerade bei Katalogen ergibt sich jedoch häufig die Schwierigkeit, dass ein Hersteller verschiedene Produkte anbietet, die alle im gleichen Katalog aufgeführt sind. Ist die Ablage nun nach Produkten aufgebaut, muss entweder mehrfach abgelegt oder der Katalog auseinander genommen werden. Beides ist sicher nicht sehr sinnvoll.

Eine andere Möglichkeit wäre, einen Katalog nach seinem wichtigsten Produkt zuzuordnen, also zum Beispiel in die Mappe mit dem Stichwort „Rasenmäher". In eine andere Mappe mit dem Stichwort „Gartenschläuche" käme dann ein Querverweis mit dem Stichwort „Rasenmäher". Je mehr Produkte ein Hersteller hat, desto umständlicher wird diese Methode. Da kann es sinnvoller sein, alle Kataloge alphabetisch nach Hersteller-Namen abzulegen und sich eine Referenzkartei der Produkte anzulegen. Diese kann mit wirklichen Karteikarten aufgebaut werden oder über einen Computer. Auf einer Karteikarte beziehungsweise in einem Datensatz stehen dann zum Beispiel der Suchbegriff „Rasenmäher" und darunter alle Hersteller, die Rasenmäher im Programm haben und in der Katalogsammlung zu finden sind in alphabetischer Reihenfolge: Ackermann, Bauer, Gartenmeister und so weiter.

Wie wir gesehen haben, bedeutet also der Hinweis, dass man alphabetisch, numerisch oder alpha-numerisch ordnen kann, nichts anderes als eine Empfehlung, Suchkriterien der gleichen Kategorie in einer bestimmten Reihenfolge anzuordnen. Welche Kategorie jeweils als Hauptgliederungs-Merkmal gewählt wird, hängt davon ab,

– wie viele und welche Kategorien vorhanden sind,
– welche für die Suchvorgänge die wichtigste Rolle spielen,
– wie viele Suchkriterien innerhalb einer Kategorie vorhanden sind.

Bei Registraturen, die nur wenige und dazu eindeutige Ordnungskategorien aufweisen und innerhalb der Kategorien homogene Suchkriterien (wie zum Beispiel die folgende Auflistung), ist die Ordnung in der Regel kein großes Problem. Ist man sich über die Hauptsuchkategorie einig, ergibt sich die Art der Codierung für die Reihenfolge meist direkt aus den Suchkriterien dieser Kategorie: Namen wird man alphabetisch, Kunden-Nummern in der numerischen Reihenfolge ordnen.

Art der Registratur	Ordnungskategorien
Kundenablage	Kundenname, Kunden-Nummer, Postleitzahl, Ort
Versicherungsakten	Policen-Nummer, Versicherungssparte, Kundenname
Personalablage	Name des Mitarbeiters, Personal-Nummer
Kreditakten	Name oder Kunden-Nummer des Kreditnehmers, Darlehensart

Auch Kombinationen sind nicht schwierig. So kann man einen Aktenbestand numerisch nach Postleitzahlen sortieren, innerhalb der Postleitzahlen dann alphabetisch nach Kundennamen. Eine solche Ordnung kann zum Beispiel für Außen-
dienst-Mitarbeiter sinnvoll sein.

Wer also zählen kann beziehungsweise die *Regeln für die alphabetische Ordnung*
nach DIN 5007 beherrscht, für den dürfte das Ordnunghalten in solchen Registraturen kein Problem darstellen. Schriftgutablagen wie im obigen Beispiel sind
übrigens meist dadurch gekennzeichnet, dass sie sehr umfangreich sind. Man
denke an Versicherungen oder Banken mit Hunderttausenden oder mehr Kun-
den-Akten, an Vereine und Verbände mit umfangreichen Mitgliederakten, an die
Personalabteilung eines Konzerns mit Hunderten oder Tausenden von Personal-
akten.

Wir haben also ein hohes Schriftgutvolumen, für das wenige Ordnungskategorien
ausreichen. Wahrscheinlich liegt es an dem Umfang dieser Registraturen und ihrem bedeutenden Inhalt, dass sich sowohl Hersteller von ablagetechnischen Mitteln und Dokumentenmanagement-Systemen als auch Organisatoren in der
Hauptsache mit dieser Art Registraturen beschäftigen. Dabei stecken hierin gar
nicht die eigentlichen Probleme. Mit relativ wenig Ordnungssystem-Aufwand
und der richtigen Ablagetechnik können sowohl die Such- und Findezeiten als
auch der Platzbedarf minimiert und die Sicherheit maximiert werden.

Nicht umsonst haben sich Mikroverfilmer und elektronische Datenverarbeiter
auf dem Weg zum *papierlosen Büro* zuerst auf diese Art von Registratur gestürzt,
um die herkömmliche Papierablage zu beerdigen. Die Voraussetzung für eine
wirtschaftliche Anwendung – egal, ob von Mikrofilm oder EDV sind hier durch
einerseits großes Volumen und andererseits einfache Ordnungssystematik optimal gegeben. Leider werden die Erfolgsmeldungen über solche Neuorganisatio-
nen häufig so präsentiert, als ob sie direkt auf alle Arten der Schriftgutablage
übertragbar seien. Und genau das ist der große Irrtum.

Herkömmliche Methode Nummer 2: Stichwortablage

In dem Moment, wo eine Schriftgutablage viele mögliche Ordnungskategorien
enthält und innerhalb dieser Kategorien eine Vielzahl von Kriterien, reicht die
Empfehlung, alphabetisch oder numerisch abzulegen, nicht mehr aus. Rechnen
Sie einmal anhand unseres Ball-Beispiels mit: Wenn wir statt der drei Kategorien
Farbe, Größe und Material mit den insgesamt sieben Kriterien (rot, grün, blau,
klein, groß, Plastik, Gummi) zum Beispiel drei Kategorien mit jeweils zehn Kriterien hätten, dann würden wir bei vollständiger Aufgliederung nicht nur zwölf
Körbe in der letzten Hierarchie-Ebene benötigen, sondern zehn mal zehn mal
zehn, also eintausend Körbe!

Aus der praktischen Beratungserfahrung kann ich Ihnen versichern, dass drei
Kategorien mit jeweils zehn Kriterien für den Großteil der Registraturen, die

nicht zu dem leicht zu ordnenden Massenschriftgut gehören, bei weitem nicht ausreichen. Das leuchtet ein, wenn man sich überlegt, wie viel verschiedenes Schriftgut zum Beispiel in einem Geschäftsleitungs-Bereich anfällt. Alle Informationen, die im Unternehmen existieren, fließen hier zusammen, zumindest extraktweise. Da ist es mit der Ablage nach Kundennamen sicher nicht mehr getan. Da gibt es unter anderem

– Unterlagen über Gründung, Satzung, Geschäftsordnung des Unternehmens,
– Informationen aus den verschiedenen Abteilungen des Unternehmens,
– Unterlagen über die Produkte oder Dienstleistungen des Unternehmens,
– Unterlagen über technisches oder anderes Know-how,
– Unterlagen, die aus der Mitgliedschaft in Verbänden, Vereinen, Arbeitskreisen und so weiter resultieren,
– Verträge und dazugehörendes Schriftgut.

Man braucht allerdings gar nicht bis in den Geschäftsleitungs-Bereich zu gehen. Fast in jeder Abteilung findet sich ein mehr oder weniger großer Wust von Schriftgut, das die verschiedensten Themen betrifft.

Und wie sieht hier die Ordnung in der Praxis aus? Die am meisten verbreitete „Methode", die diesen Namen allerdings nicht verdient, ist die Stichwortablage. Diese fängt meist harmlos an. Plötzlich liegt ein Blatt Papier zu einem neuen Thema – sagen wir „Rauchgas-Reinigungsanlage" – auf dem Schreibtisch. Man macht sich so seine Gedanken dazu, erstellt ein neues Blatt Papier zu diesem Thema, sammelt weitere Informationen, und irgendwann wird es eng in der bisher benutzten Klarsichtfolie. Außerdem verschwindet diese ständig in dem Papierstapel, der auf dem Schreibtisch liegt.

Was tun? Man legt einen Ordner oder eine Hängemappe dafür an. Beschriftet wird er mit einem oder mehreren Stichworten, die uns für dieses Thema als besonders treffend erscheinen – sagen wir „Umweltschutz". Der Ordner wandert, sofern Platz ist, in den Schrank, wo schon viele Ordner mit solchen Stichworten stehen. Mit dem Thema kommen wir vorerst nicht weiter, weil so viele andere, wichtige Dinge erledigt werden müssen.

Eines Tages bekommen wir zu dem Thema „Emissionsschutz" einige Unterlagen, die wir nach Kenntnisnahme in dem Umweltschutzordner ablegen. Unterdessen hat ein Kollege oder die Sekretärin, die ebenfalls Unterlagen zu dem Thema „Emissionsschutz" erhalten oder erstellt haben, auch einen Ordner angelegt. Auf dem steht „Emissionen". Der Ordner steht in einem anderen Schrank als der „Umweltschutzordner", weil alle Ordner nach Suchbegriffen alphabetisch abgestellt sind: E und U liegen weit auseinander.

Während der Urlaubszeit wird das Thema plötzlich brisant. Ein anderer Kollege, der die Stellung hält, soll kurzfristig eine Stellungnahme schreiben – er muss nun schnellstmöglich alle vorhandenen Informationen zusammentragen. So steht er vor dem ersten Schrank und schaut die Suchbegriffe durch – er atmet auf, denn er wird fündig. Zufrieden zieht er mit dem Ordner „Emissionen" ab und baut darauf seine Stellungnahme auf. Den Ordner „Umweltschutz" mit den wichtigen Informationen über die Rauchgas-Reinigungsanlage hat er gar nicht gesehen; in seiner Stellungnahme werden wichtige Aspekte fehlen.

Worin liegen die *Fallen* der Ablage nach Stichworten? Da gibt es eine ganze Menge: Wenn der mit der Stellungnahme beauftragte Sachbearbeiter hätte sichergehen wollen, dass er alle notwendigen Informationen findet, dann hätte er alle Ordner anhand der Suchbegriffe durchgehen müssen. Damit hätte er kostbare Zeit mit Suchen verloren, die er besser in die gedankliche Entwicklung der Stellungnahme investiert hätte. Stichwortablage kostet also Zeit, weil man bei jedem neuen Zugriff unnötige Informationen lesen muss, um die benötigte Information zu erhalten. Das gilt bereits für die eigene Ablage, besonders aber gilt es, wenn man in einer anderen Ablage etwas suchen muss.

Je mehr Akten mit Stichworten existieren, desto größer ist die Wahrscheinlichkeit, dass ein Schriftstück zum gleichen Thema doppelt und dreifach oder noch häufiger abgelegt wird, weil die Umgangssprache Redundanzen aufweist. Das heißt, wir können ein Themengebiet mit verschiedenen Stichworten umschreiben. Deshalb legen wir heute einen Ordner mit dem Stichwort „Umweltschutz" an, unsere Sekretärin legt vier Wochen später einen Ordner mit dem Titel „Emissionen" an, und ein dritter Kollege sucht wiederum zum Thema „Rauchgas-Reinigungsanlage" etwas und wird, wenn überhaupt, nur zum Teil fündig.

Wenn zu einem Stichwort jeweils nur wenige Schriftstücke vorhanden sind, man andererseits nur wenig Platz hat, wird man versuchen, einen Ordner auch mit anderen Schriftstücken aufzufüllen. Das hat oft zur Folge, dass auf den Ordnerrücken ganze Romane stehen, die so unübersichtlich sind, dass man sein gesuchtes Thema darin nur mit Mühe entdecken kann. Auch hierdurch entstehen wieder Zeitverluste.

Es spielt übrigens kaum eine Rolle, ob man eine nur nach Stichworten aufgebaute Ablage alphabetisch nach diesen Stichworten ordnet oder versucht, nach zusammenhängenden Themen zu gruppieren. Wir haben in der Praxis die Erfahrung gemacht, dass bei umfangreichen Ablagen weder das eine noch das andere auf Dauer funktioniert, weil der Zeitaufwand beim Zurückstellen von Akten an die richtige Stelle in beiden Fällen zu hoch ist. Man stellt die Akten meist dort wieder ab, wo Platz ist, sodass letztlich immer ein mehr oder weniger großes Durcheinander die Folge ist. Stichwortablagen funktionieren daher nur dann,

– wenn die Ablage einen geringen Umfang hat,
– wenn nur einer damit arbeitet und sich merkt, wo er welche Schriftstücke ablegt beziehungsweise wo welche Ordner oder Mappen sich befinden. Dieses Prinzip nennen wir *Kopfregistratur* – der Mitarbeiter hat seine Ablage im Kopf. Schlimm ist nur, wenn er in Urlaub fährt oder gar das Unternehmen ver-

lässt. Seinen Kopf kann er schließlich nicht dalassen, und seine Kollegen oder Nachfolger haben ganz andere Dinge im Kopf!

Anhand des Beispiels mit der Rauchgas-Reinigungsanlage wird schnell klar, dass es völlig unerheblich ist, mit welcher Ablagetechnik gearbeitet wird. Ob wir Ordner benutzen oder Hängemappen, ob wir mikroverfilmen oder im Computer papierlos ablegen – der Suchaufwand und die Unsicherheit bei der Stichwortablage bleiben gleich! Wenn also eine elektronische Aktenablage oder Verwaltung mit dem Hinweis vorgestellt wird, dass sie Möglichkeiten bietet, ein Schriftstück zum Beispiel nach *acht Suchbegriffen* abzulegen, dann sollte eine solche Aussage eher abschrecken als begeistern! Wenn dieser Computer nämlich nicht zufällig die gesamte Umgangssprache mit sämtlichen Querverweisen auf Synonyme und sinnverwandte Begriffe und Begriffskombinationen gespeichert hat, lässt sich mit ihm genauso wenig gezielt suchen wie in der Papierablage.

Beispiel: Ein Sachbearbeiter legt ein Schriftstück unter dem Begriff „Kraftfahrzeug" ab und sucht genau dieses Schriftstück vier Wochen später unter dem Begriff „PKW". Natürlich findet er es nicht. Verunsichert sieht er nun unter dem Begriff „Auto" nach. Wieder Fehlanzeige. Der Vorteil des Computers liegt lediglich darin, dass die „Fehlanzeige" schneller kommt.

Fazit: Auch im Computer kann immer nur unter den Stichworten etwas wieder gefunden werden, die vorher eingegeben wurden. Wenn uns für die Eingabe jedoch unser gesamter Sprachschatz mit den vielen undeutlichen und mehrdeutigen Begriffen zur Verfügung steht, kann auch eine elektronische Aktenverwaltung niemals die vollkommene Effizienz erreichen.

Herkömmliche Methode Nummer 3: Aktenplan

Wenn den Mitarbeitern eines Unternehmens die Stichwortablage eines Tages buchstäblich über den Kopf wächst, führt der Chef oder auch die Organisationsabteilung einen Aktenplan ein.

Mehr oder weniger sachdienliche Hinweise, meist nicht sehr umfangreich, finden wir in Literatur und Veröffentlichungen zum Thema Schriftgutverwaltung. Danach soll ein Aktenplan den Gesamtrahmen bilden für die einheitliche Ordnung von Schriftgut in einem Unternehmen oder in einer öffentlichen Verwaltung. Empfohlen wird dann meist, dass zunächst sämtliche Suchbegriffe, die überhaupt denkbar sind, gesammelt und in eine logische Ordnung zu bringen sind. Damit fangen die Probleme meistens schon an. Denkbar ist schließlich vieles. Ob dies alles in einem Aktenplan notwendig ist, ist eine andere Frage. Und was heißt *logische Ordnung?* Für die Abteilung Kundendienst ist vielleicht logisch, ihr Schriftgut zuerst einmal nach Korrespondenzpartnern zu untergliedern und erst innerhalb der Korrespondenzpartner zu unterscheiden, um welches Produkt es bei dem Schriftwechsel geht. Für die Abteilung Produktentwicklung ist es viel wichtiger, erst einmal nach Produkten zu unterscheiden und erst dann, sofern es überhaupt notwendig ist, nach anderen Kriterien.

Je größer ein Unternehmen und je vielfältiger die schriftlich behandelten Themen, desto größer wird das Dilemma mit dem Aktenplan. Oft liest man die Empfehlung, einen solchen Aktenplan dekadisch nach Haupt- und Untergruppen aufzubauen, wobei die Hauptgruppen dann meist eine Mischung aus Kontenplan und Organisationsstruktur des Unternehmens darstellen, zum Beispiel so:

Hauptgruppen eines typischen, nach Dezimalsystem aufgebauten Aktenplanes:

0 = Geschäftsführung
1 = Anlagen
2 = Finanzen und Buchhaltung
3 = Personal- und Sozialwesen
4 = Einkauf
5 = Fertigung
6 = Vertrieb
7 = Verwaltungsorganisation
8 = frei
9 = Privat

Was passiert zum Beispiel, wenn ein Rechtsstreit über eine Versicherungsleistung entbrennt, die eine Großanlage betrifft? Wo wird der Schriftwechsel dazu abgelegt? Unter *0*, weil sich mit diesem Fall die Geschäftsführung beschäftigt? Unter *1*, weil es schließlich um eine Anlage des Unternehmens geht? Oder unter *7*, weil zur Verwaltungsorganisation sowohl Versicherungs- als auch Rechtsangelegenheiten gehören?

In der Praxis wird in solchen Fällen oft mehrfach abgelegt. Wie man sieht, besteht bereits in den Hauptgruppen dieses dezimal aufgebauten Aktenplans eine gewisse Unsicherheit in der Zuordnung. Bedeutend dramatischer wird es, wenn wir in die Untergruppen einsteigen. Nehmen wir zum Beispiel die Gruppe *5* = Fertigung. Eine weitere Aufgliederung könnte beispielsweise so aussehen:

 5 = Fertigung
50 = Planung
51 = Fertigungsstellen
52 = Produktprogramm
53 = Arbeitsvorbereitung
54 = Investitionen
55 = Lager
56 = Qualitätswesen
57 = Unfallverhütung
58 = Fertigungsstatistik
59 = frei

Bedenklich auf den ersten Blick: nur eine Untergruppe, nämlich die 59, ist noch frei. Dies ist der generelle Nachteil des Dezimalsystems: auf jeder Gliederungsstufe gibt es nur zehn Möglichkeiten. Natürlich kann dies auch ein Vorteil sein, da man sich beschränken muss und eine zu tiefe Aufsplittung, die wieder unübersichtlich wird, vermieden wird. Dennoch – je nach Unternehmensentwicklung und Hinzukommen neuer Aufgabengebiete kann so ein System schnell platzen, und was dann?

Schauen wir uns aber die Untergliederung an. Ist sie eindeutig? Wohl nicht ganz, denn für denjenigen, der Schriftgut danach ablegen soll, werden sich viele Fragen ergeben, zum Beispiel:

– Ich erstelle eine Planungsunterlage zu einem bestimmten Teil unseres Produktprogramms – wohin damit? Unter *50* oder unter *52*?
– Die Qualität unserer Lagerverwaltung lässt zu wünschen übrig, eine Änderung der Ablauforganisation wäre erforderlich. Ich schreibe als Mitarbeiter der Verwaltungsorganisation hierüber eine Stellungnahme an die Geschäftsführung. Welches Aktenzeichen bekommt diese Stellungnahme? *0*, weil sie an die Geschäftsführung gerichtet ist? *7*, weil sie von der Verwaltungsorganisation ausgeht? *55*, weil sie die Lagerverwaltung betrifft, oder *56*, weil es um Qualität geht?

Bereits anhand dieser wenigen Beispiele lässt sich erahnen, dass in einem *unternehmenseinheitlichen Aktenplan* eine Menge Fallstricke und Schwachstellen verborgen sein können, die seine eigentlichen Zielsetzungen ganz boykottieren können. Zu diesen Zielsetzungen – das liest man auch immer wieder in der Gebrauchsanweisung zu solchen Aktenplänen – gehören:

– Ein Aktenplan sollte einheitlich von allen Mitarbeitern eines Unternehmens verwendet werden.
– Ein Aktenplan soll eine einheitliche, logische und möglichst eindeutige Ordnung von Unterlagen ermöglichen. Dazu muss er straff und nicht zu detailliert aufgebaut sein, damit er überschaubar und verständlich bleibt.
– Ein Aktenplan soll Zugriff und Ablage beschleunigen.
– Ein Aktenplan muss so flexibel sein, dass jederzeit neue Themen integriert werden können.

Wenn ein solcher Aktenplan jedoch eine Gliederungsstruktur vorgibt, die für einen mehr oder weniger großen Teil der Mitarbeiter unannehmbar ist, wird er nicht akzeptiert und dann wohl auch kaum verwendet. Ebenso, wenn seine Anwendung umständlich ist, weil er zum Beispiel zu dick und zu unübersichtlich ist. Oder, weil er nicht eindeutig ist und Unterlagen sowohl dem einen als auch einem anderen Punkt zugeordnet werden können.

Anhand unseres „Ball-Beispiels" will ich deutlich machen, woraus diese Probleme bei einem vorstrukturierten Aktenplan für die praktische Anwendung resultieren. Allerdings wollen wir jetzt annehmen, dass wir uns im Unternehmen eines Ball-Fabrikanten befinden und dort das Schriftgut ordnen sollen. Wir geben nun – als Chef, Organisator oder im besten Fall als Registratur-Arbeitskreis – vor, dass das Schriftgut wie folgt zu sortieren ist: zuerst nach Farbe (blau, gelb, rot), dann nach Größe (groß, klein), dann nach Material (Gummi, Plastik). Den Aktenplan, in dem dies festgehalten wird, bauen wir nach Dezimalsystem auf, das heißt, jede Ordnungskategorie bekommt eine Stelle. Die Farbe ist die Hauptgruppe, die Größe die Gruppe, das Material die Untergruppe. Die ganze Sache sieht dann so aus:

1	Blaue Bälle
11	groß
111	Gummi
112	Plastik
12	klein
121	Gummi
122	Plastik
2	Gelbe Bälle
21	groß
211	Gummi
212	Plastik
22	klein
221	Gummi
222	Plastik
3	Rote Bälle
31	groß
311	Gummi
312	Plastik
32	klein
321	Gummi
322	Plastik

Und nun kommen wir zu den Problemen, von denen wir uns nur die drei wichtigsten unter die Lupe nehmen wollen:

Aktenplan-Problem Nummer 1

Bei drei Ordnungskategorien (Farbe, Größe, Material) und insgesamt sieben Ordnungskriterien (blau, gelb, rot, groß, klein, Gummi, Plastik) muss der Aktenplan 21 Positionen aufweisen, um alle Möglichkeiten abzudecken. Daraus folgt: je mehr Ordnungskategorien und Kriterien vorhanden sind, desto umfangreicher wird so ein Aktenplan – übrigens gleich, ob er streng dekadisch (jede Stelle nur 10 Möglichkeiten) oder anders aufgebaut ist. Der einzige Vorteil eines volldekadisch aufgebauten Aktenplanes besteht darin, dass er eine engere Grenze vorgibt. Wie eng diese Grenze ist, können wir schnell nachrechnen: bei Hauptgruppe, Gruppe und Untergruppe mit jeweils zehn Möglichkeiten würde der Aktenplan genau 1110 Positionen umfassen. Selbst wenn bei der erstmaligen Erarbeitung eines solchen Aktenplanes viele Positionen freigelassen werden – sie sind vorhanden und werden im Laufe der Zeit sicher aufgefüllt.

Durch eine vorgegebene Struktur ergibt sich also eine Vielzahl von Positionen, weil sämtliche für die Ablage erlaubten Kombinationen aus Kategorien und Kriterien von Anfang an festgelegt werden. Um in einem solchen numerisch strukturierten Plan gezielt einen Suchbegriff zu finden, gibt es für den Anwender nur zwei Möglichkeiten: entweder er hat das ganze Gebäude im Kopf und weiß, dass *Versicherungen* zur Hauptgruppe *Verwaltungsorganisation* gehört. Oder man sortiert den gesamten Plan alphabetisch nach Stichworten, sodass der Anwender direkt das Stichwort suchen kann. Dann ergibt sich ein anderes Problem. Man erkennt es sofort, wenn wir unseren Beispiel-Aktenplan alphabetisch sortieren:

1	Blaue Bälle
2	Gelbe Bälle
11	groß
21	groß
31	groß
111	Gummi
121	Gummi
211	Gummi
221	Gummi
311	Gummi
321	Gummi
12	klein
22	klein
32	klein
112	Plastik
122	Plastik
212	Plastik
222	Plastik
312	Plastik
322	Plastik
3	Rote Bälle

Das einfache Beispiel deckt das Dilemma auf. Wenn wir zum Beispiel einen großen, roten Gummiball im alphabetischen Verzeichnis unter *Gummi* suchen, finden wir den Begriff Gummi gleich sechsmal und müssen nun umgekehrt über die Nummer suchen, welches der große, rote ist.

Ein solches Vorgehen ist zeitaufwändig, macht keinen Spaß und verursacht beim Anwender Aversionen, sich überhaupt mit einem solchen Plan zu beschäftigen. Ein Beispiel aus der Praxis: wir führten einmal ein Organisationsprojekt in einem Unternehmen durch, das Industrieanlagen baut. In diesem Unternehmen gab es ein nach Dezimalsystem aufgebautes Verzeichnis der Unterlagen, die diese Industrieanlagen betrafen. Das Verzeichnis hieß *IDK*, also *Industrieanlagen-Dezimal-Klassifikation*. Es war sehr umfangreich und wies unter anderem genau die gerade beschriebenen Mängel auf – eine alphabetische Suchbegriffsliste gab es allerdings nicht. Die Mitarbeiter tauften das Werk um. *IDK* hieß bei ihnen nur „I don't know". Entsprechend spärlich wurde dieser Plan in der Schriftgutablage verwendet, die Mitarbeiter zogen Stichworte als Suchkriterien vor.

Aktenplan-Problem Nummer 2

Ich habe es schon angedeutet, das Problem Nummer 2. Was ist, wenn ein Teil der Mitarbeiter mit der vorgegebenen Struktur nichts anfangen kann, weil die Such- und Ablagebedürfnisse der Abteilung dem entgegenstehen? Wenn, um bei unserem Beispiel zu bleiben, eine Abteilung weder Größe noch Farbe an erster Stelle interessiert, sondern das Material der Bälle – weil die Abteilung zum Beispiel mit der Materialprüfung beschäftigt ist? Nach dem oben aufgeführten Aktenplan ist es unmöglich, alles Schriftgut, das Plastikbälle betrifft, zusammenzufassen. Schauen Sie einmal nach in dem Plan: Plastikbälle tauchen dort unter sechs verschiedenen Nummern auf: 112, 122, 212, 222, 312, 322. Dabei wäre es gerade in dieser Abteilung wichtig, solche Unterlagen zusammengefasst abzulegen und erst, wenn der Schriftgutumfang zum Thema *Plastik* größer wird, weiter zu untergliedern, zum Beispiel zuerst nach Farbe, dann nach Größe. Was, glauben Sie, passiert in der Praxis, wenn eine solche Problemstellung auftritt? (Und sie tritt bei Aktenplänen dieser Art fast immer auf!) Es kommt darauf an, wie verbindlich die Anweisung ist, dass alle Mitarbeiter nach Aktenplan ablegen müssen. Ist die Anweisung nicht sehr verbindlich, werden die Mitarbeiter der Abteilung Materialprüfung sich den Teufel scheren um den Aktenplan und ihre Unterlagen so ablegen, wie sie sie am schnellsten finden.

Ist allerdings bei Nichtbeachtung der Anweisung mit Druck zu rechnen, verfallen viele auf eine List und basteln sich ihren eigenen Teil zum Aktenplan, der auf den ersten Blick ganz so aussieht wie der offizielle: Gliederung in Haupt- und Untergruppen, dekadischer Aufbau:

1	Gummi
11	blau
111	groß
112	klein
12	gelb
121	groß
122	klein
13	rot
131	groß
132	klein
2	Plastik
21	blau
211	groß

212	klein
22	gelb
221	groß
222	klein
23	rot
231	groß
232	klein

Was im ersten Moment unverfänglich wirkt, entpuppt sich beim zweiten Hinsehen als *Kommunikationsfalle.* Vergleichen Sie einmal, welche Nummer ein großer, blauer Plastikball im offiziellen Aktenplan beziehungsweise im Abteilungs-Aktenplan hat. Im ersten Fall trägt er die Nummer 112, im zweiten Fall 211!

Wenn also die Abteilung Materialprüfung zum Beispiel ein Schreiben über den großen, blauen Plastikball schickt und dieses Schreiben mit der Nummer 211 versieht, wandert das Schreiben in der Empfänger-Abteilung, sofern diese sich an den offiziellen Aktenplan hält, in den Ordner 211, der jedoch Schriftgut über große, gelbe Gummibälle enthält – und schon ist das Schreiben auf Nimmerwiedersehen verschwunden. Denn der eventuelle Rückgriff wird über den Ordner 112 erfolgen!

Das klingt kompliziert? Ist es auch. Sie können sich vorstellen, dass das, was in unserem einfachen Beispiel schon ziemlich kompliziert klingt, in der Praxis mit der Vielzahl von Suchbegriffen noch viel komplizierter und letztlich gar nicht mehr durchschaubar ist. Dass diese Haken tatsächlich existieren, erkennt man, wenn ein offizieller Aktenplan kaum verwendet wird oder wenn es trotz offiziellen Aktenplanes Probleme beim Suchen, Ablegen und Finden gibt, wenn dies alles zu lange dauert und wenn der Platz knapp wird, weil viele Unterlagen mehrfach registriert werden.

Aktenplan-Problem Nummer 3

Bei den ersten beiden Problemen sind wir davon ausgegangen, dass ein Aktenplan streng logisch, mit sauberer Unterscheidung nach Kategorien und Kriterien aufgebaut ist. In der Praxis stellt sich die Aufgabe, einen unternehmenseinheitlichen Aktenplan zu erarbeiten, nicht immer so einfach dar. Denn dort wird versucht, aus der Fülle von bisher als Suchbegriffe verwendeten, umgangssprachlichen Stichworten eine Struktur zu machen. Und Sie erinnern sich sicher, was wir anfangs über unsere Umgangssprache gesagt haben – sie ist höchst mehrdeutig, oft ungenau und macht klare Abgrenzungen, was nun eigentlich Kategorien, was Kriterien sind, oft sehr schwierig. Was passieren kann, wenn ein solcher Plan in sich unlogisch aufgebaut ist, will ich wieder anhand unseres „Ball-Beispiels" demonstrieren:

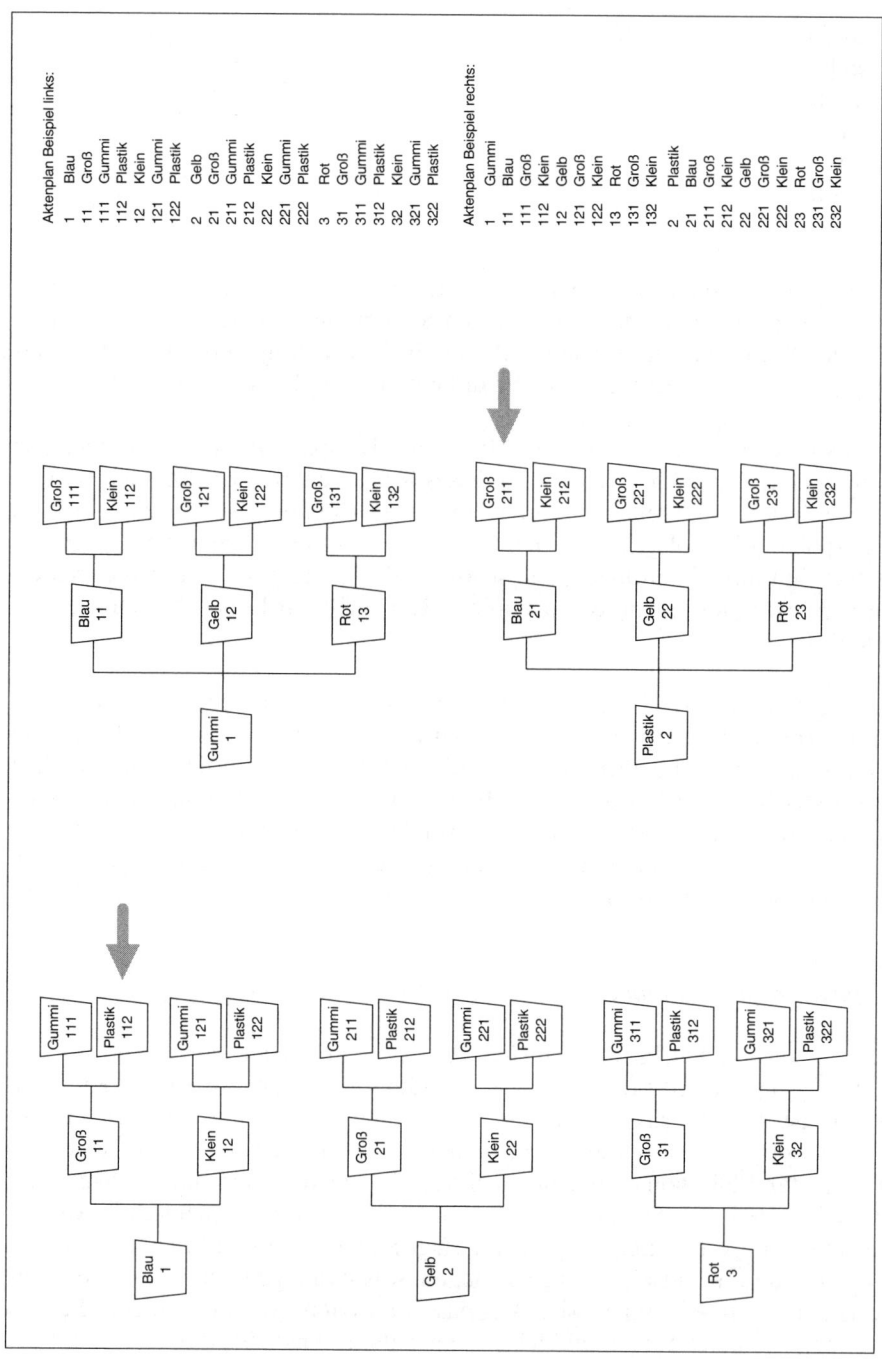

Abbildung 8: Ordnung nach konventionellem Aktenplan

1	blau
11	groß
111	Gummi
112	Plastik
12	klein
121	Gummi
122	Plastik
2	groß
21	Gummi
211	blau
212	gelb
213	rot
22	Plastik
221	blau
222	gelb
223	rot
3	Naturstoff
31	groß
311	blau
312	gelb
313	rot
32	klein
321	blau
322	gelb
323	rot

Haben Sie es gemerkt? Dieser Aktenplan enthält gleich zwei entscheidende Fehler:

– Zum einen enthält er verschiedene Gliederungen. Punkt 1 gliedert sich zuerst nach der Kategorie Farbe, dann nach Größe, dann nach Material. Bei den Punkten zwei und drei ist es plötzlich umgekehrt, hier wird zuerst nach der Kategorie Material unterschieden, dann nach Größe, dann nach Farbe.
– Zum anderen werden verschiedene Begriffe für gleiche Inhalte verwendet. Gummi und Naturstoff sagen in diesem Fall das Gleiche aus.

Was sind die Folgen dieser Fehler? Nun, wo würden Sie zum Beispiel ein Schriftstück über einen großen, blauen Gummiball ablegen? Sie haben drei Möglichkeiten: 111, 211 oder 311. Suchen Sie sich eine aus! (Aber vergessen Sie nicht, Kopien in die anderen Mappen zu legen, denn es könnte ja sein, dass Ihr Kollege das Schriftstück in einem der beiden anderen Ordner sucht.)

Die Folgen sind entweder Mehrfachablagen, die Platz kosten, oder unvollständige Ablagen – immer da, wo man sucht, ist das Schriftstück gerade nicht – und vor allem ein erhöhter Zeitaufwand!

Nach so viel Kritik am guten, alten Aktenplan denken Sie nun womöglich, man sollte diesen endgültig begraben. Ganz so schlimm ist es nicht. Für bestimmte Einsatzgebiete und unter Beachtung und Einhaltung gewisser Voraussetzungen kann er durchaus vernünftige Dienste leisten. Die wichtigsten Voraussetzungen sind:

– Ein streng logischer Aufbau, der in sich keine Mehrdeutigkeiten durch Vermischung des Gliederungsprinzips oder durch verschiedene Begriffe für gleiche Inhalte aufweist.
– Einsatz nur dort, wo die gesamte Schriftgutablage vom Umfang her gering ist und wo die Aufgabenstellungen und Ablagebedürfnisse aller Mitarbeiter weitgehend homogen sind, sodass sich alle nach einer Gliederung richten können.
– Zentrale Pflege des Aktenplanes, dass heißt Durchführung von Änderungen und Ergänzungen nur durch eine Stelle, die auch die verbindliche, einheitliche Anwendung durch alle Mitarbeiter überwacht.

Werden diese Grundsätze beachtet, dann kann ein vorstrukturierter Aktenplan tatsächlich helfen, mehr Transparenz in die Ablage zu bringen. Bei Nichtbeachtung sind die Folgen allerdings noch schlimmer als bei der bloßen Stichwortablage. Denn zu allen Nachteilen der Stichwortablage kommt hinzu, dass auch noch ein aufwändiger Aktenplan mit hohem Zeitaufwand geführt und gepflegt wird, der konkret nicht oder nicht korrekt angewandt wird. Ein Aktenplan nach dem Motto *l'art pour l'art* wird jedoch leicht zum teuren Spaß.

5.2 Die Alternative: Das Bausteinsystem

Zugegeben, im vorhergehenden Kapitel bin in mit den herkömmlichen Methoden der Schriftgut-Ordnung nicht gerade zimperlich zu Gericht gegangen. Ich halte es jedoch für wichtig, all die Haken und Ösen an diesen Methoden sichtbar zu machen, die in der praktischen Anwendung immer wieder auftreten und verhindern, dass eine Schriftgutablage das ist, was sie – trotz des altmodischen Datenträgers Papier – sein kann: ein Informationssystem.

Die EDV-Cracks mögen mir verzeihen, dass ich dieses Wort für ein so banales Thema wie Ablage missbrauche. Das Wort Informationssystem weckt heutzutage schließlich ganz andere Assoziationen – Computer an jedem Arbeitsplatz, auf geheimnisvolle Weise so miteinander verwoben, dass jeder Berechtigte auf Knopfdruck gezielt und jederzeit die vollständigen und richtigen und vor allem aktuellsten Informationen bekommt, die im Unternehmen gerade vorhanden sind.

Die Wirklichkeit sieht jedoch in den meisten Branchen auch heute noch ganz anders aus. Selbst dort, wo Informationssysteme dieses Kalibers bereits installiert

sind, decken sie in der Regel nur einen Teilbereich der gesamten Informationsmenge ab.

Ein weiterer, wichtiger Teilbereich befindet sich wie eh und je in den Köpfen der
Mitarbeiter (das wird übrigens trotz Computerisierung – hoffentlich – auch so
bleiben). Und wieder ein weiterer Teilbereich schlummert in der Schriftgutablage. Denn auch die wird es, wie wir wissen, trotz Computer weiterhin geben.

Das *Schlummern* ist jedoch genau das Problem. Viele einmal abgelegte Informationen verschwinden auf Nimmerwiedersehen im Blättermeer der Ablage, weil
der Kompass fehlt, um sie gezielt wieder anzusteuern. Aber, gibt es das, ein *Sesam-öffne-dich*-Ordnungssystem, das aus der Schriftgutablage ein Informationssystem macht? Ein System, nach dem man – wie im Computer – gezielt vollständige und aktuelle Informationen zu einem bestimmten Thema schnell zusammenstellen kann? Ein System, das darüber hinaus auch noch andere Anforderungen
erfüllt, nämlich

- Anwendbarkeit auf *alle* Arten von schriftlich fixierten Informationen, ganz unabhängig vom Datenträger – sei er nun Papier, Mikrofilm, Diskette, Platte
  oder optischer Speicher!
- Möglichkeit der einheitlichen Anwendung durch alle Mitarbeiter eines Unternehmens, ohne dass diese auf ihre speziellen Informations- und Ablagebedürfnisse verzichten müssen!
- Eignung für alle Arten von Ablagen im Unternehmen, seien sie nur gering
  oder sehr umfangreich mit grober oder sehr detaillierter Gliederung!
- Flexibilität und Erweiterbarkeit in Hinblick auf neue Aufgabenstellungen, die
  im Unternehmen auftreten können.
- Schnelligkeit, Eindeutigkeit und Sicherheit in der Anwendung – ohne zu großen Aufwand zu erlernen und zu benutzen!
- Möglichkeit der EDV-gestützten Anwendung und Nutzung ihrer Vorteile!

Die Wunschliste ist anspruchsvoll, und dennoch, die Erfüllung ist nicht unmöglich. Es gibt tatsächlich eine Methode, die diese Anforderungen zu einem hohen
Teil erfüllen kann. Ich sage absichtlich: „zu einem hohen Teil" und nicht „hundertprozentig". Ein perfektes System gibt es nämlich nicht. Warum? Ganz einfach: weil ein solches System von Menschen entwickelt und angewendet wird.
Und Menschen sind nun mal nicht perfekt in dem, was sie denken und tun. So
werden auch bei Anwendung eines guten Systems Fehler gemacht. Das System
ist jedoch umso besser, je mehr es Fehler ausschließt – und dazu kann man einige
Tricks einbauen.

Fangen wir von vorne an. Sie erinnern sich an unsere Bälle aus dem letzten Kapitel? Anhand dieses Beispiels haben Sie gesehen, was Ordnen eigentlich bedeutet:
zuerst Dinge zu unterscheiden anhand bestimmter Merkmale und dann all diejenigen Dinge (in unserem Beispiel Bälle)zusammenzufassen, die die gleichen
Merkmale aufweisen. Farbe, Größe und Material waren die Merkmale oder *Ka-*

tegorien, nach denen wir die Bälle unterschieden und zusammengefasst, also geordnet hatten.

Übertragen wir das Ganze nun auf die Menge der Schriftstücke einer Registratur beziehungsweise der Schriftstücke, die neu erstellt werden oder mit der Post eingehen und dann bearbeitet, verteilt und schließlich abgelegt werden. Wonach können wir diese Schriftstücke beziehungsweise ihre Inhalte grundsätzlich unterscheiden? Welche Informations-Kategorien, die wir als Ordnungskategorien benutzen könnten, sind in Schriftstücken enthalten? Am besten ist das herauszufinden, indem wir die berühmten W-Fragen stellen:

Wann wurde das Schriftstück erstellt beziehungsweise wann ist es eingegangen? Briefe und andere Schriftstücke sollten immer ein *Erstelldatum* tragen. Eingehende Post bekommt im Unternehmen normalerweise einen Eingangsstempel, aus dem das *Eingangsdatum* ersichtlich ist. Abgesehen davon, dass das Datum aus rechtlichen Gründen äußerst wichtig sein kann, ist es auch ein Kriterium für die Ablage – nämlich für das chronologische Sortieren von Schriftstücken, zum Beispiel Tageskopien, Schriftverkehr.

Wer hat das Schriftstück verfasst und geschrieben? Antwort: der *Ersteller.* Dieser geht aus dem Absender, der Unterschrift sowie dem Diktatzeichen hervor. Oder er ist als Sachbearbeiter mit Namen und Telefon-Nummer extra ausgewiesen (meist bei Behörden). Kann der *Ersteller* ein Kriterium sein, nach dem man Schriftstücke ablegt und wieder sucht? Im Einzelfall sicher denken Sie an den Geschäftsführer, der regelmäßige Meldungen oder Berichte getrennt nach erstellenden Abteilungen oder Sachbearbeitern aufhebt. Und auch Suchkriterium kann der Ersteller hin und wieder sein: „Da haben wir doch einmal einen Brief von Professor Soundso bekommen – wo haben wir den denn abgelegt?"

An wen, über wen steht in dem Schriftstück etwas geschrieben oder *um wen* geht es dabei? Antwort: Hier handelt es sich um Personen – natürliche oder juristische, also einzelne Menschen, wie den Geschäftsführer des Unternehmens, Kunden, den Bürgermeister der Stadt, den Professor Soundso oder Frau Müller aus der Rechtsabteilung. Oder es handelt sich um juristische Personen – das können andere Unternehmen sein, Lieferanten, Verbände, Ämter, Behörden. Wir wollen diese Informationskategorie im folgenden *Bezugsperson* nennen. Auch diese kann Ablage- und Suchkriterium sein. Korrespondenz wird zum Beispiel oft nach Namen der Korrespondenzpartner abgelegt, kundenbezogene Unterlagen nach Kundennamen, Kataloge nach Lieferantennamen.

Um was geht es eigentlich im Text? Geht es um Gegenstände, wie zum Beispiel die Industrieanlage, die das Unternehmen baut, oder die Schreibtische, die neu angeschafft werden müssen – oder um das Verwaltungsgebäude, das neu errichtet werden soll? Oder geht es um abstrakte Inhalte, die man im Gegensatz zu den Sachen nicht „anfassen" kann. Zum Beispiel Dienstleistungen oder Tätigkeiten, wie Planung, Bau, Montage, Betrieb, Wartung oder Buchhaltung, Werbung,

Beratung oder Themen wie Umweltschutz, Kernenergie, Unternehmensphilosophie. All dies sind Stichworte, wie sie zum Beispiel auf Ordner-Rücken als Suchbegriffe für die dort abgelegten Inhalte verwendet werden. Diese beiden Informationskategorien wollen wir *Gegenstand* und *Sachgebiet* nennen.

Wie heißt das einzelne Schriftstück selbst? Schriftstücke haben in der Regel Namen, die sich aus ihrem Inhalt ergeben: Rechnungen, Briefe, Berichte, Übersichten, Angebote, Aufträge und so weiter. Der Sammelbegriff für all diese Namen heißt *Unterlagenart*. Auch die Unterlagenart wird häufig als Suchbegriff für die Ablage verwendet. Sie kennen selbst sicher Ordner oder Mappen, auf denen steht: „Rechnungen A-F" oder „Schriftwechsel 1998".

Das wievielte Schriftstück derselben Kategorie haben wir vor uns liegen? Sie erinnern sich – wenn alle Bälle im Korb rot sind, aus gleichem Material und gleich groß, müssen wir sie durchnummerieren, um einen ganz bestimmten Ball wieder zu finden. Genauso ist es mit Schriftstücken, die sich in Art und Inhalt sehr ähnlich sind – zum Beispiel Rechnungen. Da man nicht ausschließen kann, dass an einem Tag zwei Rechnungen an den gleichen Kunden ausgestellt werden, erhalten sie eine Rechnungs-Nummer. Nach dieser kann eine Rechnung wesentlich schneller wieder gefunden werden. Wir nennen eine solche Nummerierung *Identifizierung* und die Nummer *Ident-Nummer*.

Aus unserem Fragespiel haben wir also folgende *Informations-Kategorien* erhalten:

- *Erstelldatum*
- *Ersteller, Bezugsperson*
- *Gegenstand*
- *Sachgebiet*
- *Unterlagenart*
- *Ident-Nummer*

Überlegen Sie einmal. Fällt Ihnen aus Ihrem Arbeitsbereich irgendeine schriftliche Information ein, die in Schriftgut enthalten ist und die nicht in eine oder mehrere dieser Kategorien eingeordnet werden kann? Ich habe bisher ungefähr dreitausend Leuten (Kaufleuten, Technikern, Sekretärinnen, Sachbearbeitern und anderen aus dem „White-collar"-Bereich) diese Frage gestellt. Ein Ja habe ich nie zu hören bekommen.

Mir selbst fällt auch keine weitere Informationskategorie ein. Alle im Schriftgut enthaltenen Informationen kann ich einordnen. Ein paar Beispiele mögen das verdeutlichen:

- Ein Grundrissplan des Verwaltungsgebäudes: Informationskategorien: *Gegenstand* (Verwaltungsgebäude) und *Unterlagenart* (Grundrissplan).

- Eine Rechnung über das Ziehen eines Zahnes an einen Patienten. Informationskategorien: *Bezugsperson* (Patient) *Gegenstand* (Zahn), *Sachgebiet* (Ziehen) und *Unterlagenart* (Rechnung).
- Ein Protokoll einer Aufsichtsratssitzung. Informationskategorien: *Bezugsperson* (Aufsichtsrat), *Sachgebiet* (Sitzung) und *Unterlagenart* (Protokoll).
- Ein Angebot über den Bau eines Walzwerks für die Volksrepublik China. Informationskategorien: *Bezugsperson* (Volksrepublik China), *Gegenstand* (Walzwerk), *Sachgebiet* (Bau) und *Unterlagenart* (Angebot).

Wir könnten die Liste beliebig fortsetzen, und Sie können sicher sein, dass wir alles unterbringen würden.

Was machen wir nun mit diesen Informationskategorien? Wir benutzen sie als Bausteine für ein Ordnungssystem und machen daraus ein Raster, das zum Beispiel so aussehen kann:

Bezugsperson · Gegenstand · Sachgebiet – Unterlagenart

In diesem Raster hat jede Informationskategorie ihren festen Platz. Wozu nun dieses Raster? Es hat folgende Aufgaben:

Der Inhalt eines Schriftstückes kann in Kurzform in diesem Raster verpackt werden. Anhand des ausgefüllten Rasters kann man sich daher mit einem Blick informieren, worum es in dem Schriftstück geht und wo es in der Ablage zuzuordnen ist. Das Raster dient also zum einen zur Kennzeichnung von Schriftstücken. Ein Beispiel: Vor uns liegt ein Brief an den Kunden Meier, in dem es um die Reparatur seiner Waschmaschine geht. Verpackt im Raster sieht der Inhalt des Schreibens so aus:

Kunde Meier · Waschmaschine · Reparatur-Brief

Haben Sie übrigens gemerkt, dass wir im Raster einige Informationskategorien unterschlagen haben? Das Erstelldatum, der Ersteller und die Ident-Nummer fehlen nämlich. Mit voller Absicht. Diese drei Informationskategorien stehen in der Regel ohnehin immer an exponierter Stelle auf einem Schriftstück. Man erkennt sie dort auch auf den ersten Blick und muss sie deshalb nicht noch einmal wiederholen. Die übrigen Inhalte sind dagegen nicht so schnell zu erkennen – der Bearbeiter oder der Ersteller des jeweiligen Schriftstückes muss deshalb im Raster klar definieren, um was es geht. Er muss festlegen, welche Begriffe in diesem Raster stehen sollen. Denn nach diesen Begriffen wird das Schriftstück bei der Ablage dem jeweiligen Schriftgutbehälter zugeordnet. Dazu muss die zweite Aufgabe des Rasters erfüllt sein, nämlich die Kennzeichnung der Schriftgutbehälter entsprechend ihrem Inhalt. Auf einem Ordner, der zum Beispiel alle

Schriftstücke enthält, die den Kunden Meier betreffen – sei es, dass es um die Reparatur der Waschmaschine, um deren Kauf, um Rechnungen, um Anfragen nach einer neuen Waschmaschine geht –, würde das Raster daher so aussehen:

Kunde Meier

Warum fehlen hier plötzlich die anderen Informationskategorien? Weil es in den gesammelten Schriftstücken nicht nur um die Reparatur der Waschmaschine geht, sondern um alles, was mit dem Kunden Meier zu tun hat. Auf dem Schriftgutbehälter steht daher immer nur der gemeinsame Nenner, der auf alle enthaltenen Schriftstücke zutrifft.

Noch eine Funktion hat unser Raster: Gliederung der gesamten Schriftgutablage, das heißt, je nachdem, in welche Hierarchie wir die Bausteine des Rasters bringen, wird gegliedert. Um das zu verdeutlichen, wollen wir unser Ballbeispiel wieder heranziehen. Allerdings wollen wir jetzt annehmen, dass wir uns im Unternehmen eines Ball-Fabrikanten befinden und dort das Schriftgut ordnen sollen. Stellen wir uns vor, wir haben für die Ordnung des Schriftgutes zu unseren Bällen folgendes Raster:

Farbe · Größe · Material

Wenn wir nun auf jedem Schriftstück einen Stempel in Form dieses Rasters hätten, könnten wir alle Schriftstücke eindeutig kennzeichnen. Geht es um einen kleinen, roten Gummiball würde das Schriftstück demzufolge so gekennzeichnet:

---

rot · klein · Gummi

Zu einem großen, blauen Plastikball dagegen würde der Rasterstempel so aussehen:

---

blau · groß · Plastik

Stellen wir uns nun einen Stapel von Schriftstücken vor, in dem es um verschiedene Farben, Größen und Materialien geht – alles total unübersichtlich. Da wol-

len wir nun Ordnung hineinbringen. Das heißt, wir müssen die Schriftstücke
irgendwie sortieren. Wonach sortieren wir zuerst? Nach Farbe, Größe oder Material? Das hängt davon ab, wonach wir im Bedarfsfall zuerst suchen. Interessiert
uns die Farbe am meisten, dann nehmen wir uns jetzt drei Ordner und kennzeichnen diese mit dem Raster:

rot	blau	grün

Auf jedem Ordner steht nur die erste Ordnungskategorie, nämlich die Farbe –
diese ist der gemeinsame Nenner für alle Schriftstücke im jeweiligen Ordner.
Nun sortieren wir alle Schriftstücke, in deren Raster unter der Kategorie Farbe
rot steht, in den entsprechenden Ordner und verfahren mit den blauen und grünen Schriftstücken analog. Nach dieser Arbeit stellen wir fest, dass in dem Ordner mit den roten Schriftstücken nur sehr wenige liegen – die Übersicht ist daher
noch ganz gut. In den beiden anderen Ordnern befinden sich jeweils sehr viele
Schriftstücke – zu verschiedenen Farben und Größen. Die Übersicht ist schlecht.

Wir müssen diese Schriftstücke also noch einmal unterteilen. Wonach sortieren
wir nun? Auch das hängt wieder davon ab, wonach wir später innerhalb der gleichen Farbe am häufigsten suchen – nach der Größe oder nach dem Material?
Wenn es die Größe ist, dann unterteilen wir die beiden Ordner „blau" und
„grün" mit je zwei Registern:

blau · groß	blau · klein	grün · groß	grün · klein

Nun ist die Übersicht schon viel besser geworden, da die Menge der Schriftstücke
pro Ordner nicht mehr so groß ist. Lediglich der Ordner mit Schriftstücken über
grüne, kleine Bälle ist ziemlich voll. Viele werden wir dort nicht mehr ablegen
können. Daher machen wir aus diesem Ordner zwei und trennen nach Material,
nämlich nach Gummi- und Plastik. Die beiden Ordner tragen damit folgendes
Raster:

grün · klein · Gummi	grün · klein · Plastik

Nun ist die Übersicht optimal, das heißt, wir sehen auf einen Blick, wo sich zum
Beispiel Information über einen kleinen, blauen Plastikball befindet. Auch die
Zuordnung fällt leicht, da jeder Ordner beschriftet ist. Wir haben in diesem Bei-

spiel also die Ablage gegliedert, indem wir die einzelnen Ordnungskategorien oder *Bausteine* in eine hierarchische Reihenfolge zueinander gebracht haben:

– erstes Gliederungsmerkmal: Farbe
– zweites Gliederungsmerkmal: Größe
– drittes Gliederungsmerkmal: Material

Diese Art der Gliederung könnte zum Beispiel innerhalb einer Abteilung, deren Aufgabe die Farbgebung für die Bälle ist, durchaus sinnvoll sein. Was macht jedoch die Abteilung Materialprüfung? Hier interessiert. doch in erster Linie das Material, aus dem die Bälle beschaffen sind. Folglich müssten hier die Unterlagen zuerst nach Material gegliedert werden. Die hierarchische Reihenfolge der Ordnungs-Bausteine müsste hier daher so aussehen:

– erstes Gliederungsmerkmal: Material
– zweites Gliederungsmerkmal: Größe
– drittes Gliederungsmerkmal: Farbe

Und die ersten beiden Ordner, in die die verschiedenen Schriftstücke sortiert würden, müssten mit folgendem Raster gekennzeichnet sein:

Gummi	Plastik

Ist der Ordner mit Schriftstücken über verschieden große und verschiedenfarbige Plastikbälle voll, sortieren wir die enthaltenen Unterlagen nach Größen in zwei Ordner mit der Rasterkennzeichnung:

groß · Plastik	klein · Plastik

Platzt nun zum Beispiel der Ordner mit den Unterlagen zu den kleinen Plastikbällen aus den Nähten, sortieren wir diese in drei Register nach Farben:

rot · klein · Plastik	blau · klein · Plastik	grün · klein · Plastik

Wenn Sie jetzt einmal in beiden Abteilungen nachsehen, welche Rasterkennzeichnung dort jeweils der Ordner trägt, in dem Unterlagen zu grünen, kleinen Plastikbällen liegen, werden Sie etwas Erstaunliches feststellen. Beide Ordner tragen genau die gleiche Kennzeichnung. Erinnern Sie sich an unser Beispiel im

Kapitel Aktenplan? Dort hatten auch zwei Abteilungen nach unterschiedlicher Hierarchie gegliedert und prompt für dieselben Inhalte zwei verschiedene Aktenplan-Nummern verwendet – wir hatten von einer Kommunikationsfalle gesprochen.

Offensichtlich besteht diese Gefahr in dem gerade gezeigten Beispiel nicht – denn hier tragen beide Körbe genau das gleiche Raster. Dass dies tatsächlich so ist, hängt mit der Struktur des Rasters und der Codierung zusammen, wie wir im Folgenden sehen werden.

Unser Raster gibt vor, welche Ordnungsbausteine wir in unserem System maximal benutzen können, und es ordnet jedem Baustein seinen unverwechselbaren Platz zu. Eingetragen wird unter dem jeweiligen Baustein das für das Schriftstück zutreffende Suchkriterium, für einen roten Ball im Baustein *Farbe* also *rot*:

FARBE · GRÖSSE · MATERIAL

---

  rot

Nun ist es aber unzweckmäßig, in den jeweiligen Baustein tatsächlich Suchkriterien in Form von Begriffen einzutragen. Denn nach Begriffen zu ordnen ist immer schwieriger als zum Beispiel nach Nummern oder Buchstaben. Deshalb werden die Suchbegriffe codiert. Nichts anderes passiert in einem Aktenplan: Die Begriffe erhalten jeweils eine Nummer, zum Beispiel einen Dezimalcode, und danach wird abgelegt.

Sie haben sich mittlerweile sicher an unser Beispiel mit den Bällen gewöhnt. Wir werden es daher weiter benutzen, um zu zeigen, wie auf der Basis des Ordnungsrasters ein Ordnungssystem entstehen kann. Die Übertragung auf die *richtigen Ordnungskategorien* für Schriftgut, wie wir sie bereits beschrieben haben, ist dann nicht mehr schwer. Stellen wir uns also vor, wir müssen ein Ordnungssystem für Unterlagen zu den unüberschaubar vielen, verschiedenfarbigen Bälle entwickeln. Wie gehen wir vor?

Zuerst schauen wir uns die Schriftstücke an und finden heraus, welche unterschiedlichen Merkmale sie aufweisen. So erhalten wir unsere Ordnungskategorien oder Bausteine *Farbe, Größe, Material*. Nun sammeln wir für jeden Baustein sämtliche Kriterien, die wir finden können, und tragen sie in eine Liste ein:

Farben: rot
          blau
          grün

Größen: groß
             klein
Material: Gummi
             Plastik

Im nächsten Schritt überlegen wir uns eine Abkürzung für jedes Kriterium. Wie der Name Abkürzung schon sagt, sollte diese möglichst kurz sein und könnte zum Beispiel so aussehen:

Farben: rot   = R
             blau   = B
             grün   = G
Größen: groß   = 1
             klein   = 2
Material: Gummi   = g
             Plastik   = p

Wir bringen nun die Liste in eine übersichtlichere Form:

Suchkriterium	Farbe · Größe · Material		
blau	B		
grün	G		
rot	R		
groß		1	
klein		2	
Gummi			g
Plastik			p

Erinnern Sie sich, wie lang der Aktenplan für die Gliederung der Bälle war? Er umfasste genau 21 Positionen und enthielt dabei nur eine mögliche Art der Gliederung. Mit unserer Liste, die insgesamt nur sieben Begriffe enthält, haben wir jedoch die Grundlage für sämtliche möglichen und gewünschten Gliederungsstrukturen geschaffen. Wir können alle Schriftstücke, die nun auftauchen, kennzeichnen. Ebenso, wie wir sämtliche Ordner, die je nach Schriftgutvolumen angelegt werden müssen, kennzeichnen können. Konkret hätten wir für unser Beispiel genau 118 Kombinationsmöglichkeiten.

Egal, ob die eine Abteilung zuerst nach Farbe gliedert und die andere Abteilung zuerst nach Größe oder Material – die Bezeichnung der Schriftstücke und Ordner wird in beiden Abteilungen immer die gleiche sein – wenn folgende Regel eingehalten wird: bei der Kennzeichnung muss die Reihenfolge der Bausteine im Raster immer die gleiche sein! Dies alles wollen wir konkret demonstrieren:

Kennzeichnen wir zur Übung zuerst einige Schriftstücke mit unserem Raster:

Farbe · Größe · Material

R	· 1	· p	= rot, groß, Plastik
B	· 2	· g	= blau, klein, Gummi
G	· 2	· p	= grün, klein, Plastik

Nun probieren wir das mit einigen Ordnern entsprechend ihrem Inhalt:

Farbe · Größe · Material

R			= ein Ordner mit Unterlagen zu roten Bällen
R	· 1		= ein Ordner mit Unterlagen zu großen, roten Bällen
R	· 1	· p	= ein Ordner mit Unterlagen zu großen, roten Plastikbällen
G	· 2	· g	= ein Ordner mit Unterlagen zu kleinen, grünen Gummibällen
		p	= ein Ordner mit Unterlagen zu Plastikbällen
	1		= ein Ordner mit Unterlagen zu großen Bällen

Das Prinzip ist einfach: das Raster für den Ordner enthält immer nur die Suchkriterien, die auf alle Schriftstücke im Ordner in gleicher Weise zutreffen. Das kann manchmal auch nur ein Kriterium sein wie in den letzten beiden Beispielen: steht nur ein *p* im Raster, wissen wir, dass die Schriftstücke in diesem Ordner zwar alle Plastikbälle betreffen, die aber wahrscheinlich verschieden groß und verschiedenfarbig sind.

Wenn es gelingt, die Codierung für jeden Baustein so zu wählen, dass eindeutig erkennbar ist, um welchen Baustein es sich handelt, dann genügt es tatsächlich, nur einen Baustein auszufüllen, auch wenn es die Größe oder das Material ist, also zum Beispiel *p*. An dem kleinen *p* erkennen wir, dass es sich um eine Materialkennzeichnung handelt, denn alle Materialkennzeichnungen in unserer Liste sind mit kleinen Buchstaben codiert.

Die Farben sind dagegen mit großen Buchstaben, die Größen mit Ziffern codiert. Gelingt es nicht, wie in unserem Beispiel, die Codierung so eindeutig zu machen, dann übernimmt der Platz im Raster die Auskunft, um welchen Baustein es sich handelt. Auf dem ersten Platz ist in unserem Beispiel die Farbe, auf dem zweiten die Größe, auf dem dritten das Material. Würden wir nur den Material-Baustein ausfüllen, müssten wir auf den ersten beiden Plätzen kennzeichnen, dass diese Bausteine nicht belegt sind. Dies geschieht in der Regel durch Schreiben einer 0. Würden wir das nicht tun, dann könnten wir – wenn zum Beispiel alle Bausteine mit kleinen Buchstaben codiert sind –, gar nicht feststellen, ob unser kleines *p* eine Farb-, Größen- oder Materialkennzeichnung ist.

Nun will ich zeigen, wie zwei Abteilungen mit verschiedenen Ablagebedürfnissen ihre Unterlagen sortieren können, ohne dass eine Kommunikationsfalle entsteht.

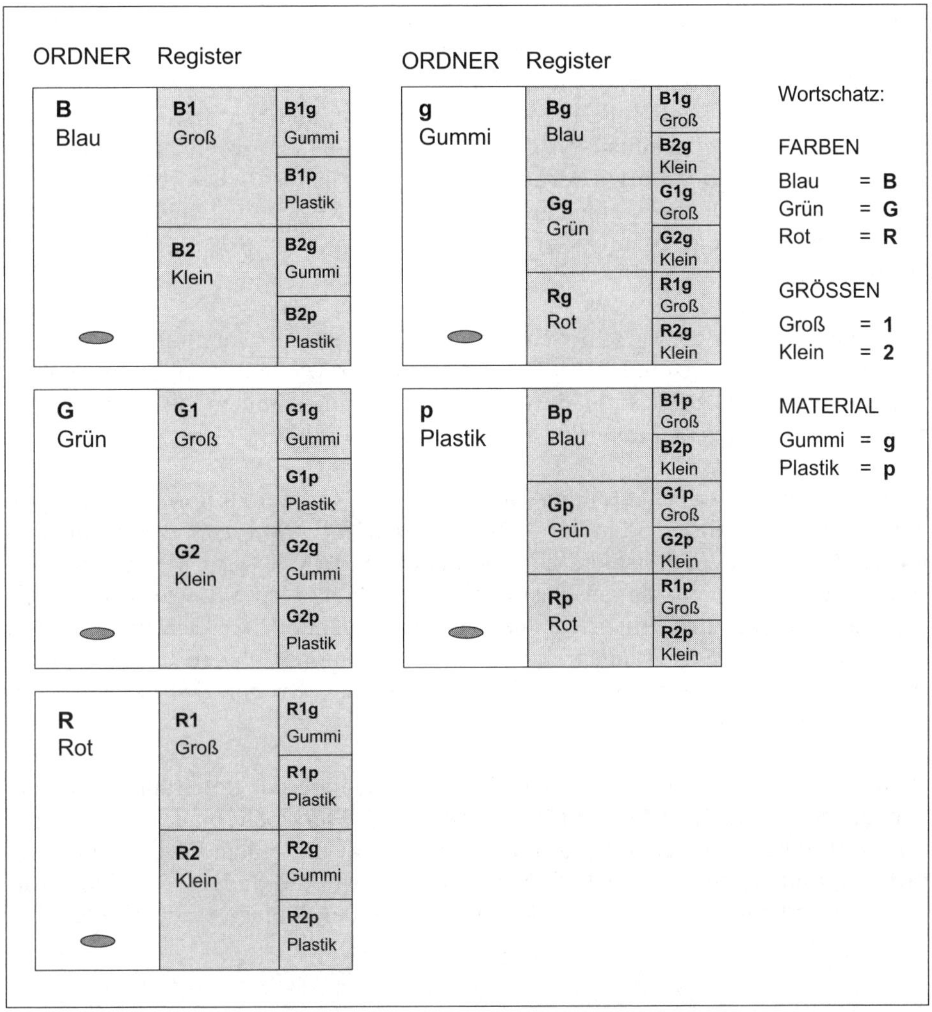

ORDNER	Register	
B Blau	**B1** Groß	**B1g** Gummi
		B1p Plastik
	B2 Klein	**B2g** Gummi
		B2p Plastik
G Grün	**G1** Groß	**G1g** Gummi
		G1p Plastik
	G2 Klein	**G2g** Gummi
		G2p Plastik
R Rot	**R1** Groß	**R1g** Gummi
		R1p Plastik
	R2 Klein	**R2g** Gummi
		R2p Plastik

ORDNER	Register	
g Gummi	**Bg** Blau	**B1g** Groß
		B2g Klein
	Gg Grün	**G1g** Groß
		G2g Klein
	Rg Rot	**R1g** Groß
		R2g Klein
p Plastik	**Bp** Blau	**B1p** Groß
		B2p Klein
	Gp Grün	**G1p** Groß
		G2p Klein
	Rp Rot	**R1p** Groß
		R2p Klein

Wortschatz:

FARBEN

Blau = **B**
Grün = **G**
Rot = **R**

GRÖSSEN

Groß = **1**
Klein = **2**

MATERIAL

Gummi = **g**
Plastik = **p**

Abbildung 9: Ordnung nach Bausteinsystem

Nehmen wir an, die Abteilung *Farben* will ihre Unterlagen erst nach Farben, dann nach Größen, dann nach Material sortieren. Sie legt sich entsprechend die Ordner und Register an, wie sie in Abbildung 9 (linkes Bausteinsystem) dargestellt sind.

Die Abteilung *Materialprüfung* dagegen möchte zuerst nach Material, dann nach Größe, dann erst nach Farbe sortieren – ihre Gliederung ist in Abbildung 9 (oben) gezeigt. Wohin legen nun die Abteilungen jeweils ein Schriftstück über einen großen, blauen Plastikball ab?

Selbstverständlich in den Ordner mit der Rasterkennzeichnung *B. 1. p,* die in beiden Abteilungen exakt übereinstimmt. Natürlich hat auch das Schriftstück in beiden Abteilungen dieselbe Kennzeichnung. Was ist verschieden? Lediglich die Gliederung. In der Abteilung *Farben* ist es möglich, alle Schriftstücke zu Bällen der gleichen Farbe in einem Ordner zusammenzufassen, wenn auf Grund der Menge eine weitere Untergliederung nicht erforderlich ist – die Abteilung *Materialprüfung* kann dagegen zunächst alle Schriftstücke unter dem Begriff *Plastik* zusammenfassen und ebenfalls erst weiter gliedern, wenn dies auf Grund der Menge nötig ist.

Dies zeigt deutlich die verschiedenen Prioritäten, die die Abteilungen beim Suchen und Ablegen setzen. Haben beide Abteilungen wie in der Abbildung 9 konsequent bis zur letzten Stufe durchgegliedert, dann stimmen die Rasterkennzeichnungen für *große, blaue Plastikbälle* exakt überein.

Was wäre, wenn in der Abteilung *Farben* nur drei Ordner zu jeweils roten, grünen und blauen Bällen und in der Abteilung *Materialprüfung* nur zwei Ordner zu jeweils Gummi- oder Plastikbällen vorhanden sind? Wie wird hier ein Schriftstück zu einem großen, blauen Plastikball zugeordnet? Hier gilt, wie Abbildung 9 zeigt, auch wieder das Prinzip des gemeinsamen Nenners: das Schriftstück trägt das Raster: *B.1.p.* Das *B* entspricht der Bezeichnung des blauen Ordners in der Abteilung *Farben,* das *p* passt zu der Bezeichnung des Ordners *Plastik* in der Abteilung *Materialprüfung.*

Wenn nun ein Mitarbeiter aus der einen in der anderen Abteilung dieses bestimmte Schriftstück sucht, dann kennt er dessen Merkmale blau, groß, Plastik. Er kennt außerdem das Ordnungsprinzip und sieht mit einem Blick an der Anordnung und Rasterkennzeichnung der Ordner, wie die andere Abteilung sortiert. Damit kann er sich auch in der für ihn fremden Ablage zurechtfinden.

5.3 Schriftgut statt Bälle

Was in unseren bisherigen Beispielen für Bälle galt, lässt sich ohne weiteres auf Schriftgut zu allen anderen Themen übertragen.

Will man für eine bestehende Ablage ein Ordnungssystem nach der Bausteinmethode entwickeln, geht man im Prinzip genauso vor wie im letzten Kapitel beschrieben. Zuerst muss festgestellt werden, welche Informationskategorien vorhanden sind. Im Prinzip können dies maximal die schon beschriebenen sein: Ersteller, Erstell-/Eingangsdatum, Bezugsperson, Gegenstand, Sachgebiet, Unterlagenart, Ident-Nummern. Dennoch muss dieses Grundschema des Rasters für jedes Unternehmen neu überprüft werden. Es kann sein, dass einzelne Kategorien davon überhaupt nicht für die Ablage notwendig sind.

In einem Dienstleistungsunternehmen zum Beispiel, wie einer Organisationsberatung, kommen kaum Gegenstände als Ablagebegriffe vor, da sich die Dienstleistungen auf Tätigkeiten wie zum Beispiel Schriftgutorganisation oder Neubauplanung beziehen. In einem solchen Fall kann man auf die Kategorie Gegenstand ganz verzichten. Grundsätzlich hängt die Aufnahme einer Kategorie in das Raster davon ab, ob sich dahinter qualitativ und quantitativ ausreichend Kriterien befinden, sodass sich die Aufnahme lohnt. Oft lassen sich einzelne Kriterien durch Benutzung eines anderen Begriffes leicht in eine andere Kategorie integrieren, zum Beispiel, wenn man „Neubauplanung" sagt an Stelle von „Neubauten". Ziel sollte nämlich immer sein, mit möglichst wenigen Kategorien auszukommen, um das Raster möglichst kurz zu halten.

Sind die mindestens notwendigen Kategorien identifiziert, werden die Suchbegriffe für jede Kategorie zusammengestellt. Dies ist allerdings nicht so ganz einfach, und es gehört eine gehörige Portion Sprachempfinden und Erfahrung dazu, um hierbei keine Fehler zu machen, die hinterher bei der Anwendung zum Bumerang der Zweideutigkeiten werden.

Ich habe eingangs von den Problemen gesprochen, die unsere Sprache in Hinblick auf eine eindeutige Verständigung mit sich bringt – sie enthält viele Redundanzen und Ursachen für Missverständnisse. Dessen muss sich bewusst sein, wer Suchbegriffs-Listen für ein Baustein-Ordnungs-System erarbeitet. In der Praxis bewährt hat sich bei uns folgendes Verfahren: Wir sammeln zunächst möglichst viele der Stichworte, die im Ist-Zustand für die Ablage verwendet werden. Dann ordnen wir diese Stichworte den entsprechenden Kategorien zu. Hierzu gehört allerdings einiges an Erfahrung und Routine. Die so entstandenen Suchbegriffslisten werden dann gemeinsam mit den Mitarbeitern, die später mit der Ablage arbeiten, in einem Arbeitskreis überarbeitet. Dabei wird für jeden Begriff geprüft, ob er für die Ablage überhaupt notwendig ist oder ob seine Bedeutung durch andere Begriffe bereits abgedeckt ist. Ist dies der Fall, wird er gestrichen. Es geht also hierbei um die möglichst vollständige Ausschaltung von Redundanzen und damit von Mehrdeutigkeiten. Beispiel: In den Unterlagenarten-Listen tauchen immer wieder folgende Begriffe auf: Schriftverkehr, Schriftwechsel, Korrespondenz, Briefe, Post und so weiter. Alle Begriffe bedeuten im Prinzip das Gleiche. Der Arbeitskreis muss sich hierbei auf einen verbindlichen Begriff einigen.

Außerdem wird geprüft, ob er, falls er notwendig ist und keine Redundanzen hat, korrekt ist – diese Überprüfung ist vor allem im technischen Bereich sehr wichtig.

Es wird auch geprüft, ob alle notwendigen Begriffe erfasst sind, gegebenenfalls wird ergänzt. Auf diese Weise wird eine Art Ablagewortschatz erarbeitet, der alle die Suchbegriffe enthält, die später innerhalb des einheitlichen Ordnungssystems für die Ablage verwendet werden dürfen. Dieser Wortschatz enthält damit die einheitliche Fachsprache, ohne die eine Ablage nicht eindeutig aufgebaut und geführt werden kann.

Um noch einmal auf ein anfangs erwähntes Beispiel zurückzukommen: Wird für ein Schriftstück der Begriff *AUTO* als Suchkriterium verwendet, dann kann niemals jemand später danach unter dem Begriff *KFZ* oder unter *PKW* suchen, weil eben nur der Begriff *AUTO* in diesem Wortschatz steht. Um den Mitarbeitern die Anwendung des Wortschatzes zu erleichtern, kann man Synonyme mit Querverweis aufnehmen, also so: *PKW* (siehe Auto). Da jedoch eine vollständige Synonymerfassung in dieser Form umso arbeitsaufwändiger wird, je größer das Unternehmen ist, verzichten wir in der Praxis meist darauf oder nehmen nur besonders häufig verwendete Synonyme auf. Erfahrungsgemäß gewöhnen sich die Mitarbeiter sehr schnell an die erlaubten Suchbegriffe.

Steht für jede Kategorie fest, welche Begriffe darin aufgenommen werden sollen, dann müssen diese Begriffe codiert werden. Idealerweise erhält jede Kategorie eine eigene, unverwechselbare Art der Codierung – zum Beispiel die erste Kategorie eine alphabetische, die zweite eine alpha-numerische, die dritte eine numerische. Möglich ist auch, anhand des Umfangs der Codierung zu unterscheiden – zum Beispiel zweistellig numerisch oder vierstellig numerisch.

Welche Codierung man innerhalb einer Kategorie wählt, hängt zum einen davon ab, wie viele Suchbegriffe vorhanden sind. Man muss auch an die Erweiterungsfähigkeit denken, das heißt, neue Begriffe müssen im Laufe der Zeit aufgenommen werden können. Die Codierung darf also nicht zu knapp ausgelegt sein. Haben wir zum Beispiel bereits 88 Unterlagenarten, dann ist es unzweckmäßig, eine zweistellige, numerische Codierung zu wählen. Es wären dann nämlich nur noch 11 Begriffe frei. Zum anderen hängt die Art der Codierung jedoch auch davon ab, ob man innerhalb einer Kategorie nur gleichrangige Suchbegriffe benutzt oder ob diese Suchbegriffe strukturiert werden. Anhand der Kategorie Unterlagenart will ich diesen Unterschied demonstrieren:

Sie können einmal nur Hauptbegriffe benutzen und diese durchnummerieren, also zum Beispiel:

1. Berichte
2. Meldungen
3. Verträge

Sie können jedoch auch Haupt- und Unterbegriffe in die Liste aufnehmen, die auch entsprechend codiert werden müssen, zum Beispiel so:

1.   Berichte
1.1 Besprechungsberichte

1.2 Geschäftsberichte
2. Meldungen
2.1 Fertigmeldungen
2.2 Störungsmeldungen
3. Verträge
3.1 Gesellschaftsverträge
3.2 Konzessionsverträge

Sie sehen schon – wenn man strukturiert, dann wird die Liste unter Umständen sehr lang, und die Codierung im Raster wird länger, je mehr Kategorien strukturierte Suchbegriffe enthalten. Generell können wir die Zielsetzung bei der Erarbeitung von Kategorien, Suchbegriffslisten und Codierungen so formulieren:

– Das Raster soll sich aus möglichst wenigen Kategorien zusammensetzen.
– Innerhalb der Kategorien sind nur die absolut notwendigen Suchbegriffe für die Ablage aufzunehmen. Diese müssen den Mitarbeitern geläufig sein und dürfen untereinander keine Redundanzen enthalten.
– Eine Struktur sollte für die Suchbegriffe innerhalb einer Kategorie nur dort gemacht werden, wo sie eindeutig möglich ist. (Dies ist am häufigsten im Baustein Gegenstand der Fall.) Die Struktur sollte nicht zu detailliert sein, da sonst die Codierung zu lang wird.
– Die Codierung der einzelnen Suchbegriffslisten sollte so kurz wie möglich ausfallen, wobei dennoch ausreichend Reserven einzukalkulieren sind.
– Jede Kategorie sollte ihre eigene Codierung erhalten, die sich eindeutig von den anderen unterscheidet. Dadurch spart man das Schreiben von „führenden Nullen" (Beispiel: 0.0.UA)

Zur Codierung sei hier noch etwas Grundsätzliches gesagt – ich tue das auch fast immer, bevor wir bei unseren Kunden im Arbeitskreis mit der Begriffsbereinigungs-(Knochen-)arbeit loslegen. Als geplagter Büromensch, der sowieso mit Routinearbeiten überlastet ist, wäre es uns am liebsten, wenn das Aktenzeichen klitzeklein wäre.

Das geht natürlich. Man kann Raster und Codierung so auslegen, dass wir mit extrem wenig Stellen auskommen. Der Aufwand für die Auszeichnung von Schriftstücken und Behältern ist demzufolge kaum der Rede wert. Das Problem dabei ist jedoch, dass wir damit keine Ordnung in die Ablage bekommen, weil unter ein Aktenzeichen eine Menge Schriftstücke passen. Wenn wir bei unseren Bällen zum Beispiel nur die Kategorie *Farbe* als Ordnungsmittel benutzen, dann haben wir plötzlich eine Unzahl von Bällen, die alle rot sind. Innerhalb dieser roten Bälle herrscht jedoch das große Chaos. Wir haben im Raster ja keine Möglichkeit mehr zu kennzeichnen, ob es sich um Plastik- oder Gummibälle, um große oder kleine Bälle handelt.

Das Gegenbeispiel ist natürlich auch denkbar. Man kann schließlich alles verschlüsseln – bis zur letzten Einzelheit. Dann wird das Raster jedoch so lang, dass seine Ausfüllung länger dauert als die Erstellung des gesamten Schriftstückes.

Zusammengefasst heißt das, Anwendungsaufwand und erreichbarer Ordnungs-Nutzen müssen in einem vernünftigen Verhältnis stehen. Dieses Verhältnis lässt sich leider nicht allgemein quantifizieren. Es muss in jedem Unternehmen neu herausgefunden beziehungsweise mit den Anwendern regelrecht ausgehandelt werden. Denn schließlich gibt es eine Reihe unternehmenseigener Faktoren, die dieses Verhältnis beeinflussen, zum Beispiel die mehr oder weniger große Aufgabenvielfalt, die Anzahl und Motivation der Mitarbeiter, die mit dem Ordnungssystem arbeiten, den Umfang der Registraturen.

Sind die Suchbegriffslisten erarbeitet, bereinigt und codiert, dann muss noch über die Anwendungsregeln des Systems gesprochen werden. Dabei sind hauptsächlich folgende Fragen zu klären:

Wer schreibt das Aktenzeichen? Oft fragen uns angstvoll die Sekretärinnen, ob sie nun für jedes Schriftstück, das der Chef verfasst, das Aktenzeichen festlegen müssen. Das hängt davon ab, wie weit die Sekretärin fachlich „im Stoff" steht. Selten wird sie das Fachgebiet genauso gut beherrschen und kennen wie der Chef (zum Glück für den Chef, sonst wäre dieser ja überflüssig). Daher sollte in der Regel der Verfasser interner beziehungsweise der erste, interne Bearbeiter externer Schriftstücke das Aktenzeichen festlegen. Dieser weiß nämlich am besten, worum es geht und nach welchen Kriterien ein späterer Zugriff erfolgt, und der zeitliche Aufwand für die Festlegung des Aktenzeichens ist bei der Erstellung beziehungsweise ersten Bearbeitung am geringsten – bei jeder späteren Gelegenheit müsste der Inhalt noch einmal gelesen werden. Für Schriftgutbehälter sollte der- oder diejenige das Aktenzeichen festlegen, der oder die für den Ablagebereich zuständig ist – und das kann durchaus auch die Sekretärin sein.

Wo sollte das Aktenzeichen stehen? Auf jeden Fall immer an derselben Stelle. Auf Schriftgutbehältern bietet sich die erste Zeile der Beschriftungsmöglichkeit an, sei dies der Ordnerrücken oder das Beschriftungsschildchen im Steckreiter der Hängeregistratur. Auf einzelnen Schriftstücken muss – unter Berücksichtigung des unternehmenseigenen „Outfits" der Schriftstücke – ein guter Platz gefunden werden. Idealerweise wird das Raster zum Beispiel auf Briefbögen mit vorgedruckt.

Man kann auch Stempel benutzen oder das Aktenzeichen unter „unser Zeichen" setzen, wenn der Platz dort ausreicht. Wichtig ist eben nur, dass das Aktenzeichen seinen festen, unverwechselbaren Platz auf Schriftstücken zugeteilt bekommt.

Oft taucht auch die Frage auf, wie vollständig das Raster ausgefüllt werden muss. Hier ist zu unterscheiden zwischen Schriftstücken und Behältern. Auf Schriftstücken sollten mindestens so viele Bausteine vom Verfasser/Bearbeiter ausgefüllt werden, wie für die eigene Ablage, also für die Zuordnung zu ebenfalls mit Aktenzeichen beschrifteten Behältern, notwendig ist. Geht von einem solchen Schreiben eine Kopie in eine andere Abteilung, die diese Kopie unter zusätzlichen Aspekten bearbeitet, dann muss dort gegebenenfalls das Aktenzeichen ergänzt werden, wenn dies für die Ablage erforderlich ist.

Ein Beispiel mag dies verdeutlichen. Der kaufmännische Vorstand bekommt einen Brief vom Gewerbeaufsichtsamt zum Thema Emissionsschutz respektive neue Rauchgas-Reinigungsanlage. Nach der Bearbeitung erhält der Brief ein Aktenzeichen, das sich aus zwei Bausteinen, nämlich Bezugsperson und Unterlagenart zusammensetzt: Gewerbeaufsichtsamt.Brief. Dieses Aktenzeichen reicht, weil die Behälter in der kaufmännischen Vorstands-Ablage ausschließlich nach Bezugspersonen gegliedert sind. Vor der Ablage schickt der Vorstand seinem technischen Kollegen jedoch eine Kopie dieses Briefes. Dieser ergänzt nun nach Kenntnisnahme das Aktenzeichen um die Kategorie *Gegenstand,* weil die Rauchgas-Reinigungsanlage angesprochen ist und weil seine Ablage in erster Linie nach Gegenständen gegliedert ist. Der gemeinsame Nenner auf Original und Kopie sind die Bezugsperson und die Unterlagenart.

Allerdings sollte sich auch der Vorstand überlegen, ob er nicht gleich alle Bausteine ausfüllt, über die in dem Schriftstück Information enthalten ist. Wenn nämlich irgendwann ein Ordner zu einer Bezugsperson zu voll wird, muss er untergliedert werden. Das wäre dann ganz einfach – und vor allem delegierbar. Die Sekretärin könnte mühelos eine Registerunterteilung beispielsweise nach Gegenständen oder Sachgebieten einführen, und zwar ohne großen Zeitaufwand. Sie braucht sich nur nach dem Aktenzeichen zu richten, ein zeitaufwändiges Durchlesen entfällt.

Bei Schriftgutbehältern ist die Sache anders. Hier wird grundsätzlich von jedem nur der gemeinsame Nenner ausgefüllt. Dies kann oft nur ein Baustein sein. Zum Beispiel die Bezugsperson: auf einem Ordner steht nur „Gewerbeaufsichtsamt". Innerhalb des Ordners gibt es jedoch eine Gliederung nach verschiedenen Themen, wie zum Beispiel Umweltschutz, Arbeitsschutz. Die Grundregel heißt: auf einem Schriftgutbehälter braucht immer nur so viel zu stehen, wie nötig ist, um ihn klar von seinen Nachbarn zu unterscheiden. Reicht daher ein Baustein nicht aus – weil wir zum Beispiel zwei Ordner haben, auf denen „Gewerbeaufsichtsamt" steht –, dann muss zumindest bei einem der beiden Ordner eine Ergänzung her. Das kann ein weiterer Baustein sein oder auch eine Erweiterung außerhalb des Aktenzeichens, zum Beispiel eine Jahreszahl oder ein Nummernkreis, wenn es nicht anders geht, auch Stichworte. Solche Ergänzungen sind häufig erforderlich, weil eben im Aktenzeichen nicht alles hundertprozentig verschlüsselt ist, da dies zu viel Aufwand bedeuten würde.

Stichworte innerhalb eines Aktenzeichens können in Einzelfällen daher durchaus sinnvoll sein. Der *Einstieg* in die Ordnung muss jedoch immer über das Aktenzeichen erfolgen. Der tatsächliche Detaillierungsgrad innerhalb einer Schriftgutablage ist aber einzig und allein abhängig von der Schriftgutmenge. Wenn wir wenig Papier innerhalb eines Ordners oder einer Mappe haben, werden wir dieses nicht blattweise mit weiteren Aktenzeichen oder Ergänzungen unterteilen. Insofern ist der tatsächliche Anwendungsaufwand des Aktenzeichens wesentlich geringer, als die Mitarbeiter der Arbeitskreise bei Erarbeitung der Suchbegriffslisten und Codierungen oft befürchten.

Suchbegriffslisten mit Codierung sowie Anwendungsregeln und ein Einführungstext ergeben den *Registraturleitfaden*. Dieser sollte alles enthalten, was ein Mitarbeiter für den Aufbau und die Bedienung einer Ablage benötigt. Besonders für neue Mitarbeiter ist ein solcher Registraturleitfaden eine große Hilfe, sich schneller in den unbekannten Aufgabenbereich einzuarbeiten.

Ist der Registraturleitfaden fertig, dann können bestehende Ablagen auf das neue Ordnungssystem umgestellt werden. Hierzu muss zunächst für jede zusammenhängende Ablageeinheit – das kann die Ablage eines einzelnen Mitarbeiters sein, jedoch auch eine Gruppen- oder Abteilungsablage – festgelegt werden, in welcher Reihenfolge gegliedert werden soll. Das heißt, die Bausteine müssen in eine Prioritätenfolge gebracht werden. Ganz wichtig ist dabei folgende Regel: innerhalb einer zusammenhängenden Ablageeinheit darf nur eine Prioritätenfolge verwendet werden. Ahnen Sie den Grund? Richtig, wenn nämlich die Gliederung ständig wechselt, haben wir plötzlich innerhalb einer Ablage mehrere Möglichkeiten, das gleiche Schriftstück abzulegen. Also nochmals: nur eine Prioritätenfolge für die Gliederung. Diese müssen Sie sich vorher also gut überlegen. Stellen Sie sich folgende Fragen:

– Welche Suchkriterien sind mir bekannt, wenn ich Schriftstücke suche?
– Nach welchem Suchkriterium suche ich zuerst?
– Welcher gemeinsame Nenner trifft auf die meisten Unterlagen zu, die ich in der Ablage habe?

Nach der Beantwortung dieser Fragen ist meist klar, in welcher Reihenfolge Sie sinnvollerweise gliedern müssen. Bevor Sie nun das Schriftgut endgültig neu sortieren können, will ich Ihnen noch zwei sehr praktische Hilfen erklären. Die eine ist der Einsatz von Farben, die andere das Festlegen von Bahnen.

Demonstrieren lässt sich das Ganze am besten am Beispiel der vertikalen Hängeregistratur – und noch einmal an unserem Ballbeispiel. Wir stellen uns jetzt jedoch wieder vor, dass wir nicht Bälle, sondern Schriftgut über diese Bälle ablegen. Für unsere Gliederung haben wir folgende Prioritätenfolge der Bausteine festgelegt:

– 1 = Farbe
– 2 = Größe
– 3 = Material

Auf einer Hängemappe wäre Platz für fünf Steckreiter, die die Beschriftung für die jeweilige Mappe tragen. Natürlich bekommt jede Mappe nur einen Reiter. Wo wir diesen aufsetzen, hängt davon ab, welcher Baustein für den Inhalt der Mappe maßgebend ist. So wird jedem Baustein sein Bereich zugewiesen. Ganz links, also in der Gliederungshierarchie ganz oben, ist der Platz für den Baustein *Farbe*. In der Mitte, an zweiter Stelle also, der Baustein *Größe,* ganz rechts der Baustein *Material.*

Nun noch etwas. Jeder Baustein bekommt seine eigene Farbe, das heißt, am farbigen Beschriftungsschildchen erkennt man sofort von weitem, ob wir es mit dem Baustein Farbe, Größe oder Material zu tun haben. In unserem Beispiel teilen wir dem Baustein Farbe die Signalfarbe rot zu, dem Baustein Größe blau und dem Baustein Material gelb.

Farben sind ein optisch hochwirksames Orientierungsmittel. Sie ermöglichen Ihnen, innerhalb Ihrer Ablage gezielt beziehungsweise selektiv auf Schriftstücke zuzugreifen. Wenn Sie zum Beispiel ein Schriftstück betreffend das Material suchen, steigen Sie direkt in den gelben Bereich ein und ignorieren alles andere. Dadurch kann der Zugriff erheblich beschleunigt werden.

Wenn die Suchbegriffe innerhalb einer Kategorie sehr umfangreich und dazu tief strukturiert sind, kann es auch sinnvoll sein, diesem Baustein mehrere Farben zuzuteilen, zum Beispiel rosa, rot, orange. Auf diese Weise lässt sich optisch noch wirkungsvoller differenzieren.

Sie sehen, mit einem richtigen Ordnungssystem als Basis gewinnen auch die ablagetechnischen Hilfsmittel eine zusätzliche und sinnvolle Bedeutung, indem sie die Ordnung durch geschickten Einsatz wirksam unterstützen können.

Haben Sie es nicht mit Hängemappen, sondern zum Beispiel mit Ordnern zu tun, dann übertragen Sie das Prinzip der Farben und Bahnen einfach auf Ordnerrücken und Registereinlagen. Farbige Klebe-Etiketten sind hierzu die richtigen Hilfsmittel.

5.4   Ein Systembaukasten für Ihre private Ordnung

Sicher wollen Sie jetzt wissen, wie so eine codierte Suchbegriffsliste aussieht, wenn sie fertig ist und was man alles damit anstellen kann. Dazu nehmen wir uns ein praktisches Beispiel, das jedem Leser wohl bekannt sein müsste. Denn wenn man wie wir in einem hochzivilisierten Land lebt, bleibt einem auch als Privatmensch die Bürokratie nicht erspart.

Von Geburt an gibt es jeden von uns auch auf Papier. Das Ganze beginnt mit der Geburtsurkunde und endet, wie könnte es anders sein, irgendwann mit dem Totenschein. Dazwischen liegen je nach Lebenslänge und darin entwickelten Aktivitäten mehr oder weniger große Papierberge, die unser Privatleben dokumentieren. Und die, möglichst geordnet, aufbewahrt werden müssen.

Je nach Mentalität ist die private Ablage oft ein noch größeres Chaos als die im Büro. Denn schließlich gibt es zu Hause keinen Chef, der einem bei größeren Katastrophen, die aus etwaiger Unordnung entstanden sind, den Marsch bläst (oder doch?). Und obwohl die Privatablage vom Umfang her selten professionelle Ausmaße erreicht, ist es mit ihrer Ordnung gar nicht so einfach. Weil sie ziemlich vielfältig ist und damit die Gefahr birgt, in einen undurchdringlichen Stichwort-Urwald auszuwuchern.

Da gibt es einmal die vielen hochoffiziellen Urkunden, wie zum Beispiel Geburts-, Tauf-, Kommunions- oder Konfirmationsurkunden sämtlicher Familienmitglieder, Heirats-, eventuell auch Scheidungsurkunden, Familienstammbuch und so weiter. Dann gibt es Dokumente, die Ausbildungs- und Berufsweg belegen, angefangen von den Grundschulzeugnissen bis hin zu Arbeitszeugnissen verschiedener Arbeitgeber. Dann haben wir das Heer von Belegen, die unsere finanzielle Situation im Lauf der Jahre dokumentieren, angefangen von Kontoauszügen der Banken, Kredit- oder Darlehensverträgen, Sparurkunden- und -büchern und so weiter. Schließlich haben die meisten von uns ein Dach über dem Kopf. Sofern dies gemietet ist, sieht es mit dem dazugehörigen Papier ja noch recht harmlos aus: Mietverträge, Nebenkostenabrechnungen, vielleicht Schriftverkehr mit dem Vermieter, möglicherweise auch Unterlagen aus Rechtsstreitigkeiten? Ist das Dach ein eigenes, dann darf ich den privaten Registrator (aus eigener Erfahrung) nur bedauern. Denn wer ein Haus baut, der müsste eigentlich neben vielen anderen Kursen auch ein Registratur-Seminar besuchen, um in der Lawine von Anträgen, Baugenehmigungen, Plänen, Architektenkorrespondenz, Kreditanträgen und -zusagen, Aufstellungen, Listen, Ausschreibungen, Angeboten, Aufträgen, Abrechnungen und so weiter und so fort den Überblick zu behalten. Auf jeden Fall sollte er im neuen Haus Platz für die Registratur einplanen – es lohnt sich!

Sind wir nun fertig mit der Aufzählung? Noch lange nicht, wir könnten sicher noch seitenlang weiter beschreiben, was im Privatleben so alles an Papier zusammenkommt. Ich will nur noch einige Stichworte nennen: Versicherungs-Unterlagen, alles, was Steuern betrifft, Unterlagen über größere und kleinere Anschaffungen, über Urlaub und Kuren. Sind Sie außerdem Mitglied in irgendwelchen Vereinen, Verbänden oder politisch aktiv? Dann mein herzliches Beileid. Auch von dieser Seite rollt die Papierlawine nicht zu knapp. Wer damit noch nicht genug hat und von den täglichen Postwurf-Werbesendungen, die den Briefkasten überquellen lassen, einen Teil aufhebt oder gar Artikel oder Rezepte aus Zeitungen ausschneidet, um sie irgendwann einmal zu lesen oder danach zu kochen, der ist, mit Verlaub gesagt, selber schuld. Man kann ihm nur wünschen, dass er wenigstens ein gutes Ordnungssystem hat, damit daraus kein Papier-Friedhof wird.

Und wie kommen Sie nun zu Ihrem eigenen, privaten Ordnungssystem? Nicht anders als in den letzten Kapiteln beschrieben. Zuerst machen Sie eine Bestandsaufnahme. Schreiben Sie die Suchbegriffe in eine Liste, mit denen Sie Ihre Ordner oder sonstigen Schriftgutbehältnisse beschriftet haben. Sollten Sie sich diese Arbeit gespart haben, dann müssen Sie jetzt leider in die Behälter hineinsehen und aus dem Inhalt die entsprechenden Begriffe ableiten. In der zunächst wirren Sammlung müssen Sie sodann die Bausteine für Ihr Ordnungssystem entdecken.

Ich will Ihnen dabei helfen. Gibt es Stichworte, die irgendwelche Personen – natürliche oder juristische – betreffen? Zum Beispiel „Versicherung XYZ" oder „Finanzamt" oder „Gartenmeister" (der Lieferant für den Rasenmäher)? Ich bin fast sicher, dass solche Sammel- oder Eigennamen auftauchen. Damit haben Sie Ihren ersten Baustein, nämlich die Bezugsperson. Übertragen Sie nun aus Ihrer Suchbegriffsliste alle Begriffe, die eine Bezugsperson bezeichnen, in eine separate Liste und fassen Sie diese Begriffe zu Oberbegriffen zusammen. Herauskommen könnte dabei zum Beispiel folgende Aufstellung:

– Ämter, Behörden
– Arbeitgeber, Lehrherren
– Banken, Sparkassen, Bausparkassen
– Familie, Verwandtschaft
– Lieferanten, Handwerker, Dienstleister
– Mitgliedschaften, Verbände, Vereine
– Versicherungen
– Wohnungsvermieter

Wie Sie sehen, habe ich Ihnen Ihre Liste schon alphabetisch geordnet.

Nun schauen Sie sich Ihre Schriftstücke im Einzelnen an. Was haben wir da? Filtern Sie aus Ihrer ersten Sammelliste alle Begriffe heraus, die reine Bezeichnungen für Unterlagenarten sind, die aber über die eigentlichen Sachinhalte nichts aussagen. Damit haben Sie den zweiten Baustein, nämlich die Unterlagenart. Auch diese Begriffe fassen Sie in möglichst wenigen Oberbegriffen zusammen, zum Beispiel so:

– Abrechnungen, Berechnungen
– Briefe
– Kontoauszüge
– Quittungen, Belege, Garantiescheine
– Rechnungen
– Urkunden, Policen, Zeugnisse
– Verträge
– Zeitschriften, Kataloge, Prospekte

Auch diese Liste ist alphabetisch geordnet. Nun sehen Sie einmal nach, was in Ihrer Ursprungsliste noch nicht ausgestrichen ist. Eine ganze Menge? Kann ich mir denken, denn bei diesem dritten Baustein handelt es sich um das Sachgebiet, und das enthält tatsächlich oft die meisten Begriffe. Deswegen muss hier besonders gesiebt und zusammengefasst werden. Möglicherweise entdecken Sie hier einige Begriffe, die eigentlich alle dasselbe aussagen. Entscheiden Sie sich für einen davon. Die komprimierte Liste der Sachgebiets-Begriffe könnte dann so aussehen:

- Schule, Ausbildung, Weiterbildung
- Budget
- Anschaffungen
- Haushaltsgeld
- Urlaub, Kur
- Versicherungen
- Haftpflicht-Versicherung
- Krankenversicherung
- Rechtsschutz-Versicherung
- Steuern
- Lohn-/Einkommensteuer
- Hundesteuer

Wahrscheinlich ist Ihre private Liste noch um einiges länger zum Beispiel werden Sie einige Versicherungsarten mehr haben oder vielleicht zu den bedauernswerten Zeitgenossen gehören, die außer Einkommen- und Hundesteuer vom Finanzamt auf andere Weise zur Kasse gebeten werden. Ergänzen Sie, was notwendig ist.

Nun wollen wir uns für die einzelnen Suchbegriffe eine Codierung ausdenken. Dazu müssen wir vorher festlegen, wie das Aktenzeichen geschrieben werden soll. Am besten in der Reihenfolge, in der wir nachher auch gliedern. Für die private Ablage hat sich nach meiner Erfahrung folgende Reihenfolge bewährt:

Bezugsperson. Sachgebiet-Unterlagenart

Wenn wir das Aktenzeichen so schreiben, sollten alle drei Bausteine möglichst verschiedenartige Codierungen erhalten. Für die Bezugsperson schlage ich vor, Kennbuchstaben zu verwenden, zum Beispiel so:

Suchbegriff	Codierung
	Bezugsperson · Sachgebiet-Unterlagenart
Ämter, Behörden	A
Banken, Sparkassen, Bausparkassen	B
Arbeitgeber	G
Familie, Verwandtschaft	F

Lieferanten, Handwerker, Dienstleister	L
Mitgliedschaften, Vereine, Verbände	V
Wohnungsvermieter	W

Tauchen unter einem Kennbuchstaben mehrere Eigennamen auf, dann codieren Sie diese einfach so:

LG1 = Gartenmeister (Lieferant für den Rasenmäher)

L steht für Lieferant, G für den Anfangsbuchstaben des Eigennamens Gartenmeister, und 1 besagt, dass dies der erste Lieferant in Ihrer Ablage mit dem Anfangsbuchstaben G ist. Auf diese Weise können Sie jeden Eigennamen eindeutig codieren, was vor allem beim Rückordnen von Unterlagen in die Ablage eine große Hilfe ist. Denn nach Abkürzungen lässt sich wesentlich schneller zuordnen als nach ausgeschriebenen Begriffen, bei denen man jedes Mal über die alphabetisch richtige Einordnung nachdenken muss.

Nun kommen wir zur Codierung der Sachgebiets-Begriffe. Sicher ist Ihnen aufgefallen, dass in der Liste sowohl Ober- als auch zugehörige Unterbegriffe stehen. Beispiel: Versicherungen ist ein allgemeiner Oberbegriff für Haftpflicht- und Kranken-Versicherung. Um diese Strukturierung auch in der Codierung zum Ausdruck zu bringen und zusammengehörige Ober- und Unterbegriffe tatsächlich räumlich zusammen ablegen zu können, ist es hier zweckmäßig, mit Nummernkreisen zu codieren, was folgendermaßen aussehen kann:

Suchbegriff	Codierung Bezugsperson · Sachgebiet-Unterlagenart
Ausbildung, Schule, Weiterbildung	10
Budget	20
Anschaffungen	21
Haushaltsgeld	22
Urlaub, Kur	30
Versicherungen	40
Haftpflicht-Versicherung	41
Krankenversicherung	42
Rechtsschutz-Versicherung	43
Steuern	50
Lohn-/Einkommensteuer	51
Hundesteuer	52

Je nachdem, wie viele Suchbegriffe Sie in Ihrer Sachgebiets-Liste haben und wie viele Unterbegriffe innerhalb eines Oberbegriffs vorkommen, legen Sie die Codierung aus. In unserem Beispiel kommen Sie leicht mit einer zweistelligen Codierung aus, in der ein Zehnerschritt einen Oberbegriff kennzeichnet, der wiederum neun weitere Untergliederungsmöglichkeiten bietet. So ist noch genügend Luft für Ergänzungen vorhanden.

Für die Unterlagenarten wählen wir wieder eine alphabetische Codierung und nehmen dabei einfach die Anfangsbuchstaben, die wir allerdings kleinschreiben. Unsere gesamte, codierte Suchbegriffsliste sieht dann so aus:

Suchbegriff	Codierung		
	Bezugsperson · Sachgebiet-Unterlagenart		
Ämter, Behörden	A		
Banken, Sparkassen, Bausparkassen	B		
Arbeitgeber	G		
Familie, Verwandtschaft	F		
Lieferanten, Handwerker, Dienstleister	L		
Mietgliedschaften, Vereine, Verbände	V		
Wohnungsvermieter	W		
Ausbildung, Schule, Weiterbildung		10	
Budget		20	
Anschaffungen		21	
Haushaltsgeld		22	
Urlaub, Kur		30	
Versicherungen		40	
Haftpflicht-Versicherung		41	
Krankenversicherung		42	
Rechtsschutz-Versicherung		43	
Steuern		50	
Lohn-/Einkommensteuer		51	
Hundesteuer		52	
Abrechnungen, Berechnungen			a
Briefe, Korrespondenz			b
Kontoauszüge			k
Quittungen, Belege, Garantiescheine			q
Rechnungen			r
Urkunden, Policen, Zeugnisse			u
Verträge			v
Zeitschriften, Kataloge, Prospekte			z

Wie Sie sehen, ist diese Liste in der Reihenfolge der Bausteine und Codierungen sortiert. Da sie relativ kurz und übersichtlich ist, reicht dies auch aus. Bei längeren Listen – und im geschäftlichen Bereich ist dies die Regel – sollte parallel dazu die gleiche Liste in alphabetischer Reihenfolge der Suchbegriffe zur Verfügung stehen. Diese würde dann so aussehen:

Suchbegriff	Codierung		
	Bezugsperson · Sachgebiet-Unterlagenart		
Abrechnungen, Berechnungen			a
Ämter, Behörden	A		
Arbeitgeber	G		
Ausbildung, Schule, Weiterbildung und so weiter ...		10	

Warum die gleiche Liste in zwei verschiedenen Sortierungen? Ganz einfach:

- Zum Codieren, also zum Beschriften von Behältern oder Schriftstücken, nimmt man die alphabetische Liste. Dort kann man direkt nach Begriff suchen und braucht sich außerdem nicht zu merken, in welchen Baustein der gesuchte Begriff gehört. Denn dies kann man aus der Liste direkt entnehmen;
- zum Decodieren, wenn man also zum Beispiel wissen will, was eine bestimmte Codierung bedeutet, schaut man in die andere Liste. Sie gibt außerdem einen Überblick über Aufbau und Struktur des Systembaukastens.

Mit der fertig codierten Suchbegriffsliste und den drei Bausteinen steht Ihnen der Baukasten für Ihre private Aktenordnung zur Verfügung. Was Sie jetzt noch benötigen, sind einige Anwendungsregeln:

Fassen Sie Ihre private Ablage räumlich an einem Ort Ihrer Wohnung oder Ihres Hauses zusammen. Reicht dieser festgelegte Platz, zum Beispiel Ihr Arbeitszimmer, nicht aus, weil Sie einfach mehr Akten über einen längeren Zeitraum aufbewahren wollen oder müssen, dann trennen Sie nach Zugriffshäufigkeit. Behalten Sie nur die aktuellen Akten dort, wo Sie auch damit arbeiten. Der Rest kommt in ein Archiv – im Keller, auf dem Speicher oder in einem anderen Abstellraum. Aber bitte, auch das *Privatarchiv* an einem Ort zentralisieren. Wie Sie Ihr Archiv und die Verlagerung Ihrer Unterlagen dorthin organisieren, lesen Sie im Kapitel 2.6.3 nach. Es spricht nämlich nichts dagegen, aber vieles dafür, das gleiche Verfahren im privaten Bereich anzuwenden, wenn das Schriftgut über eine gewisse Menge hinauswächst.

Ihre aktuelle Ablage ordnen Sie nun neu mit Hilfe Ihres Ordnungs-Systembaukastens. Dazu treffen Sie zunächst folgende Entscheidungen:

Entscheiden Sie sich für eine einheitliche Ablagetechnik. Wenn Sie Platz genug haben und bei Ihnen die Zeit knapper ist als das Geld, dann können Sie zum Beispiel die Hängeregistratur nehmen. Für die private Ablage reichen meist einige

Hängeboxen oder ein fahrbarer Aktentrog mit Hängeschienen. Jedenfalls sollten Sie möglichst nur eine Ablagetechnik anwenden.

Nun legen Sie fest, in welcher Reihenfolge Sie Ihr Schriftgut gliedern. Wie schon gesagt, empfehle ich für den privaten Bereich die Gliederung zuerst nach Bezugsperson, dann nach Sachgebiet, dann nach Unterlagenart.

Entscheiden Sie noch, welche Farben Sie für Ihre Beschriftungsschilder einsetzen wollen. Zum Beispiel blau für das Sachgebiet, gelb für die Unterlagenart und verschiedene Farben für die Bezugspersonen.

Nun haben Sie alle Informationen, um aus Ihrer privaten Stichwortablage eine Ablage nach dem Bausteinsystem aufzubauen. Aus Ihrem Systembaukasten verwenden Sie nur die Suchbegriffe mit Codierung, die Sie wirklich benötigen. Gliedern Sie nur so tief wie unbedingt nötig. Fassen Sie ruhig mehrere Unterlagen unter einem Oberbegriff zusammen. Schreiben Sie das Aktenzeichen jeweils in die erste Zeile Ihrer Behälterbeschriftung, den zugehörenden Suchbegriff darunter.

Und nun viel Spaß beim Ordnen!

6   Ablage per Computer?

Pro Jahr führe ich zurzeit etwa zwölf reine Ablageseminare durch. Dazu kommen Seminare, in denen das Thema „Ablage" eine Rolle spielt – zum Beispiel Zeitmanagement oder Chefentlastung. Die Teilnehmer und Teilnehmerinnen dieser Seminare – es sind jährlich ungefähr zweihundert bis dreihundert – kommen aus Unternehmen aller Branchen und Größenordnungen und scheinen mir daher einen ziemlich repräsentativen Querschnitt zu bilden. Regelmäßig frage ich: „Bei wem gibt's denn schon ein papierloses Büro?" Auch in diesem Jahr (1998) hat sich am Ergebnis nicht viel geändert: etwa ein bis zwei Prozent aller Teilnehmer/innen erzählen, dass sie in ihrem Büro fast kein Papier mehr bewegen. Von den Übrigen höre ich zwar zum Beispiel: „Na ja, bei uns wurde letztes Jahr so ein Dokumentenmanagement-System angeschafft, aber so richtig laufen tut das noch nicht." Oder: „Ja, im Vertrieb, da haben wir so etwas. Da werden alle zigtausend Belege irgendwie eingescannt und dann papierlos gespeichert. Bei mir im Sekretariat kann ich mir nicht vorstellen, dass das funktioniert."

Die tollste Geschichte erzählte mir eine Teilnehmerin, deren Lebenspartner in einem Unternehmen arbeitet, dessen Chef schon vor Jahren seinen Traum vom papierlosen Büro verwirklicht haben wollte. Die Sache wurde dort recht professionell angegangen, und nach erfolgreicher Einführung wurde sogar eine eigene Beratungsgesellschaft gegründet, die die Erfahrungen aus diesem Projekt vermarktet. Ich selbst habe einmal auf einem Kongress einen Vortrag des damaligen Projektleiters gehört und war recht beeindruckt. Diese Teilnehmerin aber berichtete uns davon, dass sich – obwohl ein professionelles Dokumentenmanagement-System im Einsatz ist – im Chefsekretariat die Papierberge türmen. Auf meine erstaunte Frage, wie das denn sein könne, meinte sie: „Ganz einfach, dieser Chef ist ein äußerst rühriger Typ. Er kommt von Besprechungen oder Reisen zurück und wirft seinen Sekretärinnen dann jedes Mal strahlend riesige Papierstapel auf die Schreibtische, weil er eben zu den Sammlernaturen gehört beziehungsweise weil seine Informations-Zulieferer sich eben noch des Papiers bedienen. Zu den Aufgaben der Sekretärinnen würde es jetzt gehören, diese Stapel Blatt für Blatt durchzusehen, zu scannen und zu indizieren, damit jedes Dokument später im elektronischen Archiv auch wieder gefunden wird. Automatisch funktioniert das nicht, da es sich nicht um strukturierte Massenbelege handelt, sondern um ein Sammelsurium verschiedenster Themen. Nachdem die Damen aber im Sekretariat ja auch noch was anderes zu tun haben, kommen sie nicht dazu, diesen Berg täglich abzuräumen. Papiermäßig abgelegt wird er allerdings auch nicht, und so kommt es, dass Registratur-Steinzeit (Stapelablage) und Science-Fiction in diesem Büro täglich aufs Neue aufeinander prallen. Die Enttäuschung des Chefs ist natürlich groß, wenn seine Wundermaschine gerade die Information nicht ausspuckt, von der er doch genau weiß, dass er sie damals von Kongress XYZ mitgebracht hat."

Das Interesse meiner Teilnehmer/innen am papierlosen Büro ist groß, die Skepsis allerdings auch. Fast alle haben ja nun schon einige Jahre Erfahrung mit Electronic Mail, Intranet oder Internet und kommunizieren hier zunächst einmal papierlos. Mich erstaunt aber immer wieder, wie viele davon berichten, dass doch viele Mail-Dokumente ausgedruckt werden. Oder dass es so schwierig ist, die papierlos gespeicherten Dokumente so zu bezeichnen, dass sie schnell wieder gefunden werden.

Ich möchte daher in diesem Kapitel auf die Möglichkeiten eingehen, die ich heute und in allernächster Zeit sehe, Ablage mit EDV-Unterstützung sinnvoll zu bewältigen. Ein Kapitel zu dieser Thematik müsste allerdings jährlich überarbeitet werden, da sich der Markt für Dokumentenmanagement-Systeme rasant entwickelt und niemand wirklich genau sagen kann, in welche Richtung. In einem sind sich die Experten jedoch einig: zuerst kommt die Reorganisation, dann der Einsatz des elektronischen Werkzeuges.

Über die Reorganisation Ihrer Papierablage haben wir in den letzten Kapiteln gesprochen. Ein EDV-Werkzeug dazu lernen Sie jetzt gleich kennen. Danach werden wir uns fragen, ob die Bausteinmethode auch in der papierlosen Informationsverwaltung noch Sinn macht.

6.1 „Akten-James" – ein Butler fürs Papier?

Wer träumt nicht davon: „James, die Akte XY bitte ...". Und dann steht er vor uns – nobel, distinguiert und tatsächlich mit der richtigen Akte auf dem Tablett. Die Idee, dieses EDV-Werkzeug so zu nennen, kam uns vor vielen Jahren, als wir in unseren Ablage-Projekten die Nase voll davon hatten, Suchbegriffslisten in Textsystemen zu erfassen und Aktenübersichten mit Standard-Datenbanksoftware zu erstellen. Das war zwar schon viel besser als die frühere Arbeit mit Karteikarten, aber man wird ja schnell unbescheiden, wenn man den kleinen Finger entdeckt hat und weiß, dass noch eine ganze Hand daran hängt.

Jörg Petersen, mein Freund und Software-Partner, fing also an zu tüfteln und hat mittlerweile einen wunderbaren Butler entwickelt, der die Bausteinmethode genau kennt und dabei hilft, sie einzuführen und die Ablage danach zu verwalten. An einem konkreten Beispiel – diesmal nicht mehr mit Bällen – werden Sie sehen, wie das funktioniert.

Zunächst aber eine Frage: Wie gehen Sie vor, wenn Sie einen neuen Ordner oder eine neue Hängemappe anlegen? Genau, Sie müssen ein Beschriftungsschild erstellen. Das machen Sie entweder per Hand, wenn Sie eine schöne Schrift haben (manche tun es auch, wenn sie keine schöne Schrift haben), oder Sie benutzen Schablonen oder Ihren PC. Wenn Sie das Schild im PC erstellen, was machen Sie danach mit dem Text? Löschen? Warum eigentlich? Sie könnten doch noch ein paar interessante Informationen daran hängen – zum Beispiel, wo die Akte steht, wem sie gehört oder wie lange sie insgesamt aufzubewahren ist – und schon haben Sie eine prima Übersicht! Findet jedenfalls der Akten-James – und ich auch! James ist allerdings etwas pingelig. Wenn Sie mit seiner Hilfe ein Schild erstellen wollen, können Sie nicht einfach „irgendetwas" darauf schreiben. Nein, nur Begriffe, die er in seinem Ablagewortschatz hütet, sind als Überschrift erlaubt. Dafür liefert er Ihnen aber auch gleich das entsprechende Aktenzeichen zu den von Ihnen gewünschten Wortschatz-Suchbegriffen. Danach können Sie munter und individuell ergänzende Informationen aufnehmen, weitere Stichworte beispielsweise, Jahreszahlen, ganze Notizzettel oder Wiedervorlagevermerke, die diese Akte betreffen.

Woher kennt James diesen Wortschatz? Nun, den müssen Sie zuvor mit ihm erarbeiten. Den organisatorischen Weg kennen Sie schon. Wir wollen diesen jetzt noch einmal mit James' Unterstützung an einem konkreten Beispiel nachvollziehen. Dazu schauen wir einfach mal auf meinen Schreibtisch. Da liegen – eigentlich sollte ich es gar nicht zugeben – einige Stapel Papier (ich war auf Geschäftsreise und in der Zwischenzeit sammelt sich natürlich einiges an). Nehmen wir an, ich hätte noch kein anständiges Ordnungssystem, würde aber jetzt genau mit diesen Stapeln gerne anfangen, eines zu entwickeln. Es handelt sich hauptsächlich um Briefe, Rechnungen über Büromaterial, Entwürfe zu Seminaren mit verschiedenen Themen, Reisepläne, betriebswirtschaftliche Unterlagen und so weiter. Die Korrespondenzpartner, um die es dabei geht, sind mein Steuerberater, die Software-Firma von Jörg Petersen, die Firmen Gabler Seminare und Claudia Behrens Organisation, mit denen ich kooperiere, sowie ein Büromaterial-Lieferant und ein Kunde, bei dem ich viele Seminare mache, wie zum Beispiel Projektmanagement. Sachlich geht es um Dienstreisen, Marketing, Seminare und Betriebswirtschaft und noch einiges mehr.

Wir merken also schon – vier Bausteine brauchen wir mindestens: Bezugspersonen, Sachgebiete, Gegenstände und Unterlagenarten. Da Seminare einen erheblichen Teil meines Jobs ausmachen, möchte ich hierfür gerne einen extra Baustein: „Themen". Die Bausteine richten wir im Akten-James jetzt ein und dann füttern wir sie mit den oben erwähnten Suchbegriffen – siehe folgende Liste. Die Liste ist alphabetisch sortiert – im jeweiligen Baustein ist einfach per Buchstabe die Zugehörigkeit des Suchbegriffes gekennzeichnet.

Akten-James System/1		Wortschatz					Seite: 1
Supervisor		geordnet nach Suchbegriff					13.09.1998

Suchbegriff	Bezugsperson	Sachgebiet	Gegenstand	Thema	Unterlagenart	benutzt	Verweis
Aktiv zuhören				T			
Auswertungen -					U		
Betriebswirtschaft		S					
Büromaterial			G				
Claudia Behrens Organisation	B						
Dienstreisen		S			U		
Entwürfe							
Gabler Seminare	B						
Jörg Petersen	B						
Kunde B......	B						
Marketing		S					
Projektmanagement		S					
Rechnungen					U		
Reisepläne					U		
Schriftverkehr					U		
Seminare		S					
Steuerberater	B						

Jetzt müssten wir die Suchbegriffe nach Bausteinen ordnen, bereinigen, ergänzen und dann jeweils codieren. Natürlich macht es keinen Sinn, diese Arbeit nur für die Stapel auf meinem Schreibtisch vorzunehmen, denn dann würde ich ja bei den nächsten Stapel wieder von vorn anfangen. Es hilft also nichts, jetzt muss die gesamte Ablage – jedenfalls im aktuellen Bereich – daran glauben. Alle Begriffe, die auf den Hängemappen stehen, werden noch in die Liste oben integriert und erst dann wird das Ganze überarbeitet. Natürlich haben wir das schon längst gemacht. Die folgenden Suchbegriffslisten sind Auszüge aus dem Wortschatz meiner Firma. Unsere Codierungen sehen dabei so aus:

Bezugspersonen sind alphanumerisch codiert. Dabei bedeutet der erste Großbuchstabe immer die Hauptgruppe – zum Beispiel „K" für „Kunden", der zweite Großbuchstabe ist der Anfangsbuchstabe des Kundennamens und die Nummer identifiziert den Kunden selbst. Also, alle Kunden, die mit „G" anfangen, haben die Codierung „KG". „Gabler Sekretariat" hat zum Beispiel „KG01".

Sachgebiete haben eine dreistellige, numerische Kennzeichnung, bei der mit Nummernkreisen gearbeitet wird, um Haupt- und Untergruppen zu kennzeichnen. Zum Beispiel steht die Nummer 600 für Betriebswirtschaft und die Nummer 601 für Budget.

Gegenstände haben wir kaum welche. Sie sind zweistellig alphanumerisch codiert: Büromaterial hat die Codierung B1.

Themen haben eine rein alphabetische, dreistellige Codierung, wobei der erste Buchstabe großgeschrieben ist, zum Beispiel „Ben" für Benchmarking oder „Akt" für Aktiv zuhören.

Unterlagenarten schließlich sind zweistellig alphabetisch codiert, und zwar mit kleinen Buchstaben, beispielsweise „sv" für Schriftverkehr.

Sie sehen also, jeder Baustein hat seine eigene, nicht verwechselbare Codierung. Übrigens habe ich in der Liste „Bezugspersonen" die Namen unserer Kunden geschwärzt. Nicht, dass wir uns für unsere Kunden schämen müssten, nein, ganz und gar nicht. Aber vielleicht wollen nicht alle Kunden, dass veröffentlicht wird, dass auch sie Probleme mit der Ablage haben. Dafür haben Sie sicher Verständnis.

Akten-James System/1		Wortschatz					Seite: 1
Supervisor		geordnet nach Bezugsperson					08.09.1998
Suchbegriff	Bezugsperson	Sachgebiet	Gegenstand	Thema	Unterlagenart	benutzt	Verweis
Ämter, Behörden	A						
Amtsgericht Andernach	AA1					1	
Finanzamt Mayen	AF1					10	
Banken	B						
Commerzbank	BC1					1	
Deutsche Bank	BD1					7	
Diners Club	BD2					1	
Interessenten	I					3	
	IA01						
	IA02					1	
	IB01						
	IB02						
	ID01						
	IF01						
	IH01						
	II01						
	IK01						
	IM01						
	IM02					1	

Akten-James System/1	Wortschatz						Seite: 2
Supervisor	geordnet nach Bezugsperson						08.09.1998
Suchbegriff	Bezugsperson	Sachgebiet	Gegenstand	Thema	Unterlagenart	benutzt	Verweis
	IP01						
	IP02						
	IR01						
	IV01						
	IW01						
Kunden	K					3	
Brasilien	KA01						
	KA02						
	KA03					1	
	KA04					1	
	KA05						
	KA06					1	
	KA07						
	KB01					1	
	KB02					1	
	KB03						
	KB04						
	KB05					1	
	KB06					1	
	KB07					51	9
	KB08						
	KC01					1	
	KC02					1	
	KD01						
	KD02					1	

Akten-James System/1	Wortschatz						Seite: 1
Supervisor	geordnet nach Sachgebiet						08.09.1998
Suchbegriff	Bezugsperson	Sachgebiet	Gegenstand	Thema	Unterlagenart	benutzt	Verweis
EDV		050					
Hardware		051				1	
Software		052				1	
Datenbanken		053					
Schriftgutorganisation		100				20	
Ablagetechnik		101				2	

Akten-James System/1		Wortschatz					Seite: 2	
Supervisor		geordnet nach Sachgebiet					08.09.1998	
Suchbegriff	Bezugsperson	Sachgebiet	Gegenstand	Thema	Unterlagenart	benutzt	Verweis	
Akten-James		102				10		
Archivorganisation		103				2		
Dokumentationswesen		104						
Mikroverfilmung		105				1		
Nummernsysteme		106						
Optoelektronische Speicher		107						
Ordnungssystematik		108				9		
Schriftgut-Volumen		109						
Zeichnungsverwaltung		110						
Elektronische Ablage		111				1		
Arbeitsplatz-Organisation		112						
Aktenfluss/QSI		113				3		
Registraturstufen		114				1		
Informationsfluss/Selektion		115				1		
Personalwesen		200						
Führung		201						
Gehalt		202						
Honorare		203				1		
Tantieme		204						
Job description		205						
Personalberatung		206						
Personalentwicklung		207				2		
Seminare		208				47		
Tests		209				2		
Rhetorik und Körpersprache/ Sem.		250				19		
Effektive Kommunikation		251				25		
Präsentationstechnik		252				3		
Projektmanagement/Seminar		260						
PM-Methoden		261				11		
PM-Soziale Kompetenz		262						
PM-Coaching		263						
Ablage u. DMS/Seminar		270				35		
Sekretariat 2000		275				16		
Sonstige Dienstleistungen		300						
Formularwesen		301						
Sachmittelorganisation		302						

Akten-James System/1		Wortschatz					Seite: 3
Supervisor		geordnet nach Sachgebiet					08.09.1998
Suchbegriff	Bezugsperson	Sachgebiet	Gegenstand	Thema	Unterlagenart	benutzt	Verweis
Verwaltungsneubauten		303					
Organisation		400				9	
Strukturorganisation		401					
Prozessorganisation		402					
Bearbeiten		403				1	
Besprechen		404					
Telefonieren		405				1	
Lesen		406				1	
Reisen		407					
Terminplanung		408				4	
Veranstaltungen		409				1	
Projektmanagement		500				13	
Beauftragung		501				7	
Abrechnung		502				7	
Kurzanalysen		521				2	
Projektplanung		522				16	
Ist-Aufnahmen		523				1	
Auswertung		524				1	
Soll-Konzeption		525				1	
Soll-Vorschlag		526				6	
Systempflege		527					
Realisierung		528				3	
Projekte		530				23	
Die Frau, die Sie am besten ...		531				1	
Handbuch Office Management		532				1	
Ablage und DMS		533				5	
Betriebswirtschaft		600				1	
Budget		601					
Controlling		602				1	
Finanz- und Rechnungswesen		604					
Jahresabschluss		605				2	
Kalkulation		606					
Kosten		607				2	
Nebenkosten		608					
Finanzierung		620				1	

| Akten-James System/1 | | **Wortschatz** | | | | **Seite: 4** | |
| Supervisor | | geordnet nach Sachgebiet | | | | 08.09.1998 | |

Suchbegriff	Bezugsperson	Sachgebiet	Gegenstand	Thema	Unterlagenart	benutzt	Verweis
Steuern		700				6	
Einkommensteuer		701				6	
Gewerbesteuer		702					
Kirchensteuer		703				1	
Körperschaftssteuer		704					
Kapitalertragssteuer		705					
Umsatzsteuer		706				2	
Vermögenssteuer		707					
Marketing		800				1	
Akquisition		801					
Werbung		802					

| Akten-James System/1 | | **Wortschatz** | | | | **Seite: 1** | |
| Supervisor | | geordnet nach Gegenstand | | | | 13.09.1998 | |

Suchbegriff	Bezugsperson	Sachgebiet	Gegenstand	Thema	Unterlagenart	benutzt	Verweis
Autos			A1			2	
Büromaterial			B1				
Grundstücke u. Gebäude			G			2	
Gebäude Pirolweg 5			G1			1	
Inventar			I1				1

| Akten-James System/1 | | **Wortschatz** | | | | **Seite: 1** | |
| Supervisor | | geordnet nach Thema | | | | 08.09.1998 | |

Suchbegriff	Bezugsperson	Sachgebiet	Gegenstand	Thema	Unterlagenart	benutzt	Verweis
Aktiv zuhören				Akt		3	
Antreiber				Ant		2	
Argumentation				Arg		2	
Babyton 2000				Bab		2	
Benchmarking				Ben		1	
Biostruktur-Analyse				Bio		4	
Delphintraining				Del		3	
Feedback				Fee		5	

Akten-James System/1	Wortschatz					Seite: 2	
Supervisor	geordnet nach Thema					08.09.1998	

Suchbegriff	Bezugsperson	Sachgebiet	Gegenstand	Thema	Unterlagenart	benutzt	Verweis
Führung				Füh		6	
Gedächtnis und Konzentration				Ged		3	
Gruppendynamik				Gru		2	
HDI				Hdi			
Ich-Botschaften				Ich		2	
Kommunikationskiller				Kil		2	
Kommunikationsmodelle				Kmo			
Kommunikation				Kom		4	
Konfliktlösung				Kon		2	
Körpersprache				Kör		4	
Management				Man		3	
Motivation				Mot		2	
NLP				Nlp		4	
Nonsense-Themen				Non		3	
Problemlösung				Pro		3	
Präsentationstechnik				Prä			
Rhetorik				Rhe		2	
Redestruktur				Rst		2	
Schreibtisch-Organisation				Schr		2	
Sekretariat der Zukunft				Sdz		2	
Selbstbild/Fremdbild				Set			
Selbstmanagement				Sma		1	
Sprechdenken				Spd		2	
Spiele				Spi		14	
Sprechtechnik				Spe		2	
Stichwortkonzept				Sti		3	
Stilmittel Rhetorik				Stm		2	
Stress				Str		2	
Strategietraining				Stt			
Transaktionsanalyse				Taa		4	
Transaktionen				Tak		2	
Team				Tea		1	
Telefontraining				Tel			
Total Quality Management				Tqm		1	
Verhaltensmuster				Ver		2	
Wahrnehmung				Wah		3	

Akten-James System/1	Wortschatz					Seite: 1	
Supervisor	geordnet nach Unterlagenart					08.09.1998	
Suchbegriff	Bezugsperson	Sachgebiet	Gegenstand	Thema	Unterlagenart	benutzt	Verweis
Anfragen					af	1	
Analysen					al	1	
Angebote					an	18	
Abrechnungen					ar	1	
Ausschreibungen					ar		
Auftragsbestätigungen					as	1	
Aufträge					au	3	
Auswertungen					aw	1	
Auszüge					az		
Bedingungen					bd		
Berichte					be	3	
Bescheinigungen					bg		
Bilanzen					bi		
Belege					bl	2	
Bescheide					bs		
Bestätigungen					bt		
Bewerbungen					bw	1	
Charts					ch	3	
Deckblätter					db		
Entwürfe					en	3	
Formulare					fo	9	
Fotos					ft	1	
Gutachten					ga		
Genehmigungen					ge	1	
Gesetze					ge		
Gutschriften.					gu		
Handbücher					hb	5	
Karten					ka		
Kündigung					ku		
Lastschriften					la		
Listen					li	1	
Logos					lo		
Lieferscheine					ls	1	
Mahnungen					ma		
Meldungen					me		
Mitteilungen					mi		

Akten-James System/1	Wortschatz						Seite: 2
Supervisor	geordnet nach Unterlagenart						08.09.1998
Suchbegriff	Bezugsperson	Sachgebiet	Gegenstand	Thema	Unterlagenart	benutzt	Verweis
Nachweise					na	2	
Notizen					no		
Aktenplan					pa		
Prospekte					pk	1	
Pläne					pl	10	
Protokolle					pr	1	
Rechnungen.					re	1	
Richtlinien					ri		
Rundschreiben					ru		
Satzungen					sa		
Spezifikationen					sp		
Statistiken					st		
Schriftverkehr					sv	7	2
Tageskopien					tk		
Urkunden					ur	2	
Vordrucke					vd		
Verträge					ve	4	
Vollmachten					vm		
Verordnungen					vo		
Vorschriften					vs		
Verzeichnisse					vz		
Zeichnungen					ze		
Zeitschriften					zs		
Übersichten					üb	1	

Wenn Sie sich unsere Listen so anschauen, könnten Sie vielleicht auf die Idee kommen, Teile davon für Ihren Ablagewortschatz zu übernehmen oder Ihre Codierung genauso anzulegen. Vorsicht – das kann ins Auge gehen! Betrachten Sie unsere Listen bitte nur als Beispiel. Um die Erarbeitung eines eigenen Wortschatzes kommen Sie nicht herum, und erst, wenn dieser bereinigt und sauber strukturiert vorliegt, überlegen Sie, welche Codierung Sinn macht. Schauen Sie noch einmal in Kapitel 5.3, da ist ja einiges zur Codierung gesagt.

So, im vorliegenden Beispiel ist der Wortschatz erst mal fertig. Natürlich kann er bei Bedarf später auch ergänzt werden. Jetzt könnten wir die Ablage umstellen beziehungsweise die Papierstapel auf meinem Schreibtisch in vorhandene oder noch anzulegende Mappen bugsieren. Wie es funktioniert, eine neue Mappe anzulegen? Ganz einfach:

Stellen Sie sich vor, wir haben aus dem Stapel alle die Dokumente herausgefischt, die einen bestimmten Kunden betreffen – nennen wir ihn einfach „Bauer GmbH". Für diesen Kunden werden wir voraussichtlich ein Projekt „Ablageorganisation" durchführen und haben bereits einen Schriftwechsel mit ihm geführt und einen Auftrag für eine Kurzanalyse erhalten.

Wir brauchen also zunächst eine Sammelmappe, die lediglich die Bezeichnung „Bauer GmbH" sowie das Aktenzeichen dazu erhalten soll. Auf das Stichwort „Bauer" liefert uns der Akten-James folgendes Aktenzeichen, das wir uns mitsamt der verbalen Bezeichnung gleich auf ein Hängeregistratur-Schildchen ausdrucken. Das Schild ist übrigens „grün", weil Bezugspersonen bei uns nun mal grün sind.

```
KB07
Bauer GmbH
```

Nun wissen wir schon, dass ein Projekt dazu entstehen wird. Die Mappe braucht also eine Einteilung. Es geht um „Schriftgutorganisation" und wir haben zum Thema „Beauftragung" schon einige Dokumente (Anfrage des Kunden, Angebot und den Auftrag). Also legen wir zunächst eine Einstellmappe an, die das Thema Beauftragung zur Schriftgutorganisation enthalten soll. Auf die beiden Stichworte hin ergänzt James das Aktenzeichen für die Einstellmappe mit einem roten Schild (Sachgebiete sind bei uns rot):

```
KB07.100.501
Beauftragung
Schriftgutorganisation
```

Da „Schriftgutorganisation" der Oberbegriff ist, kommt die Codierung „100" zuerst, danach folgt die „501", die für „Beauftragung" steht. In der zweiten Zeile steht immer der Begriff, der der in der Gliederungshierarchie zuletzt hinzugekommenen Codierung entspricht. Genau genommen brauchen wir auch noch ein Schildchen, auf dem nur „KB07.100" – also „Kunde Bauer.Schriftgutorganisation" – steht, denn es könnten ja auch noch Dokumente übergeordneter Art auftreten – zum Beispiel Informationen, die für das Projekt Schriftgutorganisation bei Bauer interessant sein können, aber keine konkrete Projektphase betreffen. Da ich diese Einstellmappe aber erst anlegen will, wenn wirklich Dokumente dazu kommen, habe ich im Schild „Beauftragung" in der dritten Zeile noch von

Hand ergänzt, dass es sich um „Schriftgutorganisation" handelt. Damit ist auch die „100" auf diesem Schild erklärt.

Je nachdem, wie sich das Projekt entwickelt, kommen immer weitere Einstellmappen dazu oder auch dazwischen. Läuft ein Projekt immer standardmäßig ab, dann könnten wir natürlich eine Standardeinteilung schon vorbereiten. Die Aktenübersicht auf der nächsten Seite zeigt, wie diese aussehen könnte, das folgende Bild zeigt angedeutet, wie die Ablage dazu in der Hängeregistratur aussehen würde:

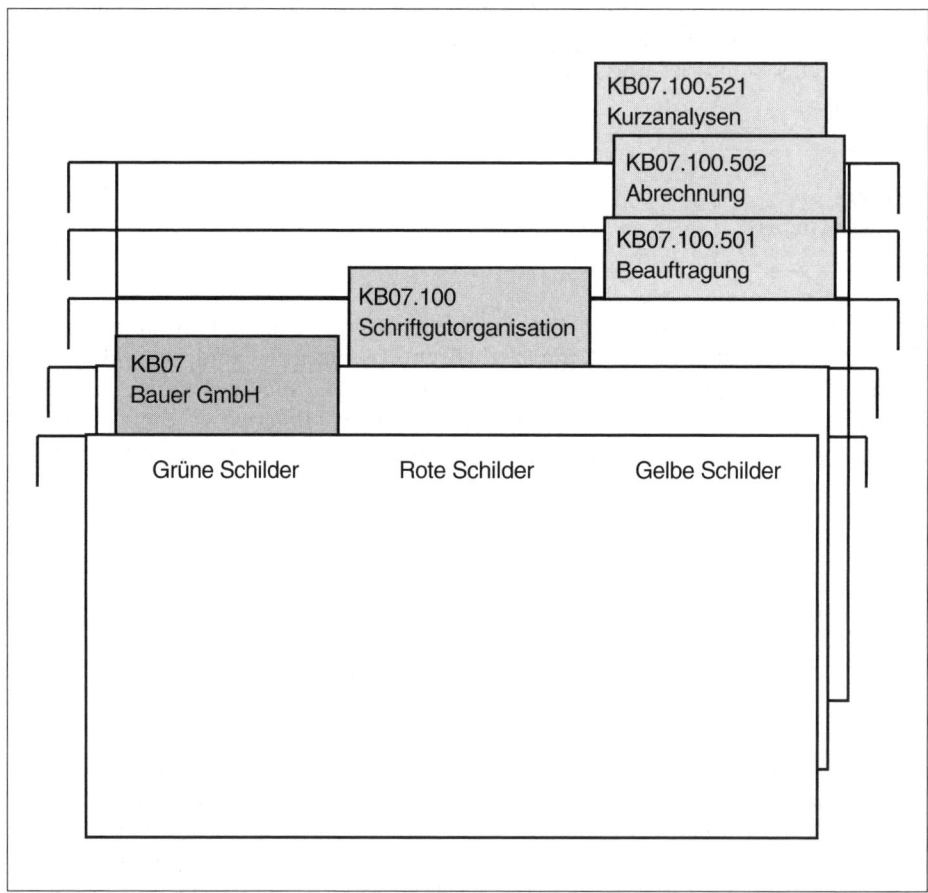

Abbildung 10: Ablage in der Hängeregistratur

Akten-James System/1						Aktenübersicht				Seite: 1
Supervisor						Projektablage – Beispiel				10.09.1998
Aktenzeichen	Suchbegriff	Ergänzung 1	Ergänzung 2	Ersteller	Datum	Adressat	AT	Art	Schrank	Farbe
KB07	B				. .		Hängemappe		1	grün
KB07.100	Schriftgutorganisation				. .		Hängemappe		1	rot
KB07.100.501	Beauftragung				. .		Hängemappe		1	rot
KB07.100.501	Aufträge	Auftrag		Kunde	01.12.1997	Planolog	Dokument	Word-doc	1	gelb
KB07 100 502	Abrechnung				. .		Hängemappe		1	rot
KB07.100.521	Kurzanalysen				. .		Hängemappe		1	rot
KB07.100.522	Projektplanung				. .		Hängemappe		1	rot
KB07.100.522	Pläne	Projektstrukturplan, Terminpl.	Kapazitäts-/Kostenplanung		. .		Dokument		1	gelb
KB07.100.523	Ist-Aufnahmen				. .		Hängemappe		1	rot
KB07.100.524	Auswertung				. .		Hängemappe		1	rot
KB07100.525	Soll-Konzeption						Hängemappe		1	rot
KB07.100.526	Soll-Vorschlag				. .		Hängemappe		1	rot
KB07.100.528	Realisierung				. .		Hängemappe		1	rot

Wenn Sie sich die Aktenübersicht genau ansehen, wird Ihnen auffallen, dass unter „AT" jeweils die Ablagetechnik vermerkt ist, in diesem Fall Hängemappen (das ist sinnvoll, damit zum Beispiel eine Aushilfe nicht verzweifelt in Ordnern wühlt, weil sie nicht weiß, dass das gesuchte Dokument sich in der Hängeregistratur befindet).

Zweimal jedoch taucht die Bezeichnung „Dokument" auf. Warum? Nun, in diesem Fall habe ich mich entschieden, nicht nur die Bezeichnungen der Hängemappenschilder zu erfassen, sondern auch Informationen über zwei besonders wichtige Dokumente. Bei dem zweiten Dokument mit dem Aktenzeichen „KB07.100.522-pl" – es handelt sich um meinen Projektstrukturplan – kann ich durch den Zusatz Word.doc erkennen, dass ich diesen in meinem PC gespeichert habe.

Alle Dokumente nämlich, die ich in Word oder Power Point beispielsweise erstelle, bekommen als Dateinamen natürlich genauso ein Aktenzeichen wie die Papierdokumente. Da die Dateinamen alphanumerisch aufgelistet sind, habe ich in meinen elektronischen Dokumenten exakt die gleiche Ordnung wie in meinen Aktenschränken. Besonders effektiv ist dabei, dass alles, was eine Thema betrifft, auch automatisch untereinander steht. Würde ich lediglich mit individuellen Stichworten oder gar Abkürzungen arbeiten, wäre die Gefahr groß, dass auf Grund der alphabetischen Ordnung Dokumente zum gleichen Thema an verschiedenen Stellen stünden – und schon ginge die Sucherei in den Dateien los. Ein kleines Beispiel dazu. Nehmen wir an, ich habe als Dokumente einen Seminarentwurf für Gabler und eine Rechnung über ein durchgeführtes Seminar. Willkürlich gewählte Abkürzungen könnten zum Beispiel so aussehen:

– GabRechnung 08/98
– Seminarentwurf Ablage Gab

Zwischen „G" und „S" kommen noch viele Buchstaben. Alles, was Gabler – mein Hauptsuchkriterium ist nämlich die Bezugsperson – betrifft, wäre womöglich verstreut. Meine beiden Aktenzeichen:

KG01.208-en0998
KG01.208-re0898

stehen dagegen direkt hintereinander. Damit habe ich in meiner Dateiauflistung natürlich einen viel besseren Überblick. Ich sehe sofort, was zu einem Thema oder Oberbegriff alles vorhanden ist. Wenn ich diese Sicherheit bei reiner Stichwortbezeichnung auch haben will, muss ich schon äußerst diszipliniert mit der Sprache umgehen und dafür sorgen, dass ich immer die gleichen Begriffe oder Abkürzungen in immer der gleichen Reihenfolge benutze. Selbst wenn ich das noch hinbekomme – eine Garantie, dass zum Beispiel meine freie Mitarbeiterin, die ab und zu meinen PC benutzt, genauso „denkt", gibt es wohl nicht.

Zu diesen Dokumenten kann ich dem Akten-James jetzt auch noch besondere Aufträge erteilen: „James, erinnern Sie mich bitte nächsten Montag daran, dass ich den Kunden Bauer anrufe, weil ich zu seinem Auftrag noch eine Frage habe. Und noch etwas, James. Am Mittwoch möchte ich nochmal den Projektstrukturplan vorgelegt bekommen, denn daran muss ich dringend weiterarbeiten."

James wird diese Informationen in der Wiedervorlage ablegen. Wenn ich dort hineinschaue, sehe ich, was zu tun ist, welche Dokumente beziehungsweise Akten ich dazu benötige und wo sie sich befinden. Es ist natürlich nicht sinnvoll, Informationen über jedes einzelne Papierdokument in der Aktenübersicht zu erfassen – jedenfalls nicht, solange Sie überwiegend mit Papierablagen arbeiten. Bei besonders wichtigen Dokumenten jedoch, die Sie keinesfalls aus den Augen verlieren wollen, sollten Sie die Mühe nicht scheuen. Der Akten-James zum Beispiel sorgt durch Wiedervorlagevermerke dafür, dass Sie nichts vergessen. Außerdem kann er auch festhalten, wenn Sie das Dokument an jemand anders zur Bearbeitung gegeben haben. Ich kenne so manche Chefsekretärin, für die es sehr nützlich wäre zu vermerken, wann Sie ihrem Chef welche Dokumente zur Erledigung vorgelegt hat. So mancher Chef hat nämlich ein beachtliches Talent, Dokumente, die er nicht gleich bearbeiten kann, in seinen „Sumpfecken" verschwinden zu lassen und dann steif und fest zu behaupten, die Sekretärin hätte ihm das Dokument entweder gar nicht gegeben oder längst wieder erhalten. Außerdem können Sie sich zu wichtigen Dokumenten auch inhaltliche Informationen notieren – so brauchen Sie zum Beispiel nicht immer unbedingt zum Schrank zu gehen, um etwas nachzusehen oder anderen Auskünfte zu erteilen.

So, nun haben Sie an diesem – aus meinem eigenen praktischen Büroleben gegriffenen Beispiel – gesehen, wie die Bausteinmethode ganz konkret funktioniert. Sie werden sich jetzt vielleicht die Frage stellen: Braucht man denn die EDV überhaupt dazu? Ehrlich gesagt – ich würde Ihnen heutzutage nicht mehr empfehlen, eine Ablageorganisation ohne professionelle Software anzugehen. Natürlich geht es auch ganz ohne EDV. Das weiß ich aus eigener Erfahrung – vor zwanzig Jahren haben wir die Vorläufer des hier beschriebenen Baustein-Ordnungssystems, bewaffnet mit Karteikarten und Schreibmaschinen, entwickelt und eingeführt. Der Aufwand war allerdings beachtlich und wäre heute nicht mehr vertretbar, geschweige denn finanzierbar.

Von meinen Seminar-Teilnehmerinnen werde ich oft gefragt, ob denn vielleicht eine Standard-Software wie Word oder Excel auch schon helfen könnte. Natürlich können Sie bestimmte Teilaufgaben bei der Reorganisation auch mit einer Excel-Tabelle in den Griff bekommen. Sie werden dann aber schnell an Grenzen stoßen. Hierzu nur ein Beispiel. Wenn Sie Ihre Ablage neu organisieren wollen, landen Sie über kurz oder lang bei der Frage der Gliederungshierarchie. Sie werden sich zum Beispiel fragen, ob es besser ist, zuerst nach Bezugspersonen zu ordnen und dann innerhalb der Bezugspersonen nach Sachgebieten. Wollen Sie beide Möglichkeiten erst einmal in Ruhe ansehen und vergleichen, dann müssten Sie auch beide Möglichkeiten in verschiedenen Excel-Tabellen aufbauen. Das kann ganz schön viel Arbeit bedeuten. Ich spreche da aus Erfahrung. Wie oft hatten wir, als der Akten-James noch nicht „geboren" war, das gleiche Problem. Wir hatten eine Kundenablage gemeinsam mit dem Nutzer nach dessen Gliederungshierarchie-Wünschen umgestellt und zwei Wochen später kam er an und meinte: „Ich glaube, die Hierarchie ist für mich doch nicht so gut. Können wir das Ganze nicht lieber umdrehen?" Natürlich konnten wir, aber das hieß: Ärmel aufkrempeln, Ablage umräumen, neue Beschriftungsschilder erstellen und so weiter. Und das alles auf Kulanz ...

Ein Programm wie der Akten-James erlaubt dagegen die Simulation aller überhaupt denkbaren Strukturierungs-Varianten, und zwar einfach per Knopfdruck. Man kann sich zum Beispiel in Ruhe ansehen, wie die Ablage aussehen würde, wenn die Bezugspersonen an erster Stelle stehen, oder eben auch alle anderen Bausteine. Erst, wenn man sich sicher ist, wird die Ablage gemäß der ausgewählten Hierarchie umgestellt.

Wenn Sie also auf der Suche nach einem Programm sind, das Sie bei der Reorganisation Ihrer Papier-Ablage unterstützt, dann sollten Sie darauf achten, dass es mindestens die folgenden organisatorischen Anforderungen erfüllt:

– Unterstützung bei Aufbau und Pflege eines Ablage-Wortschatzes.
– Anlage von Aktenübersichten in für Ihren Bedarf ausreichender Anzahl. Eine Aktenübersicht enthält sowohl Informationen über alle Akten als auch über Dokumente einer „Ablageeinheit". Das können die Akten eines Mitarbeiters sein oder auch einer gesamten Gruppe oder Abteilung. Auch thematisch macht es manchmal Sinn, eigene Ablageeinheiten zu bilden – zum Beispiel für ein großes Projekt.
– In diesen Aktenübersichten müssen sowohl inhaltliche Informationen – zum Beispiel die Suchbegriffe aus dem Wortschatz mit Codierung oder weitere, individuelle Ergänzungen – als auch so genannte „Verwaltungsdaten" – zum Beispiel Ersteller/Absender, Adressat, Datum, Standort, Ablagetechnik, Farbe des Beschriftungsschildes und so weiter – erfasst werden können.
– Sie sollten Ihre Wiedervorlage ebenfalls über das Programm organisieren können – mit Datum, Grund und allen notwendigen Vermerken.
– Jeder Eintrag muss von seiner Entstehung an „verfolgbar" bleiben, das heißt, wenn sich ein Kollege einen Ordner „ausleiht", müssen Sie das – mit Datum und Namen des Kollegen – festhalten können. Genauso, wenn ein Ordner aus Ihrem Büro ins Archiv verlagert wird – hier müssen Sie zum Beispiel die neue Archiv-Standortnummer und das Vernichtungsdatum vermerken können.
– Die gesamte Archivverwaltung (nötigenfalls auch für mehrere Archive) sollte über das Programm abzuwickeln sein.
– Die Recherche muss quer über alle Aktenübersichten möglich sein, und zwar nach sämtlichen, im Datenbestand enthaltenen Informationen. Das heißt, Sie sollten sowohl die Möglichkeit haben, nach Wortschatz-Begriffen als auch nach Aktenzeichen zu suchen. Dies wird auch am häufigsten der Fall sein, weil diese Suche in der Regel am gezieltesten ist und zu einer eingegrenzten Tref-

ferquote führt. Trotzdem – es kommt ja vor, dass man gar nicht so genau weiß, was man sucht. Ihr Chef sagt zum Beispiel: Da hat uns doch irgend so ein Professor mal was über das Thema „XYZ" geschrieben. In diesem Fall sollte es Ihnen auch möglich sein, zusätzlich nach Schlagworten zu fahnden, die Sie vielleicht in Ihre frei definierbaren Felder eingegeben haben.

– Das Programm muss natürlich netzwerkfähig sein – erst dann entfaltet ein unternehmenseinheitliches Ordnungssystem seine volle Wirkung.

– Eine Ausdruck-Möglichkeit für Beschriftungsschilder oder eine Ausgabemöglichkeit der Daten an entsprechende Textverarbeitungs- oder Druckprogramme sollte das Programm ebenfalls enthalten.

– Das Programm muss schnell und einfach zu bedienen sein und darf auch bei großen Datenmengen zeitlich nicht in die Knie gehen.

– Das Programm sollte so ausgelegt sein, dass es Ihnen auch den Schritt in die papierlose Speicherung und Verwaltung von Informationen ermöglicht beziehungsweise unterstützt.

6.2 Dokumentenmanagement – die Lösung?

Der Akten-James ist – zumindest in der bisher vorgestellten Form – ein Dokumentenmanagement-System, das zunächst einmal die Verwaltung von Papier- und Mikrofilmdokumenten unterstützt. (Er wird allerdings bereits darauf hin trainiert, auch das papierlose Büro zu managen.)

Da der Begriff „Dokumentenmanagement" – und das, was dahinter steckt – jedoch im gesamten Informationsmanagement mittlerweile eine ganz große Rolle spielt, wollen wir kurz darauf eingehen.

Zunächst einmal eine Definition. Was bedeutet eigentlich „Dokumenten-Management"? Das Fraunhofer Institut für Arbeitswirtschaft und Organisation IAO definiert diesen Begriff in der Marktstudie Dokumenten- und Workflow-Management-Systeme so: „Die Aufgabe des Dokumenten-Managements umfasst das Scannen, Erstellen, Verwalten, Weiterleiten, Ablegen, Archivieren, Abrufen und Suchen von Dokumenten. Es soll den Menschen bei der Bearbeitung, der Verwaltung, der Weitergabe und Ablage von Informationen und Dokumenten unterstützen. Es hat zum Ziel, die Produktivität durch eine Verkürzung der Dokumentendurchlaufzeit und eine sofortige Bereitstellung notwendiger Informationen zu erhöhen. Dokumenten-Management-Systeme können Bürovorgänge nicht nur unterstützen, sondern auch durch die Definition und Unterstützung dynamischer Sequenzen von Tätigkeiten und die Integration von statischen Informationsobjekten optimieren."

Drei wesentliche Funktionen spielen dabei eine Rolle:

– *die Archivierung,* also das Erfassen, Digitalisieren, Indexieren, sowie die lang-
  fristige Speicherung,
– *Retrieval und Recherche* auf Inhalte von Dokumenten beziehungsweise auf Informationen zu diesen Dokumenten,
– *die Vorgangsunterstützung,* wobei zwischen „Workflow", nämlich der Unterstützung von Vorgängen gemäß definierten und standardisierten Arbeitsabläufen sowie „Groupware" unterschieden wird, die Sie wahrscheinlich kennen,
  wenn Sie in Netzwerken mit E-Mail, Terminkalendern und so weiter arbeiten.
  Groupware unterstützt also kooperatives Arbeiten.

Auf dem deutschsprachigen Markt gibt es zurzeit über zweihundert Anbieter von
Hardware, Software und Dienstleistungen zum Thema Dokumentenmanagement. Die Angebotspalette ist reichhaltig. Anbieter von externer Aktenverwaltung lagern Ihre Archivakten in eigenen Lagerhallen und erstellen Ihnen zum
Wiederfinden CDs mit Schlagworten und Fundstellen und so weiter. Andere Anbieter liefern komplette Lösungen für digitales Dokumentenmanagement.

Sowohl Untersuchungen wie auch Expertenaussagen weisen darauf hin, dass wir
uns hier erst am Anfang der Entwicklung befinden. Man hört von Schätzungen,
die das jährliche Marktwachstum für Dokumentenmanagement auf über achtzig
Prozent ansetzen. Das erscheint mir zwar ziemlich unrealistisch, aber nachgewie-
senermaßen haben wir es hier mit einem enormen Marktpotenzial zu tun. Interessant ist, dass vor allem immer wieder zwei Branchen genannt werden, in denen
die meisten Installationen realisiert sind: Banken und Versicherungen. Das liegt
meines Erachtens an dem hohen Anteil strukturierter Informationen und stan-
dardisierter Arbeitsabläufe, die typisch sind für diese Branchen.

Überhaupt waren die Vorreiter für den Einsatz von Dokumentenmanagement-
Systemen Branchen oder auch Bereiche in Unternehmen, in denen große Mengen von strukturierten oder leicht strukturierbaren Informationen tagtäglich
gemanagt werden müssen und auf die ein häufiger Zugriff erfolgt. Gehen wir einmal anhand eines Beispiels kurz durch, wie ein „typisches" Dokumentenmanagement-System arbeitet:

Stellen Sie sich vor, Sie sitzen in der Vertriebsabteilung eines Großhandelsunter-
nehmens und erstellen Angebote zu Kundenanfragen. Ein Interessent richtet
eine schriftliche Anfrage an Ihr Unternehmen. Diese wird in der Poststelle geöffnet und sofort gescannt.

*Scanner sind quasi elektronische Kopierer, die das erfasste Dokument jedoch nicht
auf Papier kopieren, sondern digital als Bild, also als „Image" erfassen. Dieses ist
eine sogenannte „nicht codierte Information" (NCI), die der Computer nicht ohne
weiteres interpretieren und weiter verarbeiten kann. Er benötigt deshalb eine Art
„Übersetzer", der ihm erklärt, dass die schwarzen und weißen Punkte, aus denen*

sich das Bild zusammensetzt, Buchstaben oder Zahlen bedeuten. Diesen Überset- zer nennt man „OCR" (Optical Character Recognition). Mit einem OCR-Pro- gramm werden Bildinformationen (NCI) in vom Computer verarbeitbare Textin- formationen (CI = coded information) umgewandelt. Durchschnittliche Scanner können pro Minute zehn bis fünfzehn Seiten einscannen, Hochleistungsscanner schaffen bis zu einhundert Seiten pro Minute.

Nachdem das Dokument gescannt ist, erscheint es auf dem Bildschirm des Post- stellen-Mitarbeiters, der kurz prüft, ob das Scan-Ergebnis zufrieden stellend ist. Wenn ja, leitet er es gleich weiter an Sie als zuständige(n) Sachbearbeiter(in). Sie erstellen nun in Ihrer Textverarbeitung ein Angebot zu dieser Anfrage und faxen dieses gleich an den Kunden weiter. Dann archivieren Sie das Angebot. Je nach- dem, wie komfortabel Ihr Dokumentenmanagement-System ist, übernimmt es bestimmte Standardinformationen aus Ihrem Angebot als Indexierung, nach der Sie später auch suchen können, zum Beispiel Name des Kunden, Betreff, Datum und so weiter. Die Anfrage werden Sie wahrscheinlich selbst indexieren müssen.

Wenn Sie ein Dokument digital archivieren wollen – zum Beispiel auf einer opti- schen Speicherplatte – müssen Sie zuvor genau festlegen, anhand welcher Kriterien Sie dieses Dokument wieder finden wollen, und diese Kriterien in einem Index ent- sprechend festhalten. Ein Index besteht also aus der Menge aller festgelegten Such- informationen für spätere Zugriffe und Recherchen. Ein Index kann enthalten:

– *Identifizierende Informationen (zum Beispiel einen Barcode, der einer eindeuti- gen Dokument-Nummer entspricht)*

– *Beschreibende Informationen (zum Beispiel Kundenname, Datum, Schlagworte aus dem Inhalt des Dokumentes und so weiter)*

Bei vielen Dokumentenmanagement-Systemen haben Sie die Möglichkeit, Doku- mente, die in sich bereits strukturiert sind (zum Beispiel Rechnungen oder Liefer- scheine) – bei denen bestimmte Informationen also unter bestimmten Bezeichnun- gen immer an derselben Stelle stehen –, dort jeweils so zu definieren, dass das System automatisch bestimmte Informationen aus dem Dokument in entsprechend festgelegte Indexfelder übernimmt.

Bei nicht strukturierten Dokumenten besteht meist die Möglichkeit, entweder eine Volltext-Recherche durchzuführen oder Felder zu definieren. Bei der Vollrecher- che stellt Ihnen das System alle Dokumente zusammen, die einen bestimmten Suchbegriff oder eine Suchbegriffs-Kombination enthalten. Die „Gefahren" hier- bei habe ich zuvor schon beschrieben: entweder Sie haben eine so hohe Treffer- quote, dass Sie sich mühsam mit weiteren Rechercheschritten zu Ihrem gewünsch- ten Dokument durchkämpfen müssen. Oder es wird überhaupt nichts gefunden, weil Sie zum Beispiel „Auto" als Suchbegriff eingegeben haben, im gesuchten Do- kument aber der Begriff „Kraftfahrzeug" verwendet wird. Nur auf Volltextrecher- che zu bauen ist also gefährlich. Wenn Sie nämlich den „Sesam-öffne-dich"-

Schlüssel zu einem Dokument wirklich verloren haben – weil Ihnen zum Beispiel das Suchkriterium nicht mehr einfällt –, ist das Dokument auf einem digitalen Speicher so gut wie verloren. (Bei Papier ist die Chance dann tatsächlich größer, es wieder zu finden – zur Not, indem man alle Akten durchblättert.)

Neben der Volltextrecherche geben Ihnen Dokumentenmanagement-Systeme deshalb meist die Möglichkeit, Felder zu definieren, in denen Sie bestimmte Suchinformationen zu Ihrem Dokument festhalten können. Wie Sie aus dem Kapitel über die Ordnungssysteme aber schon wissen, kann es gefährlich sein, hier nur individuelle Schlagworte zu vergeben. Womit wir wieder beim Wortschatz und dem Bausteinsystem wären. Nicht umsonst habe ich in letzter Zeit schon Beratungen für Kunden durchgeführt, die ein Dokumentenmanagement-System einführen wollten, aber nicht wussten, wie sie ihre Indizes aufbauen sollten. Die Akten-James-Methodik hat uns dabei recht gut aus der Patsche geholfen.

Kommen wir wieder zu unserem Beispiel zurück. Wenn Anfrage und Angebot indexiert sind, können sie gespeichert werden.

Dabei wird Ihr Dokument in der Regel komprimiert, das heißt, der Speicherbedarf wird verringert. Unkomprimiert benötigt eine DIN-A4-Seite nämlich 500 kB bis zu 1 MB Speicherplatz. Da wäre Ihre Platte ziemlich schnell voll. Abhängig vom Kompressionsverfahren kann der Speicherbedarf bis zum Faktor 10 verringert werden.

So, wenn jetzt zwei Tage später das Telefon klingelt und der Kunde noch etwas zu Ihrem Angebot wissen will, können Sie sich auf Ihrem Bildschirm sehr schnell die notwendigen Dokumente dazu besorgen, ansehen oder auch bearbeiten – einfach, indem Sie zum Beispiel den Kundennamen und den Betreff oder das Angebotsdatum eingeben. Es entfällt praktisch der gesamte Zeitaufwand für den manuellen Zugriff auf Papier, der selbst dann, wenn sich das Dokument in einem Ordner befindet, der in Ihrem Büroschrank steht, doch im Minutenbereich bewegt. Elektronisch sollte es dagegen nur einige Sekunden dauern, bis Sie auskunftsbereit sind.

Hier liegt sicher auch der wesentliche Nutzen der Dokumentenmanagement-Systeme. In der ersten Phase, der Ablage nämlich, können gut organisierte Papierablagen zeit- und kostenmäßig eventuell noch konkurrieren. Denn vor allem bei unstrukturierten Informationen kann die Indexierung relativ zeitaufwändig sein. Da hilft dann auch ein schneller Scanner nicht so viel. Oder können Sie sich vorstellen, für einhundert ganz verschiedene Dokumente innerhalb einer Stunde einen eindeutigen Index zu vergeben? Vielleicht erinnern Sie sich an das Beispiel vom Sekretariat, in dem sich die Papierdokumente stapeln, obwohl ein Dokumentenmanagement-System vorhanden ist. Der Erfassungsaufwand ist jedenfalls bei unstrukturierten Informationen in der Regel der größte Kostenfaktor. (Bei angenommenen 60 DM Personalkosten pro Stunde und einer Erfassungsleistung von einem Dokument pro Minute kostet allein die Erfassung pro Dokument eine DM. Überlegen Sie – wie viele Dokumente müssten Sie täglich erfassen?)

Bei jedem Zugriff auf ein Dokument können allerdings Kosten gespart werden. Vorausgesetzt, Ihr Retrieval-System funktioniert optimal, sparen Sie bei jedem Zugriff eine bis zehn Minuten und mehr im Vergleich zur Papierablage.

Aus diesen Überlegungen ergibt sich, wo Dokumentenmanagement-Systeme Sinn machen und wo nicht: Für Altbestände, auf die kaum noch zurückgegriffen wird, lohnt sich der Einsatz kaum. Dem Umstellungsaufwand steht kaum Einsparpotenzial gegenüber, wenn keine oder nur wenige Rückgriffe zu erwarten sind.

Auch wenn es bei Ihnen sehr häufig vorkommt, dass Chef oder Sachbearbeiter komplette Vorgänge mit außer Haus (oder nur in ein Besprechungszimmer) nehmen müssen, sollten Sie vor Einführung des papierlosen Büros genau überlegen, wie Sie das managen wollen. Haben die Mitarbeiter Notebooks, kann auch der Chef damit umgehen? Dann können Sie den Vorgang aus dem Archiv zusammenstellen und „digital" mit auf die Reise geben. Wenn nicht, hieße das jedes Mal den gesamten Vorgang auszudrucken. Wird er dann – ergänzt um neue Dokumente – wieder zurückgebracht, dürfen Sie aussortieren: was ist schon gescannt, was nicht? (Kleiner Tipp: drucken Sie den Vorgang auf farbiges Papier aus, dann erkennen Sie schneller, was neu dazugekommen ist.) Besser wäre es wahrscheinlich, Vorgänge, die häufig auf Reisen gehen, solange noch parallel in Papierform abgelegt zu halten, bis sie nicht mehr auf diese Weise gebraucht werden.

Unbestreitbare Vorteile von Dokumentenmanagement-Systemen sind vor allem:

Wenn Workflow- und Groupware-Funktionen enthalten sind, können Vorgänge integriert bearbeitet werden. Zeitaufwändiges Kopieren und Verteilen entfällt – Dokumente werden einfach übers Netz verschickt. Mehrfacharbeiten entfallen, weil alle Bearbeitungsschritte festgelegt und kontrollierbar sind. Ebenso entfallen natürlich Mehrfachablagen – das Dokument ist digital nur einmal vorhanden, obwohl gleichzeitig mehrere Mitarbeiter daran arbeiten können.

Die Mitarbeiter können schneller bessere Entscheidungen treffen, wenn alle Informationen quasi auf Knopfdruck verfügbar sind. Das Warten auf andere entfällt. Die Auskunftsbereitschaft und -fähigkeit steigen, die Qualität der Arbeit wird besser, die Kunden werden zufriedener.

Alle Arten von Informationen – unabhängig vom Speichermedium – können an einem Arbeitsplatz multimedial gemanagt werden. Zeit raubende Medienbrüche sind passee.

Wegezeiten – zum Beispiel in den Nebenraum – entfallen, Suchzeiten werden drastisch reduziert – und damit auch Kosten für unproduktive Arbeiten. Die

Kosten für Platz und Unterbringung in Registraturmöbeln und -mitteln entfallen sogar fast vollständig.

Optische und magnetische Speichermedien haben eine längere Verfalldauer als Papier, damit ist im Prinzip die Langzeitspeicherung auch sicherer. (Ob in einhundert Jahren allerdings noch Technik vorhanden ist, mit denen man diese Informationen wieder zugänglich machen kann, ist zu bezweifeln. Deshalb müssen automatische Sicherungsmechanismen eingebaut werden, die regelmäßig – und vor allem bei Technologie-Wechseln – notwendige Sicherungskopien ziehen.)

Sie sehen also, im Informationsmanagement liegen noch beachtliche Einsparpotenziale – vor allem bei den unstrukturierten Informationen. Klar geworden ist aber hoffentlich auch, dass es nicht damit getan ist, einfach ein Dokumentenmanagement-System anzuschaffen und darauf zu hoffen, dass sich damit die Einsparpotenziale von selbst realisieren. Ich muss da an eine Teilnehmerin in einem Ablage-Seminar denken, die bei der Erwartungsabfrage am Anfang sagte: „Ich bin hier, weil mein Chef und ich von unseren Papierbergen endgültig die Nase voll haben. Innerhalb des nächsten halben Jahres wollen wir das papierlose Büro realisieren. Ich habe da in einer Computerzeitung schon ein System entdeckt – die Beschreibung klingt toll. Hier im Seminar möchte ich gerne erfahren, ob das was für uns ist."

Sie können sich vorstellen, dass mir auf Grund dieser Erwartung kurz der Unterkiefer herunterklappte. Die Teilnehmerin hatte wirklich die Vorstellung, man kauft ein System, stapelt die Papiere auf den Scanner und das wär's dann. Als sie im Laufe des Seminars merkte, dass zuvor eine Reorganisation in bestimmten, sinnvoll aufeinander folgenden Arbeitsschritten stattfinden muss, und als ihr klar wurde, dass damit viel Arbeit verbunden ist, wurde sie immer frustrierter. Es lag nämlich auf der Hand, dass sie und ihr Chef diese Arbeit nicht quasi „nebenbei" innerhalb eines halben Jahres bewältigen konnten. Ich hoffe nur, dass ich – und auch die anderen Teilnehmerinnen – sie davon überzeugen konnten, nicht trotzdem einfach dieses System zu kaufen. Nicht umsonst geben Experten das Verhältnis von Hard-/Softwarekosten zu notwendigen Beratungskosten mit 2 : 3, teilweise sogar mit 1 : 2 an.

Die wesentlichen Schritte zur Einführung eines Dokumenten-Management-Systems entsprechen prinzipiell dem Vorgehen, das ich in Kapitel 8 – Projektablauf – beschreibe.

7 Schriftgutorganisation – lohnt sich das?

Ordnung in die Ablage zu bringen, wenn keine drin ist, ist mühsam. Zeit kostet es und Überlegung, und natürlich ist Zupacken auch gefragt, denn nur auf Grund von Gehirnströmen bewegen sich keine Akten. Daher fragt so mancher Mitarbeiter zu Beginn von Reorganisationsmaßnahmen: „Lohnt sich der ganze Aufwand überhaupt? Wir haben schließlich etwas anderes zu tun, als uns um die Ablage zu kümmern."

Ich habe schon mehrfach angesprochen, wie wichtig es ist, hier Überzeugungsarbeit zu leisten und, wenn nötig, auch das notwendige Problembewusstsein zu wecken. Besonders schlagkräftig sind Argumente aus dem Bereich der Wirtschaftlichkeit. Hier gibt es allerdings das Problem, dass nicht alle Vor- und Nachteile, die in Zusammenhang mit der Schriftgutorganisation auftauchen, exakt in Zahlen quantifizierbar sind. Oder wie würden Sie es bewerten, dass der Mitarbeiter Müller nach Einführung eines einheitlichen Ordnungssystems wesentlich weniger Adrenalin produziert, weil er weniger oft und lange suchen muss?

Immerhin sind einige Faktoren ziemlich genau quantifizierbar, und einige andere kann man zumindest ganz gut schätzen. Wir wollen uns in diesem Kapitel daher einmal grundsätzlich überlegen, welche Aspekte in die Waagschalen von Kosten und Nutzen geworfen werden müssen, wenn wir die Wirtschaftlichkeit der Schriftgut-Reorganisation beurteilen wollen.

Überlegen wir daher zunächst, welche Kosten eine konventionelle Schriftgutablage (Ablage auf Papier, Ordnung weitgehend nach Stichworten, nicht organisierter Aktenfluss, keine organisierte Altablage) verursacht:

– Da haben wir zunächst die Raumkosten. Aus den Stellflächen, die die Registraturmöbel beanspruchen, können die durch Registratur belegten Quadratmeter-Flächen errechnet und entsprechen mit Jahres-Miet- oder Abschreibungskosten bewertet werden. Die Raumkosten sind abhängig von der Menge des Schriftgutvolumens und steigen, wenn das Volumen entsprechend zunimmt.
– Weiter muss das Schriftgut in Registraturmöbeln untergebracht werden. Art und damit auch Kosten dieser Möbel sind abhängig von der Ablagetechnik. Hängeregistratur-Schränke sind zum Beispiel wesentlich teurer als einfache Regale für Ordner oder Kassetten-Ablage. Die Menge der Möbel insgesamt hängt wiederum von der Schriftgutmenge ab. Die Kosten errechnen sich pro Jahr aus den entsprechenden Abschreibungssätzen.
– Schließlich benötigen wir noch Schriftgutbehälter für die Unterbringung der Schriftstücke. Das sind Ordner, Hängemappen, Einstellmappen und so weiter.

Auch hier hängen die dafür entstehenden Kosten ab von der Schriftgutmenge und ihrem Zuwachs sowie von der verwendeten Ablagetechnik.
– Das größte Stück vom Kuchen der Registraturkosten machen die Personalkosten aus. Hierbei handelt es sich um die bewertete Zeit, die die Mitarbeiter für alle Arbeiten, die mit der Schriftgutablage zusammenhängen, benötigen. Gemeint ist damit nicht nur die Zeit der Registraturkräfte, die den ganzen Tag mit Registraturarbeiten beschäftigt sind. Auch jeder Handgriff und jede Überlegung, die ein Chef, eine Sekretärin, ein Sachbearbeiter, also jeder Mitarbeiter, der mit Schriftgut zu tun hat, macht, um ein Schriftstück aufzufinden oder abzulegen, muss hier berücksichtigt werden. Deshalb gilt, dass der maßgebende Zeitaufwand für die Registratur in einem Unternehmen am Arbeitsplatz entsteht und nicht durch einen oder mehrere Registratoren.

Wenn durch einen Registrator in einem Unternehmen mit einhundert Mitarbeitern jedem Mitarbeiter täglich nur fünf bis zehn Minuten Zeitaufwand erspart werden, dann hat sich der Registrator zumindest zeitlich bereits amortisiert. Andererseits gilt dann allerdings auch, dass es fatal ist, wenn in der Registratur fünf Prozent aller Mitarbeiter eines Unternehmens beschäftigt sind und alle übrigen Mitarbeiter dadurch keine Zeit sparen.

Der Zeitaufwand der Mitarbeiter hängt ab von der Schriftgutmenge, was logisch ist, denn in zehn laufenden Metern Akten sucht man ein Schriftstück länger als in einem Meter. Weiter hängt der Zeitaufwand ab von der verwendeten Ablagetechnik. Ich habe schon erwähnt, dass zum Beispiel die Loseblattablage ungefähr 37 Prozent weniger Zeitaufwand beansprucht als die Ordnerablage. Und schließlich hängt der Zeitaufwand ganz entscheidend ab von dem Vorhandensein und Funktionieren eines Ordnungssystems.

Eine Quantifizierung lässt sich hierfür allerdings nur aus Angaben von Mitarbeitern bei der Ist-Aufnahme durchschnittlich schätzen. Als „normal" bei einer nicht optimal organisierten Ablage ohne einheitliches Ordnungssystem würde ich einen Zeitaufwand von durchschnittlich mindestens einer Stunde täglich für Sekretärin und Sachbearbeiter schätzen. Diese Schätzung beruht auf meinen Erfahrungen bei der Befragung von Mitarbeitern während der Ist-Aufnahme. Dabei muss man berücksichtigen, dass Mitarbeiter diesen Zeitaufwand subjektiv meist unterschätzen, weil ein großer Teil der mit Suchen/Finden verbundenen Zeiten nicht bewusst registriert wird.

Wenn man sich die Veröffentlichungen der Büroindustrie und Bürofachzeitschriften ansieht, dann wird der Arbeitsaufwand für die Schriftverwaltung sogar mit 20–30 Prozent der Arbeitszeit angegeben.

Welche Kosten lassen sich durch eine Reorganisation reduzieren und welche Kosten verursacht die Reorganisation? Das hängt vom Umfang der Reorganisationsmaßnahmen ab. Die folgenden Beispiele zeigen Ihnen, welche Faktoren im konkreten Fall berücksichtigt werden müssen:

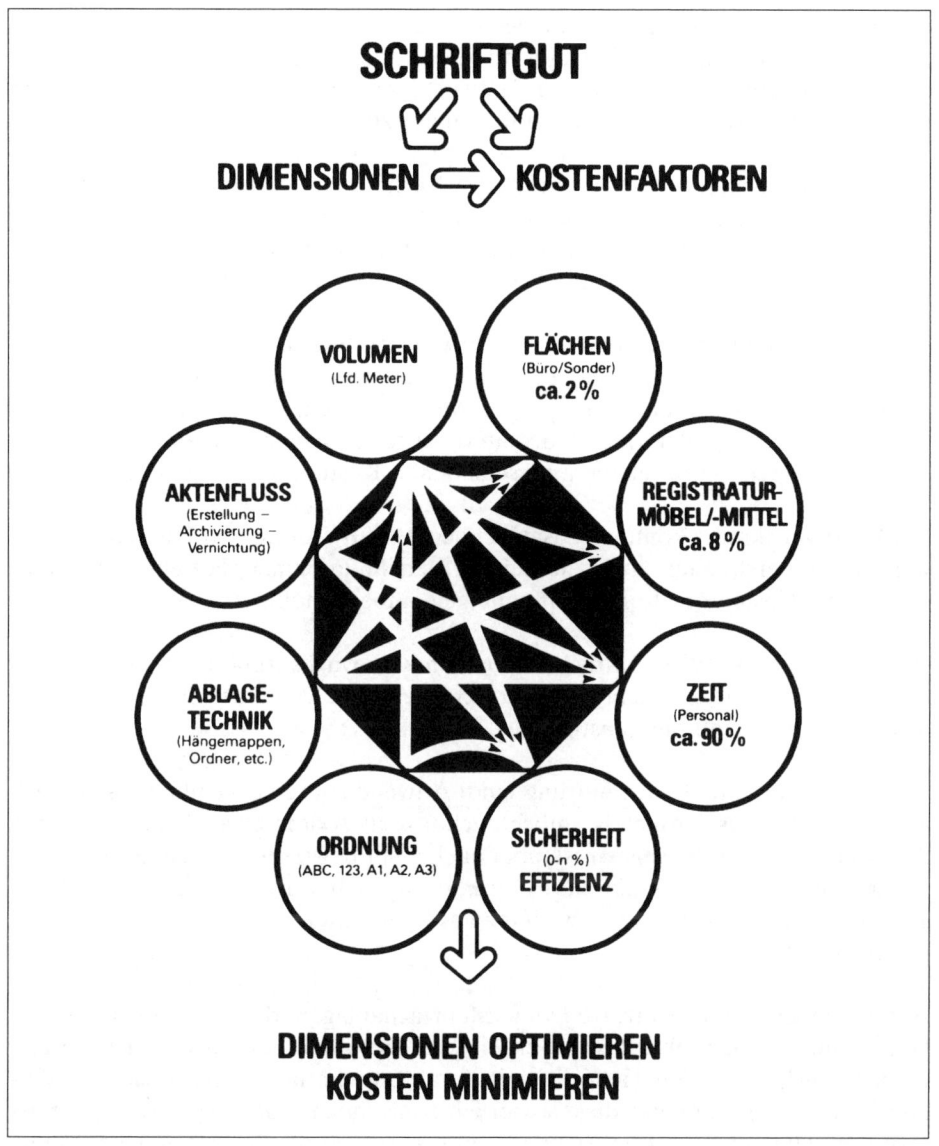

Abbildung 11: Schriftgutorganisation

Eine quantitative, selektive Ist-Aufnahme, wie sie in Kapitel 2.5 beschrieben wurde, senkt zum Beispiel die Raumkosten, die Kosten für Möbel und Organisationsmittel und den Zeitaufwand, da Schriftgut vernichtet beziehungsweise in nachgelagerte, kostengünstigere Registraturstufen verlagert wird. Arbeitsräume werden durch eine solche Aktion um durchschnittlich dreißig bis vierzig Prozent, in vielen Fällen auch um mehr Schriftgut entlastet. Besonders dort, wo neu gebaut und/oder möbliert werden soll, können unnötige Investitionen in beträchtlicher Höhe vermieden werden. Dagegen zu rechnen ist der Aufwand für die ganze Aktion, der sich aus Zeitaufwand der Mitarbeiter bei der Ist-Aufnahme, eventuell aus Beraterhonoraren sowie aus Raum- und Möblierungskosten in den nachgelagerten Registraturstufen zusammensetzt.

Aus meiner bisherigen Erfahrung ist das Verhältnis von Aufwand und Nutzen bei einer quantitativen, selektiven Ist-Aufnahme immer wirtschaftlich gewesen – der Nutzen übersteigt die Kosten direkt nach Abschluss der Maßnahmen. Ein Beispiel am Schluss dieses Kapitels verdeutlicht dies in konkreten Zahlen.

Ob eine Umstellung der Ablagetechnik wirtschaftlich ist, kann ziemlich genau berechnet werden, indem man die Kosten der verschiedenen Verfahren genau ausrechnet. Dazu muss man die genaue Menge des umzustellenden Schriftgutes sowie Formate, Papierstärken und weitere Kriterien zuvor erhoben haben. Dann werden die oben beschriebenen, verschiedenen Kostenarten gegenübergestellt.

Bei Mikroverfilmung kommen zusätzlich Kosten für Geräte und Filmmaterial sowie für den personellen Aufwand bei der Verfilmung hinzu, beziehungsweise es werden die Kosten der Lohnverfilmung gegenübergestellt.

Vorausgesetzt, die Wirtschaftlichkeitsberechnung wird sorgfältig unter Einbeziehung aller Aspekte gemacht, kann konkret festgestellt werden, welche Ablagetechnik im Einzelfall die günstigste ist.

Dass die Erarbeitung, Einführung und Anwendung eines einheitlichen Ordnungssystems wirtschaftlich ist, möchte ich fast als Axiom bezeichnen – als einen Satz, der zwar nicht beweisbar ist, aber auch nicht bewiesen werden muss, weil er jedem einleuchtet. Wenn ein klares Ordnungssystem vorhanden ist und auch angewendet wird, spart man Zeit, weil man alle gesuchten Schriftstücke schnell und gezielt findet.

Außerdem spart man Platz, weil viele Mehrfachablagen, die zuvor aus Unsicherheit geführt wurden, überflüssig werden. Wie viel Zeit allerdings tatsächlich eingespart wird, ließe sich vielleicht mit der Stoppuhr im Vorher-/Nachher-Verfahren feststellen; nur hat dies, soviel ich weiß, noch keiner versucht. So muss man sich dabei eben mit Schätzungen und Aussagen der Mitarbeiter begnügen, die ebenfalls auf Vorher-/Nachher-Erfahrungen beruhen und, wenn es ein gutes System ist, nachher meist viel freundlicher klingen. Aber wie gesagt, dass hier tatsächlich viel Zeit einzusparen ist, wird von niemandem bestritten und braucht daher auch nicht mit der Stoppuhr bewiesen zu werden.

Ob der Zeitaufwand, der zu einem einheitlichen Ordnungssystem führt und der sich aus den Kosten für die beteiligten Mitarbeiter und eventuell Honoraren für externe Organisationsberater zusammensetzt, gerechtfertigt ist? Die Antwort auf diese Frage liegt bei den Entscheidungsträgern im Unternehmen und wird sicherlich durch deren subjektive Erfahrungen mit der (Un-)Ordnung maßgeblich beeinflusst.

Ein praktisches Beispiel aus einem unserer Projekte, das wir vor einigen Jahren durchführten, demonstriert, wie eine Wirtschaftlichkeitsbetrachtung konkret aussehen kann:

In einem Unternehmen mit 117 Mitarbeitern in der Verwaltung, Branche Investitionsgüter-Industrie, wurde eine quantitative, selektive Ist-Aufnahme mit Organisation von Aktenfluss und nachgelagerten Registraturstufen sowie eine Umstellung der Ablagetechnik von Ordner- auf Hängeregistratur durchgeführt.

Zielsetzung der Aktion war, die Schriftgutmenge in den Arbeitsräumen zu senken, da das Unternehmen einen Neubau bezog und die geplanten Flächen auf Grund des Mitarbeiter-Zuwachses bereits knapp waren. Außerdem sollten Registraturmöbel-Investitionen so weit als möglich vermieden und die überwiegend hoch qualifizierten und überlasteten Mitarbeiter von Routinearbeiten weit gehend entlastet werden. Die Wirtschaftlichkeitsbetrachtung nach Durchführung der Organisationsmaßnahmen sah zusammengefasst folgendermaßen aus:

– Einsparung an Stellflächen   56 qm

Durch die quantitative, selektive Ist-Aufnahme wurden insgesamt rund 243 laufende Meter Schriftgut von rund 614 laufenden Metern aus den Arbeitsräumen entfernt (Vernichtung beziehungsweise Verlagerung in sekundäre Registraturstufen).

– Einsparung Mobiliar   40 000 DM

Ohne die quantitative Ist-Aufnahme wären rund 545 laufende Meter Ordner-Schriftgut (die restlichen 69 laufenden Meter befanden sich bereits in Hängeregistratur) auf Hängeregistratur umgestellt worden. Die Investitionen für neue Hängeregistratur-Schränke hätte damals bei Ansatz des Firmen-Einkaufspreises rund 93 000 DM ausgemacht. Da dieses Schriftgutvolumen jedoch um rund 243 laufende Meter reduziert werden konnte, für die keine neuen Schränke gekauft werden mussten, ergab sich somit die oben ausgewiesene Einsparung für Registraturmöbel.

– Einsparung an zukünftigem Mobiliar   15 000 DM

Da der Aktenfluss mit organisiert wurde, war von diesem Zeitpunkt an eine wesentliche Zunahme des Schriftgutvolumens in den Arbeitsräumen, die eine Neubeschaffung von Mobiliar notwendig gemacht hätte, nicht mehr zu befürchten. Der bisherige Schriftgutzuwachs hatte pro Jahr ungefähr 15 Prozent, also 90 laufende Meter betragen. Bewertet wieder mit dem Einkaufspreis ergibt sich die oben genannte Einsparung pro Jahr.

– Einsparung an Organisationsmitteln   14 000 DM

Durch die Reduzierung des Schriftgutvolumens in den Arbeitsräumen brauchten insgesamt 243 laufende Meter Schriftgut weniger auf Hängeregistratur umgestellt zu werden, woraus sich, ebenfalls bei Einsatz des Firmen-Einkaufspreises für Hängeregistratur-Organisationsmittel, obige Einsparung ergab.

– Einsparung an Manipulationszeiten   386 000 DM

Nach den Befragungsergebnissen der quantitativen, selektiven Ist-Aufnahme benötigten die Mitarbeiter bisher durchschnittlich eine halbe Stunde täglich für reine Schriftgut-Manipulation. Durch Verwendung der Loseblattablage statt bisheriger OrdnerAblage wurde dieser Zeitaufwand nachweisbar um rund 40 Prozent, durch Reduzierung des Schriftgutvolumens und Einführung eines Aktenflusses mit definierten Verantwortlichkeiten nochmals um geschätzte 10 Prozent gesenkt. Daraus ergab sich die Reduzierung um 15 Minuten täglich pro Mitarbeiter.

Umgelegt auf 220 Arbeitstage und durchschnittliche Personalkosten von 60,00 DM pro Stunde ergab sich der oben genannte Wert.

Der reduzierte Zeitaufwand führte nicht zum Verlust von Arbeitsplätzen sondern trug zu einer Reduzierung der bisher angefallenen Überstunden bei.

Insgesamt ergaben sich also bewertbare Einsparungen von 455 000 DM im ersten Realisierungsjahr. Demgegenüber standen Kosten von insgesamt rund 120 000 DM, die sich zusammensetzten aus dem Beraterhonorar sowie aus durchschnittlich zwei Stunden Zeitaufwand der Mitarbeiter für die Ist-Aufnahme, die gemeinsam mit den Beratern durchgeführt wurde. Außerdem war in diesen Kosten der Aufwand für die Registrierung und Auslagerung des nicht mehr aktuellen Schriftgutes enthalten. Hinzu kam noch der Aufwand für eine Registraturkraft, die mit der Verwaltung der sekundären Registraturstufen einschließlich Altablage/Archiv sowie der Kontrolle des Aktenflusses beauftragt wurde. Diese verursachte Kosten in Höhe von rund 45 000 DM jährlich. Da diese Kosten jährlich anfallen, müssen ihnen in der Wirtschaftlichkeitsüberlegung die 15 000 DM jährliche Einsparung an Registraturschränken, die jährliche Einsparung an zusätzlichen Flächen und der 10-Prozent-Anteil des Mitarbeiter-Zeitaufwandes gegenübergestellt werden.

Sowohl aus der Überlegung für das Realisierungsjahr wie auch für die Folgejahre ergibt sich, dass die Wirtschaftlichkeit der Reorganisation gewährleistet war. Insbesondere, als bestimmte, nicht quantifizierbare Vorteile noch gar nicht einbezogen waren, wie zum Beispiel:

– weniger Stress beim Arbeiten, wodurch die Arbeitszufriedenheit und die Arbeitsqualität der Mitarbeiter erhöht wurden,

– Sicherheit bei der Verfügbarkeit wichtiger Unterlagen, da durch die Entlastung der Arbeitsräume und durch die Registrierung des nicht mehr aktuellen
Schriftgutes die Übersichtlichkeit erhöht wurde,
– die Einsparung der Stellflächen, die sich besonders positiv auswirkte, da der
Platz knapp war und die ursprüngliche Aktenmenge kaum in den neuen Räumen unterzubringen gewesen wäre.

Wie dieses Beispiel sicher gezeigt hat, kann man kein allgemein gültiges Schema
für die Berechnung der Wirtschaftlichkeit von Organisationsmaßnahmen in der
Schriftgutverwaltung aufstellen. Zu verschieden sind die jeweiligen Voraussetzungen und Ziele der einzelnen Unternehmen und zu verschieden die Strategien
und Maßnahmen, die sich im jeweiligen Einzelfall ergeben. Denn nur, wenn die
individuellen Besonderheiten eines Unternehmens entsprechend berücksichtigt
werden und eine Konzeption daraufhin regelrecht maßgeschneidert wird, können
wir davon ausgehen, dass bei der Wirtschaftlichkeitsrechnung unter dem Strich
tatsächlich ein Plus herauskommt.

8 Projektablauf der Schriftgut-Reorganisation

Liebe Leserin, lieber Leser, durch sieben Kapitel Papier haben Sie sich bisher durchgekämpft, um zu erfahren, wie man mit Papier fertig werden kann. Haben Sie vielleicht Lust bekommen, die beschriebenen Systeme und Methoden einmal auszuprobieren? Wenn ja, würde es mich freuen. Aber Vorsicht – das „Gewusst wie" reicht noch nicht ganz aus, um aus einem mehr oder weniger großen Papierchaos das Informationssystem Schriftgutablage zu machen. Je größer das Unternehmen ist, je mehr Mitarbeiter in eine solche Reorganisation einbezogen werden sollen, desto wichtiger ist es, die gesamte Abwicklung sorgfältig zu planen. Denn ein gutes oder sogar optimales System ist nur die eine Seite der Medaille. Die konkrete Umsetzung eines solchen Systems in die Praxis ist die andere. Und da tauchen nun noch eine ganze Reihe von Problemen auf, die gelöst werden müssen, wenn aus der Theorie nicht Frustration, sondern anwendbare, praktische Lösungen werden sollen.

Die erste Frage, die auftaucht, ist: Wer ergreift die Initiative? Das ist in der Praxis sehr unterschiedlich und hängt wesentlich von der Größe und Struktur eines Unternehmens ab. Als Berater kennt man einige klassische Ausgangssituationen. Zum Beispiel: ständige Sucherei, ständiges Wartenmüssen auf Unterlagen, Unsicherheit, Platzmangel, fehlende Übersicht und so weiter führen dazu, dass irgend jemandem im Unternehmen die Sicherung durchbrennt. Je höher dieser Jemand in der Hierarchie steht, desto größer ist dann die Chance, dass tatsächlich etwas in Bewegung gerät und ein anderer Jemand beauftragt wird, endlich für Ordnung zu sorgen. Hierbei kann es sich um die Sekretärin handeln oder um den Assistenten, oder auch um den Leiter der Organisationsabteilung, sofern eine vorhanden ist. Manchmal wird diese Aufgabe – wie viele andere Spezialaufgaben auch – an externe Berater übertragen, wofür zum Beispiel Folgendes spricht:

- Berater bringen, sofern sie wirklich kompetente Spezialisten für das jeweilige Thema sind, Know-how und Erfahrung in einem Umfang mit, wie sie kein interner Mitarbeiter haben kann, denn schließlich haben die internen Mitarbeiter in der Regel andere Aufgaben, als zum Beispiel Registraturspezialisten zu sein. Auf Grund dieser Kombination von Know-how und Erfahrung löst ein kompetenter Berater daher spezielle Aufgabenstellungen routinierter, rationeller, effizienter und damit wirtschaftlicher als ein eigener Mitarbeiter, der sich in die Materie erst einarbeiten muss.
- Das Unternehmen kann für eine bestimmte Aufgabe zeitbegrenzt eine bestimmte personelle Kapazität einkaufen und muss nicht selbst diese Kapazität ständig in Bereitschaft halten.
- Der Prophet gilt, wie es so schön heißt, im eigenen Lande wenig. Diese psychologische Weisheit trifft oft auf die Durchführung organisatorischer Maßnah-

men zu. Mehr als einmal haben wir bei Beratungen Teil- oder Ansatzlösungen entdeckt, die von einzelnen Mitarbeitern entwickelt und vorgeschlagen worden waren und die wir selbst nicht besser hätten machen können. Der Urheber hatte aber einfach kein Gehör gefunden, sprich, sich nicht durchsetzen können. Ein Berater, der faire Teamarbeit leistet, bezieht gute Denk- und Problemlösungsansätze von Mitarbeitern immer so mit ein, dass der Urheber seine Sache vertreten und unterstützt sieht und auch schließlich den Teil der Lorbeeren miterntet, die ihm zustehen.

Egal, von wem letztlich die Initiative ausgeht, das Problem Schriftgutorganisation anzugehen, sollte eine Voraussetzung immer erfüllt sein, und die heißt: der Chef muss dahinter stehen.

Wenn wir einmal einen kleinen Exkurs machen und uns fragen, welche hauptsächlichen Aufgaben der Chef oder die Chefin, also die Geschäftsführung, eigentlich haben, dann werden wir überall hören oder lesen: Unternehmensziele entwickeln, bekannt machen und die Mitarbeiter für diese Ziele begeistern. Wer das als Führungskraft schafft, dem ist in der Regel Erfolg beschieden, vorausgesetzt, er hat die richtigen Ziele vorgegeben. Wenn ein Mitarbeiter das Gefühl hat, dass die Geschäftsführung klar weiß, wo die Reise hingehen soll, und wenn er sich mit der Fahrtrichtung identifizieren kann, ist die Art der Durchführung das kleinere Problem. Wenn umgekehrt Mitarbeiter den Eindruck haben müssen, dass sie sich mit Arbeiten rumschlagen sollen, die die Geschäftsführung als minderwertig, unnötig und überflüssig, also als „peanuts" betrachtet, wenn sie also davon ausgehen müssen, dass ihr Einsatz nicht anerkannt, geschweige denn honoriert wird, dann kann man davon ausgehen, dass sie sich nicht sonderlich engagieren werden.

Derjenige, der für ein Projekt *Reorganisation der Schriftgutablage* verantwortlich zeichnet, sollte sich immer zuerst – und auch während der Projektabwicklung – davon überzeugen, dass ihm von Seiten der Geschäftsführung die nötige Unterstützung und Akzeptanz sicher ist. Das gilt für den internen Projektleiter ebenso wie für den externen.

Ich erinnere mich an ein Projekt vor vielen Jahren, in dem wir merkten, dass das Thema Schriftgutorganisation, das wir als Berater zu bearbeiten hatten, für die Geschäftsleitung immer uninteressanter wurde – obwohl unsere Leistung eine Stange Geld kostete. Das merkte man zum Beispiel daran, dass wichtige Entscheidungen für den Projektfortgang nicht getroffen wurden oder dass notwendige Anweisungen zur Durchführung weiterer Schritte auf sich warten ließen.

Als externer Berater ist man in so einem Fall in der Zwickmühle. Einerseits kann man sein Geld mit Däumchendrehen verdienen, andererseits ist abzusehen, dass man irgendwann einmal gefragt wird, wo die entsprechende Gegenleistung fürs Geld bleibt. Für uns half in dem damaligen Fall nur Zivilcourage und der sicher heroische Entschluss, aufs Däumchendrehen zu verzichten. Wir packten also unsere Siebensachen. Gerade als wir den letzten Karton in unserem Büroraum des Unternehmens verschlossen hatten, kam „zufällig" einer der Vorstände vorbei und fragte höchst erstaunt, was denn los sei. Wir sagten ihm, dass wir die Projektarbeit ab sofort einstellen würden, weil wir ohne die entsprechenden Entscheidungen der Geschäftsführung nicht sinnvoll weitermachen könnten. Und da wir ohnehin nichts mehr zu verlieren hatten, sagten wir darüber hinaus noch einiges mehr.

Zum Glück für uns und für das Projekt hatten wir den richtigen Vorstand erwischt. Er wusste sofort, dass alle bisherigen Investitionen an Zeit, Mühe und Geld umsonst gewesen wären, und er sorgte von da an dafür, dass die Zielsetzung und die grundsätzliche Haltung der Geschäftsführung zu diesem Projekt jedem im Unternehmen völlig klar waren. Von da an ging es bergauf. Das Projekt wurde erfolgreich abgeschlossen. Das eingeführte Ordnungssystem wird noch heute – nach vielen Jahren – angewendet. Jedes Mal, wenn ich in einem anderen Unternehmen der gleichen Branche Ist-Aufnahmen mache und dabei Schreiben dieses Unternehmens finde, die ein Baustein-Aktenzeichen tragen, fällt mir diese Geschichte ein. Mein Credo heißt daher: wenn es nicht anders geht, muss man, besonders als externer Berater, der Geschäftsführung die Pistole auf die Brust setzen und notfalls die Koffer packen.

Für einen internen Mitarbeiter, der mit der Durchführung eines solchen Projektes verantwortlich beauftragt ist, ist das mit der Pistole natürlich ein bisschen schwierig. Aber für den Erfolg seiner Arbeit ist der notwendige Rückhalt *von oben* fast genauso wichtig.

Wie einfach haben es da die Mitarbeiter in Behörden und öffentlicher Verwaltung. Dort gibt es bekanntlich für alles eine Anweisung – also in der Regel auch für die Registratur. Aber, Spaß beiseite, ganz so einfach ist das nicht. Wenn es sich dabei um eine Anweisung mit unzureichendem oder sogar antiquiertem Inhalt handelt, dann möchte ich nicht in der Haut eines armen, um Ordnung bemühten Beamten stecken. Wenn dieser wirklich die Initiative zur Renovierung der Schriftgutorganisation ergreifen möchte, dann hat er einen dornenreichen und langen Weg vor sich. Er kann eben nicht einfach zu seinem nächsten Chef gehen und sich dort den nötigen Rückhalt holen – solche Anweisungen gelten ja in der Regel für einen ganzen Behördenapparat und gehen daher von höchsten Instanzen aus. Das mit der Pistole auf der Brust kann er vergessen, der Amtsschimmel ist bekanntlich schusssicher.

Unser Fazit zur Initiative heißt also: optimal ist es, wenn die Initiative zur Reorganisation der Schriftgutverwaltung von der Geschäftsführung ausgeht oder von ihr voll unterstützt wird. Ist dies gewährleistet, dann muss als Nächstes die Besetzung der Haupt- und Nebenrollen in diesem Schriftgutprojekt geklärt werden. Wen brauchen wir also unbedingt dazu?

- Ein Entscheidungsgremium, in der Regel ist dies die Geschäftsleitung. Wie der Name schon sagt, liegt die Hauptaufgabe dieser Rolle darin, Entscheidungen zu treffen: über die Durchführung der Reorganisation grundsätzlich, über die Genehmigung von Soll-Vorschlägen und Konzeptionen, über Abwicklungskonditionen und so weiter.
- Einen Projektleiter. Dieser zeichnet verantwortlich für die gesamte Planung und Durchführung der Reorganisation. Der Projektleiter kann Mitarbeiter des Unternehmens oder externer Berater, also Mitarbeiter auf Zeit sein. Hauptsache, er oder sie versteht genug von der Materie und verfügt über einige Erfahrung in der Abwicklung solcher Projekte.
- Das Projektteam. Wie viele Mitglieder so ein Team umfasst, hängt ganz von der Größe des zu organisierenden Unternehmens oder Bereiches, vom Umfang der Aufgabenstellung und von den Terminvorgaben ab. Die Teammitglieder sollten von ihrer Qualifikation und ihrer Erfahrung für eine solche Aufgabe geeignet sein. Bei Einsatz externer Berater sollte im Projektteam aber mindestens ein Mitarbeiter des Unternehmens ständig vertreten sein. Idealerweise ist dies derjenige, der später für die Betreuung und Pflege der neu eingeführten Systeme verantwortlich sein wird.
- Die Mitarbeiter, also die von der Reorganisation betroffenen Büromenschen. Von diesen hängt das Gelingen des gesamten Projektes wesentlich ab. Sie geben die Informationen über die Ausgangssituation, sollen später ihre Ablage auf das erarbeitete System umstellen und dann ständig damit arbeiten. Man kann sagen, dass die Mitarbeiter die Hauptrolle in dem ganzen Stück spielen, denn wenn sie nicht mitziehen, dann nützt auch das beste System nichts.
- Einen Arbeitskreis. Dabei handelt es sich eigentlich um ein erweitertes Projektteam. Der Arbeitskreis setzt sich aus den Projektteam-Mitgliedern sowie weiteren, kompetenten Mitarbeitern des Unternehmens zusammen, die alle wichtigen Bereiche repräsentieren sollten.

So, das ist die Rollenverteilung. Das Stück selbst besteht aus Ouvertüre und einigen Akten.

In der Ouvertüre werden die Problemschwerpunkte festgestellt und schriftlich formuliert. Dies kann in einem sehr ausführlichen Gespräch mit den Initiatoren der Aktion oder in einer Kurzanalyse geschehen. Die schriftliche Formulierung ist dabei ganz wichtig. Gesagt ist schnell etwas und ebenso schnell vergessen oder falsch verstanden. Schwarz auf Weiß hat verbindlicheren Charakter, und alle Beteiligten sollten sich einig über die Problemstellung sein. Schließlich kommt es öfter vor, dass die falschen Probleme gelöst werden, weil die richtigen nicht erkannt wurden, oder dass Lösungen produziert wurden und man dann das richtige Problem dazu suchen musste.

Ganz besonders für externe Berater ist dies eine Grundforderung. Die Problemstellung muss schriftlich fixiert und zusammen mit der daraus entwickelten Zielsetzung Bestandteil des Projektauftrages sein. Die ebenfalls schriftlich fixierte Zielsetzung – sie kann aus Haupt- und Nebenzielen bestehen – ist Grundlage für das gesamte, weitere Vorgehen. Achten Sie darauf, dass die Zielsetzung sehr sorgfältig und vor allem detailliert formuliert wird. Eine allgemeine Aussage wie „Reorganisation der Schriftgutablage" lässt sich hinterher sehr weit auslegen und erlaubt keinerlei Kontrolle, ob das Ziel tatsächlich erreicht wurde.

Auch wenn es mühsam und schwierig ist, die Beteiligten zu einer konkreten Ausformulierung zu bringen – ohne exakte Zielsetzung ist das Haus auf Sand gebaut und kann jederzeit einstürzen. Eine konkrete Zielformulierung könnte zum Beispiel heißen: „Jeder Mitarbeiter findet jedes benötigte Dokument, sofern es vorhanden und er dazu berechtigt ist, beim ersten Zugriff innerhalb von X Minuten (oder Sekunden)."

Steht die Zielsetzung genau fest, dann wird ein Projektstrukturablauf-Plan erarbeitet. In diesem wird zum Beispiel genau festgehalten,

– wer an der Projektdurchführung beteiligt ist,
– in welchen Schritten das Projekt durchgeführt wird,
– zu welchen Terminen die einzelnen Arbeiten fertig sein müssen,
– welche Hilfsmittel eingesetzt werden sollen und
– was das Ganze kosten darf.

Nach der Ouvertüre erfolgt im ersten Akt die grundlegende Information aller am Stück Beteiligten. Dies kann zum Beispiel schriftlich mit einem Rundschreiben an alle Mitarbeiter geschehen. Oder wir trommeln alle Mitarbeiter zusammen und präsentieren den geplanten Projektablauf in einem Vortrag persönlich.

Für ganz wichtig halte ich auch die Information des Betriebsrates vor Beginn des Projektes. Die Reorganisation der Schriftgutablage ist in der Regel nicht mitbestimmungspflichtig. Sie führt auch kaum zur Einsparung von Stellen wie andere Rationalisierungsmaßnahmen. Dennoch geschieht hier eine Änderung der Ablauforganisation, und die sollte in jedem Fall mit dem Betriebsrat besprochen werden. Ich habe die Erfahrung gemacht, dass die Schriftgutorganisation ein Thema ist, welches die Interessen von Geschäftsführung einerseits und Betriebsrat beziehungsweise Mitarbeitern andererseits glänzend unter einen Hut bringt – wenn man früh genug mit allen darüber redet.

Denn schließlich sind alle Mitglieder des Unternehmens darüber einig, dass die Ablage möglichst optimal funktionieren muss. Der Unternehmer ist dafür, weil nur so die Aufgaben entsprechend schnell und gut durchgeführt werden können. Und der Mitarbeiter ist froh, wenn er seine Arbeit abwickeln kann, ohne ständig Zeit und Nerven durch Suchen zu verlieren.

Wenn nun alle Bescheid wissen, kann es richtig losgehen. Zunächst muss der Ist-Zustand festgestellt werden – das Projektteam macht also eine Ist-Aufnahme. Was dabei erfasst wird, hängt von der Problemstellung und Zielsetzung des Projektes ab. Wenn nur eine Zeitersparnis durch Veränderung der Ablagetechnik angestrebt ist, dann muss zum Beispiel erfasst werden:

- Wie viel Schriftgut mengenmäßig vorhanden ist.
- Welche Formate das Schriftgut hat.
- Welche Ablagetechnik im Ist-Zustand verwendet wird.
- Wie viel Zeit die Mitarbeiter für manuelle Ablagetätigkeiten im Ist-Zustand benötigen.
- Wie die Räumlichkeiten und Platzverhältnisse aussehen – welches Mobiliar vorhanden ist.
- Welche Erfahrungen und Vorlieben die Mitarbeiter in Bezug auf verschiedene Ablagetechniken haben.
- Wer welche Dokumente wie erzeugt.
- Wie der Dokumentenfluss durch das Unternehmen aussieht.
- Welche Infrastruktur vorhanden ist (Hard-/Software).
- Wie die wesentlichen Geschäftsprozesse aussehen.

Je nachdem, was für Informationen in der Ist-Aufnahme erfasst werden müssen, setzen wir verschiedene Erhebungstechniken ein:

- Aufgabenverteilung und Arbeitsabläufe können zum Beispiel durch Befragung oder Interview, aber auch durch Studium von Stellenbeschreibungen und Sammeln verwendeter Formulare erfasst werden.
- Suchbegriffe kann man von den Mitarbeitern selbst aufschreiben lassen.
- Mengen erfasst man mit dem Maßband und trägt sie in Formulare ein.

In der Regel wenden wir in einem Schriftgut-Projekt alle klassischen Erhebungstechniken an – vom Quellenstudium über Beobachtung, Besichtigung, Befragung, Multimoment-Studien bis zur Selbstaufschreibung. Die richtige Mischung muss immer im Einzelfall anhand der konkreten Projekt-Aufgabenstellung gefunden werden.

Nach der Ist-Aufnahme kommt die schwierigste Phase:

- Die Auswertung und Zusammenfassung der Ergebnisse in einem schriftlichen Ist-Aufnahme-Bericht,
- die Analyse des Ist-Zustandes, bei der die Problemursachen, Schwachstellen also, entdeckt werden müssen und
- die Entwicklung von Lösungsalternativen, deren Bewertung und schließlich die Erarbeitung eines
- schriftlichen Soll-Vorschlages.

Die schwierigste Phase ist dies deswegen, weil nach meiner Meinung alle Auswertungs-, Analyse- und Problemlösungstechniken, die jeder lernen kann, nicht ganz ausreichen, um *die* richtige Lösung zu finden. Es gehört eine gehörige Portion Erfahrung, Gefühl, Intuition und Kreativität dazu. Besonders als Projektleiter muss man eine Nase für das im jeweiligen Unternehmen Machbare haben, muss erkennen, ob das vorhandene Klima im Unternehmen, ob der Charakter der verschiedenen Gruppen im Unternehmen und deren Zusammen- oder Gegeneinanderwirken bestimmte Lösungen überhaupt zulassen – Lösungen, die, rein technisch oder wissenschaftlich gesehen, optimal sein mögen.

Erst kürzlich bekam ich zum Beispiel in einem Konzern mit ungefähr dreitausend Mitarbeitern zu hören, dass die Entwicklung und Einführung eines einheitlichen Ordnungssystems für das gesamte Unternehmen zwar logisch sinnvoll und gewiss auch theoretisch machbar sei, dass aber die Durchführung nur schrittweise, also abteilungsweise Erfolg versprechen würde, weil sich die verschiedenen Gruppen schon „aus Prinzip" nicht gleichschalten lassen würden. Wenn Sie nun aus dieser Aussage schließen, dass in diesem Unternehmen mehr gegen- als miteinander gearbeitet wird, dann liegen Sie mit dieser Annahme wahrscheinlich gar nicht so falsch. Und ich gebe Ihnen auch Recht, dass in einem solchen Unternehmen die Personal- und Organisations-Entwicklung wahrscheinlich vorrangiger wäre als eine reorganisierte Schriftgutablage.

Zusammenfassen wollen wir also, dass die Phase der Auswertung, Analyse und Soll-Konzipierung vom Organisator neben Know-how, Erfahrung und Einsatz der entsprechenden Arbeitstechniken vor allem Ideen und Gespür für das Realisierbare verlangen.

Ist-Aufnahme-Bericht und Soll-Vorschlag werden nach Fertigstellung dem Entscheidungsgremium präsentiert. Das ist ein spannender Moment, denn jetzt entscheidet sich, ob in der vorgeschlagenen Richtung weitermarschiert werden darf. Abgesehen davon, dass der Soll-Vorschlag Hand und Fuß haben muss, kommt es auch darauf an. dass er entsprechend überzeugend, plastisch, gut verständlich und mit Unterstützung aller zur Verfügung stehenden Hilfsmittel vorgetragen werden muss. Solche Hilfsmittel können zum Beispiel Folien und Overheadprojektor sein oder vorbereitete Modell-Ablagen. Es reicht also nicht, dass nur die Arbeit gut ist, sie muss auch entsprechend verkauft werden. Zu einem guten Organisator gehört auch, dass er die Kunst der Überzeugung und Präsentationstechnik beherrscht. Und dass er auf alle Fragen, Einwände und Gegenargumente, die während der Präsentation auftauchen könnten, gefasst sein muss. Wenn er bisher gute Arbeit geleistet hat, dann sind diese bereits erschöpfend im Projektteam bei der Lösungsfindung diskutiert worden.

Nehmen wir nun einmal an, die Sache ist gut gegangen, das Entscheidungsgremium hat mit dem Daumen nach oben gezeigt und die Realisierung der vorgeschlagenen Lösung genehmigt. Wie geht es dann weiter? Jetzt tritt der Arbeitskreis in Aktion. Wenn wir einmal von einer Reorganisation der Schriftgutverwaltung in allen bisher angesprochenen Bereichen ausgehen, dann hätte so ein Arbeitskreis zum Beispiel folgende Aufgaben:

- Bereinigung, Ergänzung und Zusammenführung der Aktenflussschemen, Fest-
  legung der verantwortlichen Stellen für Aufbewahrung, Überführung, Archi-
  vierung oder Vernichtung definierter Unterlagen,
- Bereinigung, Ergänzung, Strukturierung und Codierung der Suchbegriffslisten
  für die Bausteine des Ordnungssystems,
- Diskussion und Festlegung der Anwendungsregeln,
- Erarbeitung der *Gebrauchsanweisung* für die neue Schriftgutorganisation,
- Festlegung der zu verwendenden Ablagetechnik und
- Klärung und Festlegung der EDV-Unterstützung und Systemauswahl gemäß
  Anforderungsprofil aus dem Soll-Konzept.

Als Ergebnis seiner Arbeit präsentiert der Arbeitskreis dem Entscheidungsgremium schließlich den Registratur-Leitfaden als einführungsreife Soll-Konzep-
tion. Findet auch diese Gnade vor den Entscheidungsbefugten, steht der Realisierung nichts mehr im Wege.

Bisher war alles Trockenübung. Jetzt, bei der Umsetzung in die Praxis, zeigt sich,
was die erarbeiteten Systeme wert sind. Ich habe schon kurz angedeutet, wie
wichtig es ist, dass jeder einzelne Mitarbeiter mit der Einführung einer neuen
Schriftgutorganisation einverstanden ist. Oft wird diese Voraussetzung unter-
schätzt, und dann wundert man sich, dass optimale Systeme plötzlich alles andere
als optimal zu sein scheinen, sprich, praktisch einfach nicht funktionieren. Der
Grund ist, dass Mitarbeiter, die nicht motiviert sind, ausgezeichnet und relativ
unauffällig jede Realisierungsbemühung boykottieren können. Gründe für eine
solche Einstellung können zum Beispiel sein:

- Die Mitarbeiter fühlen sich bei der ganzen Sache übergangen und nicht gefragt,
- sie haben Angst, dass etwas Neues, Unbekanntes auf sie zukommt, das ihnen
  keine Vorteile, sondern nur zusätzliche Arbeit bringt,
- sie trauen dem Projektteam und Arbeitskreis nicht zu, dass diese in der Schriftgutablage etwas besser machen können als sie selbst, die sie schließlich schon
  jahrelang damit arbeiten,
- unbewältigte Probleme aus anderen Arbeitsbereichen finden hier ein Ventil,
  weil ein Boykott hier leichter möglich ist als die Lösung des eigentlichen Problems – zum Beispiel eine fällige, aber mehrfach verschobene Gehaltserhöhung.

Bis auf den letzten Grund, der natürlich sehr schwierig zu durchschauen ist und
dem betreffenden Mitarbeiter selbst gar nicht bewusst sein muss, lassen sich alle
anderen Gründe durch rechtzeitige Beteiligung der Mitarbeiter, wie ich sie beschrieben habe, weitgehend vermeiden. Besonders wichtig ist jetzt, dass die Betroffenen vor der notwendigen Umstellung ihrer Registraturen

- noch einmal genau über Sinn, Zweck und Vorteile der neuen Regelung informiert,

– in der Anwendung der neuen Systeme gründlich geschult werden
– sowie noch einmal Gelegenheit erhalten, alle Fragen zu stellen und alle Bedenken zu äußern, sodass spätestens in dieser Phase alle Überzeugungsarbeit geleistet wird, die notwendig ist zum Gelingen der Realisierung

Diese Schulungen führen wir in der Regel gruppenweise mit maximal zehn bis zwölf Teilnehmern durch. Wenn all diese Voraussetzungen erfüllt sind, gibt es in den meisten Fällen keine Probleme mit der Akzeptanz. Im Gegenteil, häufig entwickeln sich einige Mitarbeiter selbst zu Spezialisten im Informationssystem Schriftgutablage. Deren Ablagen lassen sich nach erfolgter Realisierung dann hervorragend als Muster- und Demonstrationsregistraturen für die weniger Eifrigen benutzen, die dann meistens auch so eine perfekte Ablage haben wollen.

Überhaupt ist es sehr zweckmäßig, die Umstellung der Registraturen nicht überall gleichzeitig zu beginnen. Sinnvoller ist es zum Beispiel, wenn man

– zuerst eine oder mehrere Pilotumstellungen macht und diese als Demonstrationsobjekte benutzt. Dies hat den Vorteil, dass man schnell zu ersten Ergebnissen kommt und eventuell notwendige Korrekturen, die erst auf Grund der praktischen Umsetzung sichtbar werden, direkt rückkoppelnd in die Systeme einbauen kann;
– dann etappenweise nach Organisationseinheiten vorgeht und innerhalb dieser Einheiten jeweils einen Promotor findet, der verantwortlich die ganze Abwicklung steuert und auch später die weitere Anwendung im Auge behält. Die gesamte Umstellungsphase sollte natürlich nach wie vor verantwortlich vom Projektleiter betreut werden, der auch vorher einen Ablaufplan mit Terminen festlegt.
Die schrittweise Realisierung hat den Vorteil, dass besondere Arbeitsauslastungs-Situationen, zum Beispiel saisonaler Art, für die einzelnen Organisationseinheiten entsprechend berücksichtigt werden können. Auch können die bei der Umstellung gemachten Erfahrungen immer direkt korrigierend in das Gesamtsystem eingebracht werden, sodass sie den nachfolgend umstellenden Einheiten zugute kommen.

Der terminlich festzulegende Ablauf für die Umstellung in einer Organisationseinheit bei Beibehaltung der Papier-Ablage könnte zum Beispiel folgende Schritte umfassen:

– Vernichtung der nicht mehr benötigten Unterlagen aus den Arbeitsplatz- und Abteilungs-Registraturen,
– Verlagerung der Unterlagen mit niedrigem Zugriff in Altablage und Archiv,
– Erfassung der aktuellen Schriftgutbehälter mit allen zu speichernden Informationen in den dafür vorgesehenen Speichermedien (zum Beispiel Beschriftungslisten oder Direkteingabe in EDV),
– Erstellung der Aktenübersichten,

- Anfertigung der Beschriftungsschilder für die Schriftgutbehälter gemäß Aktenübersichten,
- Bereitstellen der notwendigen Organisationsmittel,
- Umsortieren der Ablagen gemäß Aktenübersichten, Versehen der Schriftgutbehälter mit den neuen Beschriftungsschildern,
- Kontrolle und Abnahme der umgestellten Ablage,
- Stichtag für die Kennzeichnung von Schriftstücken mit dem Aktenzeichen.

Für jeden Schritt sollte ein Anfangs- und Endtermin festgelegt werden.

Diese konkreten Umstellungsarbeiten sind im Grunde genommen die „Stunde der Wahrheit". Jetzt entscheidet sich, ob die erarbeiteten Lösungen von den Mitarbeitern angenommen werden. Aus meiner Erfahrung gibt es einige sehr wesentliche Voraussetzungen, die über das Gelingen oder Nicht-Gelingen dieser Phase entscheiden:

- Die Mitarbeiter müssen informiert und überzeugt sein,
- die Geschäftsleitung muss die Umstellung unter Terminvorgabe angewiesen haben,
- die gesamte Umstellung muss verantwortlich von einer Stelle aus gesteuert und überwacht werden – diese Stelle muss für die Umstellungsarbeiten auch mit Weisungsbefugnis ausgestattet sein,
- alle erforderlichen Hilfsmittel, wie zum Beispiel Organisationsmittel, EDV, Möbel müssen rechtzeitig und in der geplanten Menge und Qualität zur Verfügung stehen,
- die Mitarbeiter müssen ausreichend Hilfe und Unterstützung bekommen und vor allem zu jeder Zeit einen Ansprechpartner für auftretende Fragen haben – am besten den Projektleiter,
- Termine müssen kontrolliert werden, bei Nichteinhaltung muss unbedingt entsprechend reagiert, mindestens ein neuer, endgültig verbindlicher Endtermin festgelegt werden.

Ist die Umstellung erfolgreich abgeschlossen, dann muss noch die weitere Pflege und Betreuung der Schriftgutverwaltung organisiert werden. Über die personelle Besetzung haben wir schon gesprochen – es müssen ein oder mehrere Mitarbeiter sein, die möglichst von Anfang der Projektabwicklung an dabei waren und nun für die zusammengefassten Aufgaben innerhalb der Schriftgutverwaltung verantwortlich sind, zum Beispiel für

- Pflege und Herausgabe des Registratur-Leitfadens,
- Verwaltung von Altablage/Archiv und
- EDV-Anwendung innerhalb der Schriftgutverwaltung.

Zur ständigen Überwachung der Anwendung können einige spezielle Kontrollen eingebaut werden, zum Beispiel

– Durchchecken bestimmter Ablagen anhand des Aktenfluss-Schemas, wenn zusätzliche Registraturmöbel angefordert werden. Dies sollte in jedem Fall gemeinsam mit dem Besitzer der jeweiligen Ablage erfolgen,
– stichprobenweise Besichtigungen einzelner Ablagen,
– stichprobenweise Überprüfung der Ausgangspost auf Anwendung des Aktenzeichens.

Je nach dem Grad der Disziplin, die in einem Unternehmen herrscht, sind solche Kontrollmaßnahmen mehr oder weniger angebracht. Ganz verzichten kann man darauf selten, denn schließlich haben wir alle unseren inneren Schweinehund ständig bei Fuß, der uns zum Beispiel einreden will, dass wir uns die halbe Minute für das Ausfüllen des Aktenzeichens auf einem Schriftstück doch eigentlich sparen können (dass uns diese Einsparung später vielleicht eine halbe Stunde kosten wird, verschweigt uns der Köter natürlich).

Insofern ist es gut und den meisten Mitarbeitern sogar Recht, wenn da jemand ist, der an die Pflichten erinnert. Ein von uns organisiertes Unternehmen ging dabei einmal sogar sehr weit: in der Poststelle hatte ein Mitarbeiter die Aufgabe zu prüfen, ob auf allen ausgehenden Schriftstücken Aktenzeichen waren. Fand er eines ohne, dann schickte er dies ungerührt an den internen Absender zurück mit der Aufforderung, das Aktenzeichen einzutragen. Nachdem so einige Male wichtige Termine versäumt wurden, wurde der Poststellen-Mitarbeiter nicht etwa seiner Aufgabe enthoben, aber er wurde bald nicht mehr fündig – das Aktenzeichen prangte fortan auf jeder Ausgangspost.

Noch eine wichtige Sache muss angesprochen werden. Mitarbeiter kommen und gehen. Fluktuation im Unternehmen ist eine mehr oder weniger natürliche Sache. Neue Mitarbeiter müssen allerdings – genauso wie seinerzeit die alten – mit den Regelungen im Unternehmen erst vertraut gemacht werden, bevor sie damit arbeiten können. Das Baustein-Ordnungssystem ist einfach anwendbar für jemanden, der das Prinzip kennt. Dass er es kennt, ist aber die Mindestvoraussetzung.

Wenn diese nicht erfüllt ist, dann braucht man sich nicht zu wundern über Fälle, wie mir erst kürzlich einer passierte: Ich kam in ein Sekretariat, in dem wir die Ablage auf Baustein-Ordnungssystem mit EDV-Unterstützung umgestellt hatten. Das war schwierig genug gewesen, denn während der gar nicht mal so langen Umstellungsphase hatten wir bereits nacheinander zwei verschiedene Sekretärinnen kennen gelernt. Auch die Zweite war dem Chef wohl nicht recht gewesen, denn als ich in dieses Büro kam, stand ich der Dritten gegenüber, die gerade in der Hängeregistratur wühlte. Ich stellte mich vor und sagte ihr, dass wir die für das Ordnungssystem verantwortlich zeichnenden Berater seien.

Sie explodierte sofort und meinte, so ein Sch...-Ordnungssystem (sie sagte das wirklich) hätte sie in ihrer zwanzigjährigen Berufslaufbahn noch nie erlebt, da fände man ja überhaupt nichts. Ich fragte sie, was sie denn gerade suche. Sie sagte mir ein Stichwort – einen Kundennamen –, und ich zeigte ihr den Aktenplan, der in der Schranktür hing. Das Stichwort war – alphabetisch – sofort gefunden, damit das zugehörige Aktenzeichen und zwei Sekunden später die betreffende Hängemappe. Hätte sie diese Mappe nach Stichworten suchen müssen (wie sie es bisher gewohnt war), dann hätte sie wesentlich länger zum Finden gebraucht, denn schließlich hätte sie sich mindestens drei Hängeregistratur-Züge mit Mappen ansehen müssen, bis sie ihr gesuchtes Stichwort entdeckt hätte.

Die neue Sekretärin hatte nicht gewusst, was das für eine Liste in der Schranktür war, und dass es einen Registratur-Leitfaden gab, in dem alles Wichtige über die Ablage stand, hatte ihr auch niemand gesagt. Ich habe ihr empfohlen, diesen erst einmal gründlich durchzulesen, und ich empfehle jedem Unternehmen, seine neuen Mitarbeiter gründlich über alle wichtigen Dinge innerhalb des Unternehmens zu informieren, bevor sie auf ihre neue Arbeit losgelassen werden. Dies gilt übrigens nicht nur für die Schriftgutablage.

Aber über Personalpolitik und -entwicklung sollte ich vielleicht ein anderes Buch schreiben.

Die Autorin

Margit Gätjens-Reuter ist geschäftsführende
Gesellschafterin der Planolog Organisations-
beratung GmbH. Ihre Schwerpunkte sind
Managementtraining, Coaching und
Projekt-Management.
Sie ist bekannt als Referentin und Autorin
zahlreicher Fachbücher und Fachartikel.

Stichwortverzeichnis